Die große Bastelschule

TOPP

Die große TOPP-Bastelschule

Vieles gelingt leichter, wenn man den richtigen Dreh kennt. Beim Basteln ist das nicht anders. Egal, ob Sie mit Papier, Holz, Farbe, Perlen oder Wolle arbeiten, ob Sie falten, stempeln, krakelieren oder knüpfen: Dieses Nachschlagewerk der wichtigsten Basteltechniken hilft Ihnen, ein schönes Ergebnis zu erzielen. Unterteilt in neun Kapitel werden über sechzig Techniken leicht verständlich mit Schrittanleitungen und Bildern erklärt. Damit Sie die gezeigten Techniken auch anwenden können, gibt es außerdem zu jeder Technik Bastelbeispiele, die am Ende der Kapitel durch Ideeninseln mit weiteren Anwendungsvorschlägen abgerundet werden.

Wir wünschen Ihnen viel Spaß beim Erlernen neuer Techniken und gutes Gelingen!

MAX
LISA

Merry
Christmas

- Motive zusammensetzen
- Filigrane Papierarbeiten
- Papier falten
- Windräder bauen
- Drachen bauen
- Pappmaché
- Lacé-Technik
- Quilling

Papiertechniken

Papier lässt sich beschreiben, bemalen und bekleben, falzen und falten, auseinander schneiden und wieder zusammenfügen. Kaum ein anderes Material ist so vielseitig. Dieses Kapitel zeigt, wie durch Schneiden, Knicken und Kleben aus einem schlichten Bogen Papier ganz neue und zum Teil verblüffende Formen entstehen können.

Motive zusammensetzen

Dies ist eine relativ einfache Technik, bei der verschiedenste Papiere – egal ob einfarbig, bunt oder mit Struktur versehen – zu ansprechenden bunten Motiven zusammengesetzt werden. Alles, was dazu noch benötigt wird, sind Transparentpapier, dünne Pappe, Klebstoff, ein paar Stifte und eine Schere.

1 Alle Teile des Motivs ohne Überschneidungen auf Transparentpapier übertragen. Dieses auf einen dünnen Karton kleben und dann alle Teile sauber ausschneiden.

2 Die Schablonen auf den Fotokarton in der gewünschten Farbe legen, mit einem Bleistift umfahren und dann die Teile ausschneiden. Bei Wellpappe die Schablone seitenverkehrt auf die glatte Rückseite legen. Dünneres Tonpapier eignet sich für alle kleineren Teile wie Innenohren, Nasenpunkte oder aufgeklebte Münder, Fotokarton für alle größeren Flächen. Für Fensterbilder braucht man alle aufgeklebten Teile doppelt, ein Wandbild hingegen wird nur einseitig gearbeitet.

3 Das Motiv mithilfe der Vorlage und des Fotos zusammenfügen und -kleben. Bei beidseitig gearbeiteten Motiven auf der Rückseite alle Teile in der gleichen Reihenfolge wie bei der Vorderseite, jedoch spiegelbildlich, befestigen.

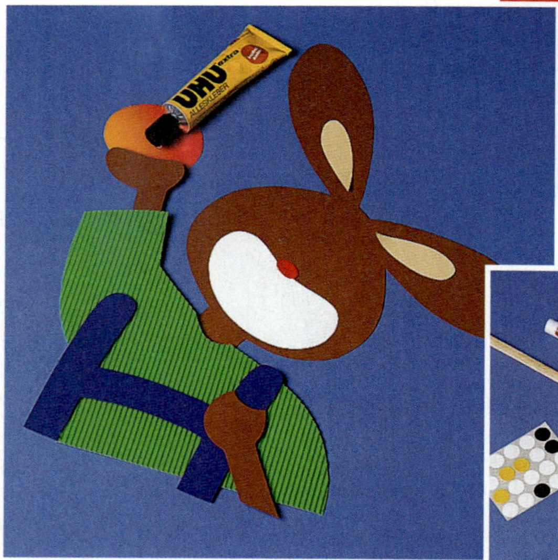

4 Münder, Barthaare, Augen und die restlichen Innenlinien mit schwarzem Filzstift aufmalen, die roten Wangen mit Buntstift färben. Mit weißem Lackmalstift Lichtreflexe in die Augen setzen.

HÄSCHEN AUF DER LEITER

MATERIAL

- Fotokarton in Braun, A3
- Wellpappe in Grün, A4
- Fotokartonreste in Weiß, Rot, Blau, Beige und Regenbogenfarben

VORLAGE SEITE 210

1 Wie beschrieben aus der Vorlage Schablonen anfertigen und auf das entsprechende Papier übertragen. Die einzelnen Motivteile ausschneiden.

2 Mithilfe der Vorlage und der Abbildung die einzelnen Teile mit Klebstoff zusammenfügen. Nach dem Trocknen wie beschrieben das Gesicht und die Innenlinien ergänzen. Mit weißem Lackmalstift Lichtreflexe in die Augen setzen.

WEIHNACHTSMANN

MATERIAL

- Fotokarton in Orange, A3
- Fotokarton in Weiß, A4
- Fotokartonreste in Hautfarbe, Grün und Braun
- Alukartonrest in Gold
- Veloursband oder Kordel in Orange, 3 mm breit, 30 cm lang
- dicke Buntstifte in Rot, Weiß, Dunkelbraun und Dunkelgrün
- feiner Strukturschnee
- Metallicpaint in Gold

VORLAGE SEITE 210

1 Die Motivteile übertragen und ausschneiden. Die weißen Teile mit Strukturschnee bestreichen. Auf Mantel und Mütze mit Buntstiften ein Karomuster malen und auf die Kreuzungsstellen jeweils einen goldfarbenen Punkt tupfen.

2 Den Sack mit braun-weißen Streifen versehen und auf die Streifenränder kurze goldfarbene Striche zeichnen. Das Herz aufkleben und ebenfalls bemalen. Die Kordel um den Sack binden. Die Gesichter gestalten und goldfarbene Punkte auf die Schleife des Teddys tupfen.

3 Die einzelnen Teile zusammenfügen. Dabei das Gesicht hinter den Ausschnitt des Bartteils kleben, Schnurrbart und Nase ergänzen und alles zusammen auf das rote Mantelteil kleben.

Filigrane Papierarbeiten

Filigrane Papierarbeiten erinnern mit ihrem Wechselspiel aus festem Karton und feinen Durchbrüchen an zarte Scherenschnitte. In der Regel genügen Schere, Cutter, Bleistift, ein Stück Fotokarton und etwas Fingerspitzengefühl, um diese schlichten und zugleich edlen Motive zu schaffen.

1 Transparentpapier auf das ausgewählte Motiv legen und mit einem Klebestreifen fixieren. Das Motiv mit einem weichen Bleistift abpausen.

2 Das Transparentpapier vom Vorlagenbogen lösen, wenden und mit der bemalten Seite auf den ausgewählten Fotokarton legen. Mit einem harten, spitzen Bleistift die Linien nachziehen. So wird das Motiv auf den Fotokarton übertragen.

3 Das Motiv mit Schere und Cutter (auf geeigneter Unterlage) ausschneiden. Kleine Löcher werden mit der Lochzange ausgestanzt. Evtl. vorhandene Bleistiftstriche mit einem weichen Radiergummi entfernen. Das seitenverkehrte Motiv wenden, dann entspricht es der Abbildung im Buch.

Hinweis: **Beim Ausschneiden des Motivs am besten mit den feinen Innenschnitten beginnen, dann größere Flächen im Innern des Motivs ausschneiden. Zuletzt die Außenkontur aus dem Karton herauslösen. So ist die Gefahr am geringsten, dass der Karton reißt.**

ZWEI VÖGELCHEN

MATERIAL
- Fotokarton in Rosa, A3

VORLAGE SEITE 262

1 Das Motiv wie beschrieben von der Vorlagenseite auf den Fotokarton übertragen.

2 Das Motiv mit Cutter und Schere ausschneiden. Dabei mit den Innenschnitten beginnen. Zuletzt die Außenkontur schneiden. Die Augen der Raupe, des Vogels und des Marienkäfers sowie die Marienkäferpunkte mit der Lochzange ausstanzen.

WEIHNACHTSKARTEN

MATERIAL PRO
- Fotokarton in Dunkelgrün, Dunkelrot oder Rot, jeweils A4 oder Doppelkarte in passenden Farben (ca. 10 cm x 19,5 cm)
- passendes Einlegepapier, z. B. Transparentpapier in Weiß mit Sternenmuster oder Glückwunsch-Schriftzügen, A4

VORLAGE SEITE 210

1 Falls keine passende Karte zur Hand ist, den Fotokarton gemäß Vorlage zuschneiden, falzen und mittig falten. Das Motiv für die Vorderseite übertragen und sehr vorsichtig mit dem Cutter ausschneiden.

2 Das gewünschte Einlegepapier der Kartengröße entsprechend zuschneiden, falzen, falten und einlegen.

Papier falten

Hexentreppen

Zwei gleich breite und gleich lange Papierstreifen sind der Ausgangspunkt dieser Falttechnik. Durch abwechselndes Falten der Streifen entsteht eine ziehharmonikaartige Schlange: die sogenannte Hexentreppe. Aus ihr lassen sich schon mit ein paar wenigen Extras z. B. witzige Figuren basteln.

1 Die Enden von zwei gleich langen und gleich breiten Papierstreifen rechtwinklig aufeinander kleben. Nun den unten liegenden Streifen (hier weiß) über den oberen falten. Der Streifen, der anfangs oben lag (hier rot), liegt nun seinerseits unten und wird über den jetzt oberen Streifen gefaltet. So fortfahren, bis die Hexentreppe die gewünschte Länge erreicht hat.

2 Bei den Arbeitsschritten wird die Länge der gefalteten Hexentreppen nicht in Zentimetern angegeben, sondern es werden die Zacken auf der linken und der rechten Seite der Hexentreppe gezählt. Die überstehenden Streifenenden abschneiden. Damit sich die Hexentreppe nicht löst, je nach Motiv den letzten oder vorletzten Faltabschnitt ankleben.

Hinweis: Die Hexentreppe bleibt nicht so eng gefaltet wie am Anfang – sie kann sich nach einigen Tagen, je nach Papierart, bis auf die doppelte Länge dehnen. Wundern Sie sich deshalb nicht, wenn Ihnen bei manchen Motiven der Rumpf etwas zu kurz vorkommt. Nach einigen Tagen „wächst" er auf die richtige Länge.

SPANNERRAUPEN

MATERIAL PRO RAUPE

- Tonpapierstreifen in Orange sowie Rot oder Gelb, 2 cm breit, insgesamt 7 x 25 cm lang
- Tonpapierrest in Rot oder Gelb
- 2 Wackelaugen, ø 1,2 cm

VORLAGE SEITE 210

1 Für jede Raupe sieben Hexentreppen gemäß der Arbeitszeichnung auf der Vorlagenseite in der Farbe abwechselnd zusammenkleben. Kopf und Schwanz aus Tonpapier ausschneiden, die Wackelaugen fixieren und das Gesicht aufmalen.

2 Kopf und Schwanz am Anfang bzw. am Ende der Raupe befestigen. Für den Buckel kann zusätzlich noch ein kurzer Papierstreifen (4 cm x 2 cm) unten zwischen die erste und die vorletzte Treppenfaltung geklebt werden.

RABENQUARTETT

MATERIAL PRO RABE

- Tonpapierstreifen in Schwarz, 2 cm breit, 2 x 21 cm lang
- Tonpapierrest in Gelb
- 2 Wackelaugen, ø 5 mm

VORLAGE SEITE 211

1 Von Kopf, Schnabel und Füßen jeweils eine Kartonschablone anfertigen. Für den Schnabel einen gelben Papierstreifen, 7 cm x 2 cm, in der Mitte falten und die Schnabelschablone so auflegen, dass sich die gepunktete Seite an der Faltlinie des Tonpapierstreifens befindet. Den Umriss mit Bleistift nachziehen und den Schnabel ausschneiden. Kopf und Füße ebenfalls aus Tonpapier ausschneiden.

2 Für den Rumpf aus den beiden Tonpapierstreifen eine Hexentreppe mit fünf Zacken falten. Den Kopf an der gestrichelten Linie falten, die gepunktete Fläche mit Klebstoff bestreichen und von unten am letzten Faltabschnitt der Hexentreppe ankleben. Dann den Schnabel von unten am Kopf ankleben. Die Wackelaugen am Kopf anbringen. Am anderen Ende die Füße ankleben.

Papier falten

Berg- und Talfalte

Die Begriffe Berg- und Talfalte werden häufig in Anleitungstexten verwendet. Die simplen Faltungen bilden die Grundlage komplexerer Papierfalttechniken. Die Berg- und die Talfalte können aber auch für sich allein sehr attraktiv eingesetzt werden – zum Beispiel bei einer Pop-up-Karte.

Bergfalte

Wenn die Seiten des Papierbogens nach unten geklappt werden, weist die Faltkante wie eine Bergkette nach oben. Eine Strichpunktlinie markiert eine Bergfalte.

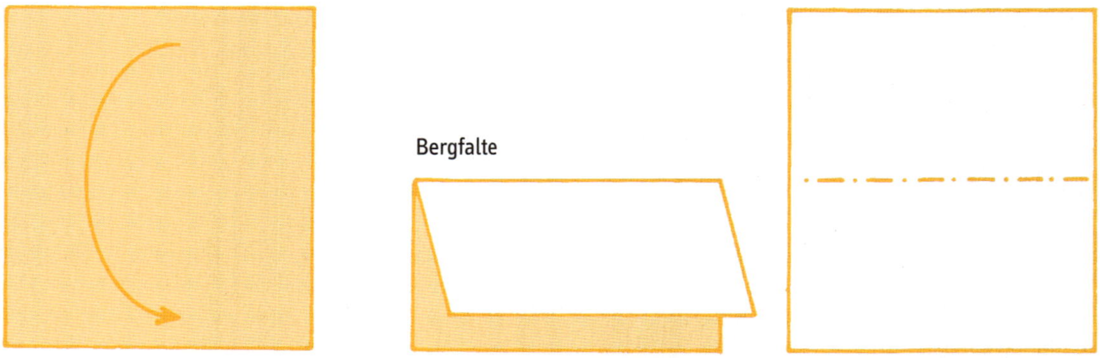

Talfalte

Wenn ein Papierbogen in der Mitte gefaltet und wieder geöffnet wird, sieht die Faltung wie eine Rinne bzw. ein Tal aus. Eine gestrichelte Linie markiert eine Talfalte.

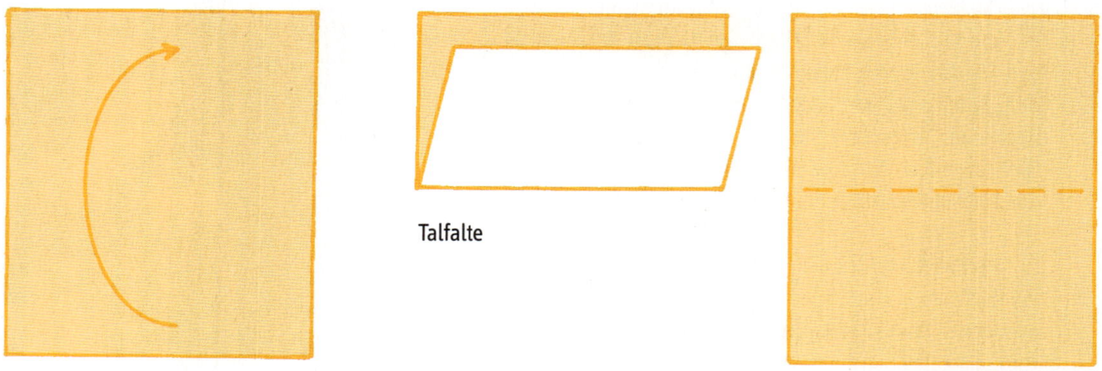

NILPFERDKARTE

MATERIAL

- Fotokarton in Hellblau, 20 cm x 20 cm
- Tonpapierreste in Grau und Rosa
- 2 Klebepunkte in Weiß, ø 8 mm
- feiner Filzstift in Schwarz
- dicker Buntstift in Weiß

VORLAGE SEITE 263

1 Den Fotokarton in der Mitte anritzen und zu einer Doppelkarte falten. Die einzelnen Teile aus Tonpapier ausschneiden. Auf das Kopfteil die beiden Klebepunktaugen kleben. Pupillen, Augenbrauen und Ohren aufmalen. Eine Talfalte in das Kopfteil falten. Das rosafarbene Maulteil ebenso falten.

2 Das separate Maulteil entlang der Faltlinie anritzen und eine Bergfalte falten. Die Nasenlöcher aufmalen. Die gepunkteten Klebeflächen mit Klebstoff bestreichen und hinter das rosafarbene Maulteil kleben. Dieses Teil nun so auf den Nilpferdkopf kleben, dass die Talfalten von beiden Teilen exakt aufeinander liegen. Die Wasserkringel auf die Karte malen und den fertigen Kopf aufkleben.

FRÖSCHE

MATERIAL PRO FROSCH

- Faltblatt in Hellgrün oder Gelb, 14 cm x 14 cm
- Fotokartonrest in Hellgrün oder Gelb
- 2 Klebepunkte in Weiß, ø 1,2 cm
- Filzstift in Schwarz

VORLAGE SEITE 238

1 Das Papierquadrat entsprechend der Faltskizze auf der Vorlagenseite zu einem Dreieck falten (1) und die beiden spitzen Ecken zur Mitte falten (2).

2 Das entstandene Quadrat (3) wenden und die obere Spitze an der gestrichelten Linie nach unten falten (4). Die nach unten geklappte Spitze an der gepunkteten Linie mit der Schere zum Maul abrunden (5).

3 Die Klebepunkte als Augen aufkleben. Die gepunktete Linie mit Bleistift vorzeichnen und mit der Schere nachschneiden. Pupillen und Nasenlöcher aufzeichnen (6). Die untere Ecke an der gestrichelten Linie nach hinten falten. An ihr wird zum Schluss das Hand-Fußteil angeklebt (7).

Papier falten

Fächerfaltung

Die Fächerfaltung ist eine sehr vielseitige Grundfaltung, die, wie die Beispiele zeigen, den Ausgangspunkt für ganz unterschiedliche Motive bilden kann. Das Papier wird hierbei durch wiederholtes Falten wechselweise nach oben und unten gefaltet, also in Berg- und Talfalten gelegt.

1 Das Papier vor sich legen. Die Kante einer schmalen Seite mit einem Punkt markieren. Die untere (markierte) Kante an die obere Kante legen, die Mittelfalte falzen, wieder öffnen. Die untere (markierte) Kante an die Mittelfalte anlegen, falzen, wieder öffnen, das Blatt um 180° drehen. Die untere (nicht markierte) Kante an die Mittelfalte anlegen, falzen, wieder öffnen.

2 Die untere (nicht markierte) Kante an die unterste Falte anlegen, falzen, öffnen, dann an die oberste Falte anlegen, falzen, öffnen. Das Papier um 180° drehen. Die untere (markierte) Kante an die unterste Falte anlegen, falzen, öffnen, dann an die zweite Falte von oben anlegen, falzen, öffnen. Das Papier wenden. Nach dem Wenden werden die bis jetzt gefertigten Falten im folgenden als „Bergfalten" bezeichnet.

3 Die untere Kante an die unterste Bergfalte anlegen, aber nicht mehr öffnen (die erste Talfalte entsteht). Die erste Bergfalte und die untere Kante zusammenfassen, an die nächste Bergfalte anlegen und die zweite Talfalte falzen.

4 Nach diesem System weiterfalten. Das Blatt ist nun in acht gleichmäßige Falten gelegt. Um ein Rechteck in 16 bzw. 32 Falten zu legen, wird Schritt 2 sinngemäß wiederholt. Schritt 3 bildet immer den Abschluss.

BUNTE DRACHEN

MATERIAL PRO DRACHEN

- Regenbogen-Transparentpapier, 17 cm x 11 cm
- Transparentpapier, 7 Stück à 8,5 cm x 4 cm
- Rundholzstab, ø 3 mm, 30 cm lang
- Acrylfarbe in Gelb oder Rot
- Blumendraht, 1 x 30 cm, 2 x 5 cm und 1 x 10 cm lang
- Rocailles in Blau, Rot und Gelb, ø 4 mm
- 2 Wackelaugen, ø 5 mm
- halbierte Holzperle in Rot, ø 1 cm

VORLAGE SEITE 211

1 Das große Transparentpapier-Rechteck in der Mitte markieren (Strichpunktlinie) und im Abstand von 1 cm leicht mit dem Cutter anritzen (gestrichelte Linien). Die Drachenform auf das Papier übertragen und ausschneiden. Den Drachen in der Fächerfaltung falten, lochen und auf das bemalte Holzstäbchen aufspießen. Die kleinen Rechtecke im Abstand von 7 mm anritzen und falten.

2 Augen und Nase aufkleben. Für den Schwanz vier kleine Fächer mit dem langen Draht umwickeln und am Holzstab fixieren. Für die Quasten die Fächer zur Hälfte falten, neben der Knickstelle mit einer Nadel vorstechen, auf einen Draht fädeln und verdrehen. Evtl. Holzperlen auffädeln und die Quasten am Drachen befestigen.

DREI WEIHNACHTSENGEL

MATERIAL

- Transparentpapierrest in Gelb oder Rot mit Kreismuster
- Fotokartonrest in Weiß
- Silberdraht, ø 0,35 mm, 50 cm lang
- Holzperlen in Natur, 1 x ø 2 cm, 2 x ø 1,2 cm
- Acrylfarbe in Hautfarbe
- Bleistift, Buntstift in Rot
- Baumwollkordel in Weiß, ø 2 mm, 20 cm lang
- Wolle in Weiß, ø 2 mm, 20 x 8 cm lang

VORLAGE SEITE 211

1 Das Transparentpapier nach Vorlage zuschneiden und 13 Mal im Zickzack zum Fächer falten. An der markierten Stelle mit der Lochzange lochen. Den Draht und die Kordel durchziehen. Die Holzperlen anknoten.

2 Das Kragenteil fünfmal im Zickzack zum Fächer falten. Die Ecken ggf. schräg abschneiden. In der Mitte mit der Vorstechnadel zweimal lochen. Die beiden Drahtenden vom Kleid durch die beiden Löcher im Kragen ziehen.

3 Die Drahtenden durch den hautfarben bemalten und mit einem Gesicht versehenen Kopf ziehen. Zwischen die Drahtenden das 8 cm lange Haarbüschel legen, dann die Drahtenden fest verdrehen.

Papier falten

Kantenknick

Der Kantenknick baut auf die einfache Fächerfaltung auf und ermöglicht es, aus einem flachen Blatt Papier richtige dreidimensionale Gebilde zu formen – fast ganz ohne Schere und Klebstoff. Wichtig ist dabei, dass die Faltungen immer exakt ausgeführt werden.

1 Für den einfachen Kantenknick das Papier in vier Falten legen (siehe Fächerfaltung, Seite 16). Das Faltenband so hinlegen, dass die Falten quer verlaufen. Die rechte, obere Ecke der ersten, zusammengeklappten Falte im Winkel von 45° nach unten klappen, falzen und wieder öffnen. Die Falte aufklappen und flach ablegen. Die anderen Falten ebenso knicken.

2 Jetzt den Kantenknick gegenfalten: Dazu die einzelnen Falten etwas hochziehen und das Dreieck des Kantenknicks nach hinten falten.

3 Für den doppelten Kantenknick das Papier wie in Schritt 1 beschrieben falten. Nach der 45° Faltung jedoch dieselbe Falte noch einmal im Winkel von 45° nach unten klappen, aber nur so weit, bis die Spitze an den bereits vorhandenen Falz reicht. Falzen und wieder öffnen. Die Falte aufklappen und flach ablegen. Mit allen nachfolgenden Falten genauso verfahren.

4 Jetzt den Kantenknick gegenfalten: dazu die einzelnen Falten etwas hochziehen. Zuerst das größere Dreieck des Kantenknicks nach hinten falten, danach das kleinere nach vorne.

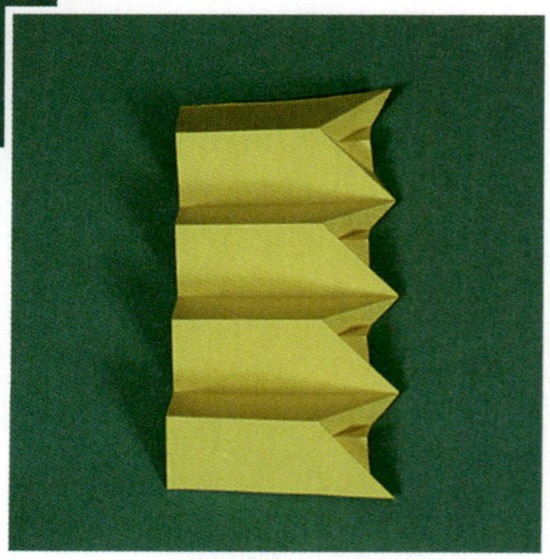

TEELICHTERMANSCHETTEN

MATERIAL

- extrastarkes Transparent- oder Regenbogentransparentpapier, 3 x 5 cm x 40 cm
- Glasteelichter

1 Das Rechteck in 16 Falten legen (siehe Fächerfaltung, Seite 16).

2 Das Faltenband so hinlegen, dass die Papiervorderseite zu sehen ist. An der rechten Kante den einfachen Kantenknick falten und gegenfalten.

3 Das Faltenband so hinlegen, dass die Papierrückseite zu sehen ist und der Kantenknick links liegt. An der anderen Kante den Kantenknick falten und gegenfalten.

4 Vorn eine halbe Falte abschneiden, das Papier zur Manschette formen und die halbe Falte auf die letzte Falte kleben. Die Manschette in Form bringen.

TEELICHTHALTER „STERN"

MATERIAL

- extrastarkes Transparent- oder Regenbogentransparentpapier, 2 x 5 cm x 64 cm (flache Formen) und 1 x 7 cm x 70 cm (Schalenform), 2 Kreise ø 11 cm, 1 Kreis ø 10 cm
- Glasteelichter

1 Das Rechteck so hinlegen, dass die Papiervorderseite zu sehen ist, und in 16 Falten legen (siehe Fächerfaltung, Seite 16). Danach das Faltenband so vor sich legen, dass die Papiervorderseite zu sehen ist.

2 An der rechten Kante den doppelten Kantenknick falten und gegenfalten. Das Faltenband so hinlegen, dass die Papierrückseite zu sehen ist und der Kantenknick links liegt. An der anderen Kante den doppelten Kantenknick falten und gegenfalten.

3 Von einer ganzen Falte ca. 5 mm stehen lassen, den Rest abschneiden. Zur Rundung schließen, dazu die erste halbe Falte auf das übriggebliebene Stück der letzten Falte kleben.

4 Flach ausbreiten, den Innenrand eng zusammenschieben. Das Teil wie auf der Abbildung auf die Kreisscheibe kleben, dazu die unteren Falzkanten mit Klebstoff einstreichen. Solange der Klebstoff noch nicht trocken ist, das Teelicht einsetzen und die Weite regulieren.

Papier falten

Kreisfaltung

Die Kreisfaltung basiert wie praktisch alle Falttechniken auf Berg- und Talfalten und überträgt einfach die Technik der Fächerfaltung vom rechteckigen oder quadratischen Papier auf den Kreis. Das Ergebnis sind ganz neue Möglichkeiten, dreidimensionale Objekte und Motive zu gestalten.

1 Den Kreis in der Mitte falten. Die Faltung öffnen, quer zum Falz noch einmal falten und wieder öffnen. Zwei gegenüberliegende Falten fassen und die Figur zusammenschieben.

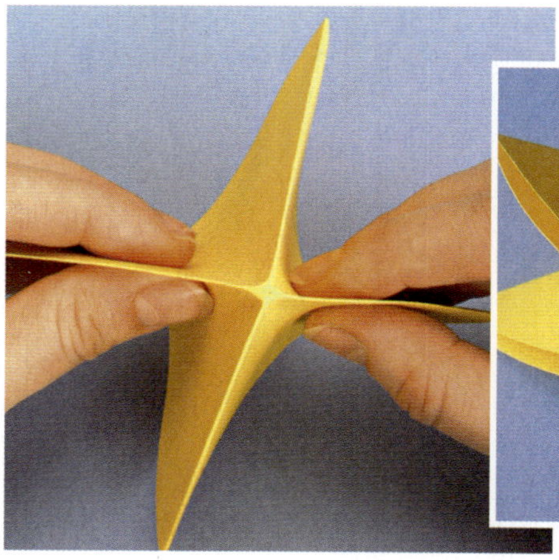

2 Die Figur auf die Arbeitsfläche legen und je zwei Falzkanten genau aufeinander legen. Die Mitte der Figur flach drücken und glatt streichen. Den Vorgang zur anderen Seite wiederholen. Es sind vier Flügel entstanden.

3 Einen der beiden oberen Flügel zunächst senkrecht stellen, dann öffnen und flach drücken. Dabei darauf achten, dass alle in der Mitte liegenden Falzkanten genau neben- bzw. übereinander sind.

4 Die Figur umdrehen und den Vorgang wiederholen. Den rechten kleinen Flügel nach links klappen. Die Figur umdrehen und wieder den rechten Flügel nach links klappen.

5 Mit den restlichen großen Flügeln genauso verfahren. Dabei jeweils eine der neu entstandenen kleinen Falten auf die gegenüberliegende Seite klappen. Der Kreis hat nun acht Falten. Für 16 Falten die Schritte 3 bis 5 sinngemäß wiederholen.

6 Bei der Weiterverarbeitung wird von der Spitze (= Mitte des Kreises) je nach Modell ein unterschiedlich großes Stück abgeschnitten. Außerdem wird häufig nach dem Falten der Rand beschnitten .

TANNENBÄUME

MATERIAL

- extrastarkes Transparentpapier mit Sternenmuster in Grün bzw. Weiß, je 1 Kreis in Weiß bzw. Grün, ø 18 cm, 24 cm und 30 cm (großer Baum) und je 1 Kreis in Weiß bzw. Grün, ø 18 cm und 24 cm (kleiner Baum)
- je 1 Wachsperle in Weiß, ø 8 mm
- Silberdraht, ø 0,6 mm

1 Alle Kreise wie beschrieben falten. Von der Spitze jeweils 2 mm abschneiden und die Teile wenden. Die Falten jeweils nach beiden Seiten gleichmäßig verteilen. Die Teile flach ablegen und mit dem Cutter die Rundungen begradigen. Die Falzkanten der Innenseiten mit Kraftkleber einstreichen und die Teile der Größe nach übereinander kleben.

2 Für einen Baum je zwei Silbersterne aus demselben Papier ausschneiden und zusammenkleben. Dabei das Ende eines 4 cm langen Stückes Silberdraht dazwischen befestigen. Auf den Silberdraht eine Wachsperle stecken. Auf die Baumspitze einen Tropfen Kraftkleber setzen, den Silberdraht durch die Spitze schieben und die Wachsperle an der Spitze festkleben.

LICHTERKETTE „STERNE"

MATERIAL

- extrastarkes Transparentpapier in Weiß mit Goldsternmuster, 2 x 50 cm x 60 cm
- Alu-Bastelfolie in Gold, A4
- Golddraht, ø ca. 0,5 mm, 10 x 4 cm lang
- 10er Mini-Lichterkette

1 Aus dem Transparentpapier 20 Kreise mit ø 15 cm zuschneiden und in je 8 Faltungen legen. Die Spitze knapp abschneiden und die Teile flach mit der Papierrückseite oben ablegen. Die Bergfalten 2,5 cm tief einschneiden. Das Papier zwischen den Schnitten für die Klebelaschen falten, halb öffnen und auf 6 mm Breite zuschneiden. Zur Spitze hin abschrägen.

2 Die Klebelaschen jeweils bis auf eine Lasche mit Klebstoff einstreichen und immer zwei Teile aufeinander kleben. Auf der unverklebten Seite wird später ein Lämpchen eingesteckt und mit etwas Draht befestigt. Aus der Alu-Bastelfolie 20 Kreise mit ø 5 cm zuschneiden und die Spitze knapp abschneiden. Die Kreise in je 8 Falten legen, 8 mm tiefe Zacken in den Rand schneiden (siehe Schritt 6, Seite 20) und die Sterne auf die großen Sterne kleben. Die Lichterkette anbringen.

Papier falten

Fröbelsterne

Ein echter Klassiker unter den Falttechniken: Fröbelsterne wurden vor etwa 150 Jahren von Friedrich Fröbel für Kindergartenkinder erfunden. Noch heute erfreuen sie sich großer Beliebtheit – auch bei Erwachsenen. Die Technik ist etwas aufwendiger, aber mithilfe der Faltskizzen gut zu lernen.

1 Vier 30 cm lange und 1 cm breite Geschenkbänder oder Tonpapierstreifen in der Mitte falten und kreuzförmig ineinander einhängen (1). Die Bandenden schräg abschneiden, damit sie sich besser durchstecken lassen.

2 Das obere Bandende nach unten klappen (2), dann im Uhrzeigersinn das rechte Band nach links, das untere Band nach oben und das linke Band nach rechts klappen. Dieses dabei unter dem anfangs nach unten gefalteten Band durchziehen (3).

3 Für die Außenzacken das linke obere Band an der gestrichelten Linie rechtwinklig nach hinten falten (4), dann rechtwinklig nach vorne unten (5) und schließlich an der gestrichelten Linie parallel nach rechts (6). Das Bandende nach oben klappen und unter dem quer verlaufenden Band durchziehen (7). Die Schritte 4 bis 7 mit den anderen Bandenden wiederholen.

4 Für die Innenzacken mit dem oberen Bandende beginnen und dieses nach unten klappen (8). Dann das linke Band nehmen, im Uhrzeigersinn um sich selbst verdrehen und unter das eben nach unten geklappte Band schieben (9). Es entsteht eine plastische Zacke, die nach oben weist. Nun das linke nach unten weisende Band nehmen, verdrehen und unter der ersten Zacke einstecken. Diesen Schritt mit dem rechten Band und dann mit dem zu Beginn nach unten gelegten Band wiederholen.

5 Die aus den seitlichen Zacken ragenden Bandenden abschneiden (10). Den Stern wenden. Zuerst wieder die Außenzacken arbeiten. Dazu Punkt 3 (Zeichnung 4 bis 7) wiederholen. Wenn jetzt die Bandenden abgeschnitten werden, ist der Stern auf der Unterseite flach und kann z.B. auf eine Karte geklebt werden. Ansonsten werden wie in Punkt 4 (Zeichnung 8 und 9) die Innenzacken gearbeitet und erst dann die Bandenden abgeschnitten.

1

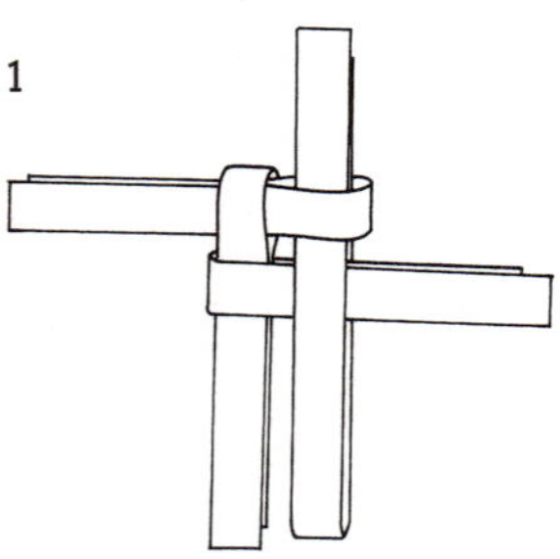

2

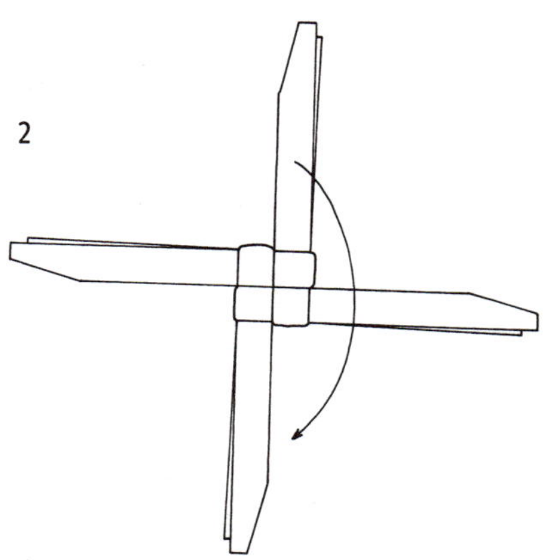

3

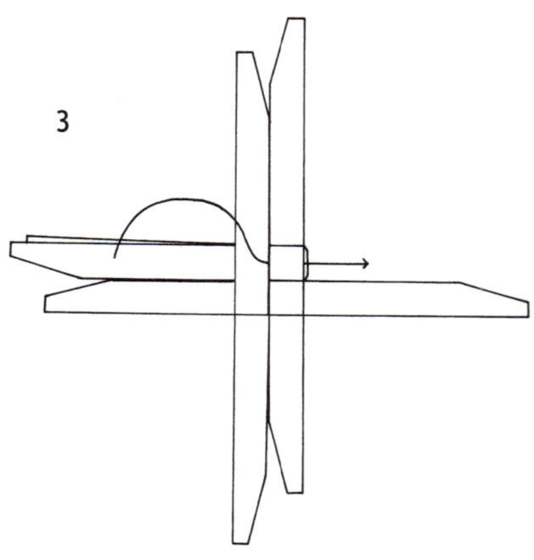

4

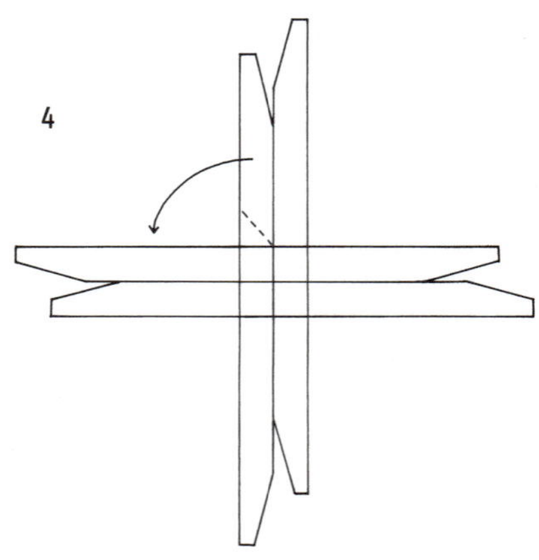

FRÖBELSTERNE IN ROT UND WEISS

MATERIAL PRO STERN

- je 2 Tonpapierstreifen in Rot und Weiß, 1 cm breit, 30 cm lang

ZUSÄTZLICH FÜR DIE KARTE

- Fotokarton in Rot, 18 cm x 15 cm
- Fotokarton in Weiß, 5,5 cm x 4,5 cm
- Filzstift in Rot
- 12 Klebekissen, 5 mm x 5 mm
- UHU Alleskleber

ZUSÄTZLICH FÜR DIE TISCHKARTE

- Fotokarton in Weiß, 6 cm x 16 cm
- Filzstift in Rot
- 4 Klebekissen, 5 mm x 5 mm

1 Die Fröbelsterne wie beschrieben arbeiten. Damit das Farbmuster entsteht, weisen nach dem ersten Arbeitsschritt die roten Papierstreifen nach oben und unten und die weißen nach rechts und links.

2 Für eine flache Unterseite werden nach dem Wenden nur noch die vier fehlenden Außenzacken ergänzt.

3 Für die Karte das rote Kartonrechteck in der Mitte anritzen und zu einer Doppelkarte falten. Das weiße Schild mit Filzstift beschriften und auf die Karte kleben. Die Sterne mit Klebekissen auf der Karte befestigen. Für das Namensschild das weiße Kartonrechteck in der Mitte anritzen und zu einem 6 cm x 8 cm großen Doppelkärtchen falten. Das Schild beschriften und mit Klebekissen den Stern anbringen.

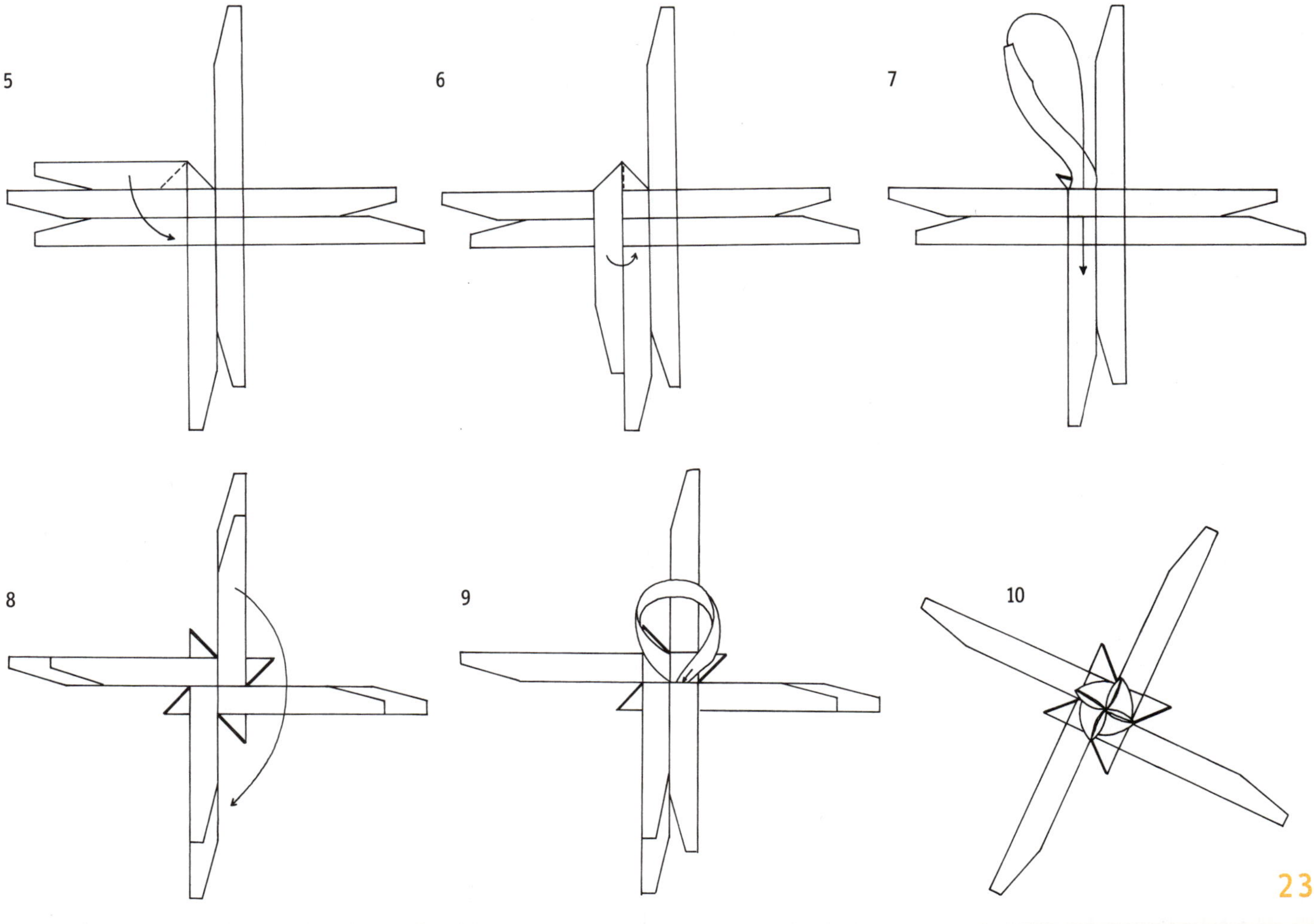

Windräder bauen

Ob groß oder klein, ein- oder mehrteilig, einfarbig oder bunt – Windräder eignen sich ideal als Spielzeug, als Farbtupfer im Blumenkasten oder als Dekoration für die Gartenparty. Hier wird gezeigt, wie man Windräder ganz einfach aus Fotokarton arbeitet, es kann aber auch Folie verwendet werden.

1 Aus Fotokarton ein Quadrat mit 16 cm Seitenlänge ausschneiden. Jeweils zwei einander gegenüberliegende Ecken mit einer Bleistiftlinie verbinden. Die beiden Linien kreuzen sich im Mittelpunkt. Mit dem Zirkel am Schnittpunkt einstechen und einen Kreis mit einem Radius von 2,5 cm zeichnen.

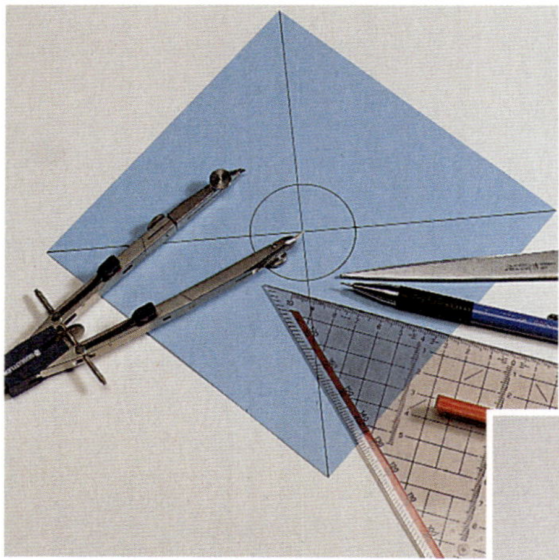

2 Nun die Ecken des Quadrats bis zur Kreislinie einschneiden. In jeden Flügel mit der Lochzange an der Spitze ein Loch einzwicken.

3 Ein Ende des Holstabes mit einem kleinen Holzbohrer durchbohren. Den Kupferdraht durchfädeln und fest um das Holz verdrehen. Ein Ende abschneiden, das andere durch eine Holzperle fädeln und von hinten durch die Mitte des Kartonquadrats stecken. Nun nacheinander die vier gelochten Spitzen und eine weitere Holzperle auffädeln. Den Draht zu einer Öse formen und den überstehenden Rest abzwicken.

Hinweis: Die Windradflügel müssen nicht wie hier aus einem quadratischen Stück Fotokarton geschnitten werden. Für ausgefallenere Formen können Sie auch vier identische Flügel zuschneiden und sie anschließend in der Mitte im rechten Winkel zusammensetzen (siehe Seite 25 unten).

GEPUNKTETE WINDRÄDER

MATERIAL

- Fotokarton in Rot-Weiß gepunktet und Weiß-Rot gepunktet, A4
- Rundholzstab mit zwei vorgebohrten Löchern
- 4 Holzperlen in Natur
- Kupferdraht

1 Wie beschrieben zwei Quadrate aus Fotokarton zuschneiden (16 cm Seitenlänge). Mit Bleistift und Zirkel die Hilfslinien aufzeichnen. Die Ecken bis zur Kreislinie einschneiden und mit der Lochzange lochen. Zusätzlich noch zwei Fotokartonkreise mit einem Durchmesser von 2 cm aufzeichnen und ausschneiden.

2 Wie beschrieben den Draht für die Windräder am Holzstab andrahten und die Windräder auffädeln. Dabei vor der abschließenden Holzperle jeweils einen kleinen Papierkreis unterlegen.

WINDRÄDER IN BLAUTÖNEN

MATERIAL

- Fotokarton in Hell- und Dunkelblau, A3
- 2 Rundholzstäbe
- 4 Holzperlen in Natur
- Kupferdraht

VORLAGE SEITE 242

1 Die Vorlage für die Windradmitte und die vier Flügel auf Fotokarton übertragen (siehe Seite 8, Schritt 1) und ausschneiden. Mit der Lochzange die Ecken lochen.

2 Die vier Flügel im Uhrzeigersinn mit den rechteckig geschnittenen Enden mittig auf der blütenförmigen Windradmitte platzieren, sodass die Kanten sauber aneinander stoßen. Mit Klebstoff fixieren. Trocknen lassen.

3 Den Draht am Holzstab befestigen, eine Holzperle auffädeln, dann die blütenförmige Windradmitte, die vier gelochten Flügelspitzen und eine weitere Perle ergänzen. Das Drahtende mit einer Zange zur Öse biegen und den überstehenden Rest abzwicken.

Drachen bauen

Mit dem Wind spielen und Drachen steigen lassen – ein Vergnügen, das wohl nie seinen Reiz verliert. Drachen können aus verschiedensten Papieren gebaut werden, haltbarer und stabiler sind sie jedoch, wenn Sie Tyvek® verwenden, ein Polyethylenvlies, das sich wie Papier verarbeiten lässt.

1 Die Grundform des Drachens auf Tyvek® übertragen, evtl. bemalen und anschließend ausschneiden.

2 Nun das Gestänge anfertigen und aufkleben. Dazu die benötigten Stäbe (bei einer V-Form 2 gleichlange Querstäbe und ein Längsstab) auf die richtige Länge sägen und mit Steckwinkeln aus dem Fachgeschäft miteinander verbinden. Darauf achten, dass die Winkel den richtigen Innendurchmesser für die Stäbe haben. Die Stäbe auf der Rückseite des Drachens mit Tyvek®-Streifen fixieren. Den Drachenkörper unterhalb des Winkels mit einem Streifen Tyvek® verstärken.

3 Stabile Rundungen erhält man, indem man den rund geschnittenen Teil des Drachens in regelmäßigen Abständen einschneidet und umfaltet. In diese Falte wird zur Stabilisierung ein dünner Stab oder Peddigrohr eingeklebt. Alternativ kann auch ein schmaler Papierstreifen als Verstärkung aufgeklebt werden. Zuletzt den Schwanz am unteren Ende ankleben, die Schnur von der Vorderseite durch das Segel führen und auf der Rückseite an einem Stab festknoten. Den Knoten mit Klebstoff sichern.

Hinweis: Für das Gestänge eignen sich Stäbe aus Glasfiber oder Holz. Für das Bespannen können Papier, Plastikfolie, Segeltuch, Tyvek® oder Stoff benutzt werden. Polyesterschnüre sind im Drachenladen, im Herbst auch im Spielwarengeschäft erhältlich.

FLIEGENDES GESPENST

MATERIAL

- Tyvek®, 60 cm x 50 cm und ca. 20 cm x 50 cm für den Schwanz
- Glasfiberstäbe, ø 2 mm, 1 x 56 cm, 2 x 23,5 cm lang
- Acrylfarbe in Schwarz
- Winkel für Stab mit ø 2 mm
- Peddigrohr als Verstärkung, 45 cm lang
- Handgriff mit Schnur

VORLAGE SEITE 261

1 Die Grundform ausschneiden und das Gesicht aufmalen. Die Kopfrundung wie auf Seite 26 (Schritt 3) arbeiten. Den seitlichen Rand fransig einschneiden, die Mitte dabei für die Befestigung der Längsstange auslassen.

2 Die Querstäbe in die Winkel einstecken und die Winkel mit der Zange etwas zusammendrücken. Das Tyvek® seitlich des Kopfes ca. 1,5 cm tief einschneiden, über die Querstäbe schlagen und festkleben. Die Fläche unter dem Winkel mit Tyvek® verstärken.

3 Den Längsstab mit Tyvek®-Streifen festkleben. Mindestens 15 Schwanzstreifen (20 cm x 3 cm) zu einer Ringkette zusammenfügen und am Drachen festkleben. Die Schnur von vorne durch das Segel stechen und am Winkel festknoten.

BUNTE DRACHEN

MATERIAL PRO DRACHEN

- Tyvek®, 50 cm x 50 cm
- Holzstab, ø 3 mm, 50 cm lang
- Glasfiberstab, ø 1 mm, 50 cm lang
- bis zu 4 Streifen Tyvek® oder Krepppapier, ca. 1 cm bis 4 cm breit, ca. 100 cm lang (für den Schwanz)
- Acrylfarbe in verschiedenen Farben
- Handgriff mit Schnur

VORLAGE SEITE 212

1 Den Drachen nach Maßvorgabe ausschneiden und das Segel bemalen. Auf der anderen Seite die Stäbe befestigen. Längs den Holzstab mit Tyvek®-Streifen aufkleben, quer den dünnen Glasfiberstab.

2 Den Schwanz anbringen. Die Schnur zum Steigenlassen von der bemalten Seite mit einer Nadel durch das Segel führen und um den Kreuzungspunkt der Stäbe knoten. Den Knoten mit Klebstoff sichern.

Pappmaché

Papierrohling herstellen

Pappmaché ist ein Gemisch aus Kleister und Papier. Durch den schichtweisen Aufbau der kreuz und quer übereinander geklebten Papierschnipsel oder -streifen lassen sich leichte und zugleich stabile Formen und Objekte gestalten. Hier wird gezeigt, wie Hohlkörper (sog. Papierrohlinge) entstehen.

1 Einen Luftballon auf die gewünschte Größe aufblasen und mit einem Knoten verschließen. Das Zeitungs- oder Seidenpapier in ca. 4 cm x 4 cm große Stücke reißen und mit Tapetenkleister auf den Ballon kleben. Dabei die Papierstücke überlappen lassen und den Verschluss des Ballons aussparen. In dieser Weise fünf Schichten Papier aufkleben. Den beklebten Ballon vollständig trocknen lassen, am besten über Nacht.

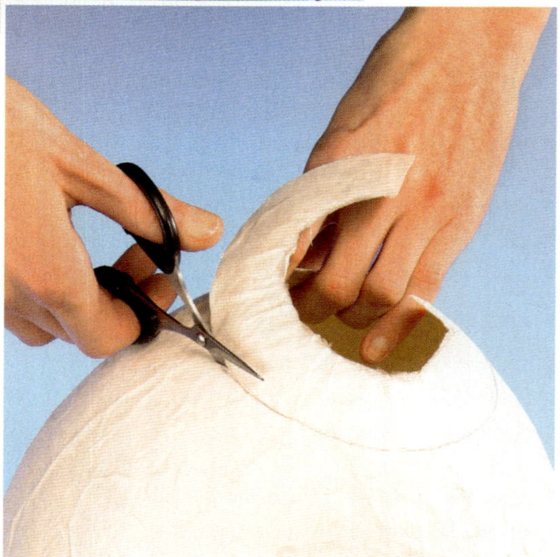

2 Wenn das Papier vollständig trocken ist, den Ballon am Verschluss gut festhalten und mit einer Schere ein kleines Loch unterhalb des Knotens hineinschneiden. Die Luft entweicht nun und der Ballon löst sich innen vom Papier. Sobald die ganze Luft entwichen ist, den leeren Ballon durch die Aussparung um den Verschluss herausnehmen. Das Loch nun mit einigen Papierstücken überkleben und so verschließen oder die Öffnung sauber mit einer Schere ausschneiden.

Hinweis: Luftballons gibt es in den verschiedensten Formen und Größen: Herzen, Schlangen, runde Kugeln etc. Wählen Sie aus dem Angebot einen Luftballon mit entsprechender Form aus und blasen Sie ihn so groß wie erforderlich auf.

SPARFROSCH

MATERIAL
- runder Luftballon
- Tischtennisball
- 200 g lufttrocknende Modelliermasse
- Kunststofffolie in Transparent, 2 mm stark, ca. 13 cm x 16 cm
- 8 Rohholzperlen, ø 1 cm
- Acrylfarbe in Weiß, Schwarz, Hellgrün, Dunkelgrün und Gelb
- Silberdraht, ø 1 mm
- Klarlack

1 Auf den Luftballon ein Rechteck (11 cm x 14 cm) aufmalen und den Ballon wie beschrieben mit Zeitungspapier bekleben. Das Rechteck aussparen. Für die Füße sechs Kugeln aus Modelliermasse formen (ø ca. 4 cm), den Froschkörper kurz darauf andrücken, dann die Füße trocknen lassen und auf den Körper kleben.

2 Für die Augen den Tischtennisball halbieren und auf dem Körper fixieren. Die Klebenaht und die Hälfte der Kugeln mit Modelliermasse verdecken. Die Mundwinkel ebenfalls mit Modelliermasse betonen. Mit der Schere einen Geldeinwurfschlitz in den Körper schneiden und das Rechteck nachschneiden.

3 Die Figur weiß grundieren, wie abgebildet bemalen und anschließend lackieren. Die Holzperlen grün bemalen. Die Folie mit den Perlen und etwas Draht vor dem Rechteck anbringen. Dazu die Folie und die Körperform vorbohren.

LATERNENEULE

MATERIAL
- 6 bis 8 Bogen Seidenpapier in Weiß, 50 cm x 70 cm
- Tonkarton in Weiß, A4
- Styroporkugel, ø 7 cm
- Wellpapperest in Gelb
- Acrylfarbe in Rot, Terrakotta, Gelb, Schwarz und Weiß
- Luftballon
- Ast, ca. 30 cm lang

VORLAGE SEITE 212

1 Den Luftballon auf ca. 25 cm aufblasen und mit Seidenpapier bekleben. Für die Augen die Kugel mit einem Messer halbieren und ebenfalls bekleben. Nach dem Trocknen den Rand so schneiden, dass die Ohren entstehen. Den Schnabel aufmalen und zwischen die Ohren die bemalten Augen kleben.

2 Die Federzeichnung auf dem Körper in Terrakotta aufmalen (Farbe stark mit Wasser verdünnen) und nach dem Trocknen die weißen Flügel am oberen Rand fixieren. Für die Krallen jeweils drei Wellpappestreifen zu Ringen zusammenkleben und festkleben. Einen Ast durchstecken. Den Drahtbügel einstecken und die Kerze befestigen.

Pappmaché

Kaschieren

Kaschieren heißt soviel wie verdecken oder mehrere Lagen gleicher oder verschiedener Materialien miteinander verbinden. Auf die Pappmaché-Technik übertragen heißt dies, dass aus verschiedenen Materialien eine Grundform zusammengefügt und anschließend mit Papierschnipseln überklebt wird.

1 Die einzelnen Teile, hier z. B. das Styroporei, die Eierpappe, die aus einer Toilettenpapierrolle ausgeschnittenen Tonkartonohren und das Schwänzchen aus geknülltem, mit weißem Faden umwickeltem Zeitungspapier, zusammenfügen.

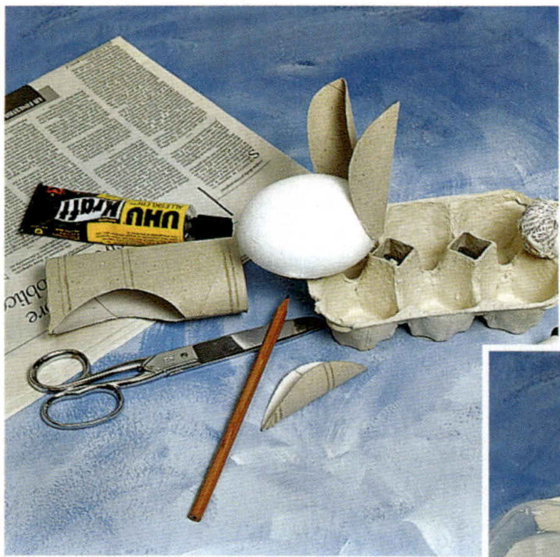

2 Das Zeitungspapier in kleine Stücke reißen (ca. 4 cm x 4 cm). Die zusammengeklebte Grundform dick mit Tapetenkleister bestreichen und die Zeitungsschnipsel nass auf nass in drei bis vier Lagen darauf kleben. Sie müssen dabei immer überlappen. Die einzelnen Schnipsel mit den Fingern glatt streichen und die Figur gut trocknen lassen.

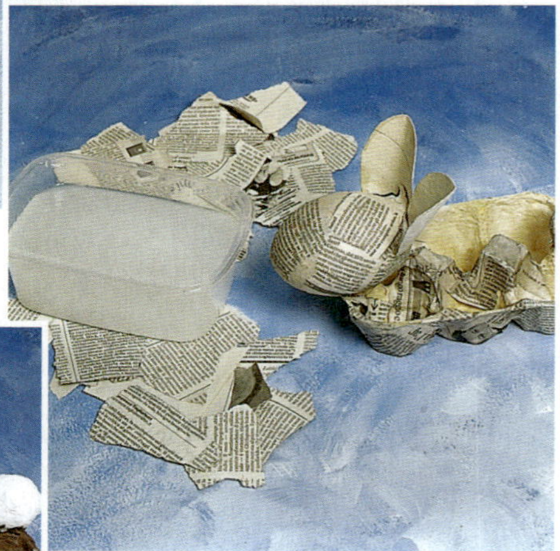

3 Nach dem Trocknen das Werkstück mit Acryl- oder Plakafarbe in Weiß grundieren. Die Farbe dick auftragen, um die Schrift und die Fotos der Zeitungsschnipsel zu überdecken. Die Farbe trocknen lassen.

4 Zum Schluss das Modell wie abgebildet weiter gestalten.

PAPPMACHÉ-NESTER

MATERIAL OSTERHASE
- 6er-Eierkarton
- Styroporei, 8 cm lang
- Toilettenpapierrolle
- Faden
- Acrylfarbe in verschiedenen Farben
- Bürstenhaare
- Pompon in Schwarz, ø 7 mm

HUHN
- Styroporkugel, ø 7 cm
- Fotokartonrest
- Pappschüssel, ø 14 cm
- 5 Federn in Weiß
- Acrylfarbe in verschiedenen Farben
- Filzrest in Rot

VORLAGE SEITE 212

1 Den Hasen wie auf Seite 30 beschrieben arbeiten. Den Pompon als Schnauze und einige Haare einer alten Bürste als Schnauzbart aufkleben.

2 Für das Huhn den Kamm und den Schnabel aus Fotokarton ausschneiden und in der Styroporkugel fixieren. Dazu die Kugel mit einem Cutter einschneiden. Unten noch einen Schlitz einschneiden und die Kugel mit Heißkleber auf der Schale fixieren.

3 Alles kaschieren und gut trocknen lassen. Wie beschrieben grundieren und entsprechend der Abbildung bemalen. Die Filz-Kehllappen und die Federn mit Heißkleber anbringen.

WITZIGE RASSELN

MATERIAL
- 3 zweiteilige Plastikkugeln, ø 6 cm bis ø 8 cm
- 1 Bogen Wellpappe
- Fotokartonrest
- Toilettenpapier
- Joghurtbecher
- Reis, Sand, kleine Kiesel o. Ä.
- Acrylfarbe in verschiedenen Farben

VORLAGE SEITE 262

1 Die jeweilige Grundform, also die Plastikkugeln oder den Joghurtbecher, mit Reis, Sand oder kleinen Kieseln befüllen. Die Kugeln zusammenfügen, den Joghurtbecher mit einem Fotokartondeckel verschließen. Die Wellpappe (je 12 cm x 24 cm) zu Griffen aufrollen und zusammenkleben. Mit Heißkleber an den Rasseln befestigen.

2 Beim Frosch die Krone aus Tonkarton ergänzen. Alle Rasseln komplett kaschieren. Augen, Hörner und Nasen aus mit Kleister durchweichtem Toilettenpapier formen und aufsetzen. Alles trocknen lassen. Die Rasseln grundieren und nach dem Trocknen wie abgebildet bemalen.

Lacé-Technik

Lacé ist der Name einer Schneidetechnik, mit der man ganz einfach und schnell die schönsten Grußkarten gestalten kann. Gearbeitet wird mit speziellen Schablonen, die in großer Auswahl im gut sortierten Fachhandel erhältlich sind.

1 Zunächst die Schablone auf die Karte oder das Papier legen und mit etwas Klebefilm fixieren. Die Karte oder das Papier mit der Schablone auf eine geeignete Schneideunterlage legen und mit dem Cutter in die entsprechenden Rillen einschneiden. Immer mit etwas Druck von der Spitze ausgehend schneiden.

2 Nach dem Schneiden die Schablone entfernen. Die eingeschnittenen Partien nach oben umlegen. Dies gelingt besonders gut mithilfe eines Lineals und eines Falzbeins. Bei dickerem Karton ist es hilfreich, zunächst den Falz mit dem Cutter etwas vorzuritzen.

3 Dann die umgelegten Teile miteinander verbinden. Hierzu ein Teil unter das andere schieben, bis alle Teile ineinander übergehen. Zuletzt den ausgeschnittenen Teil der Karte mit etwas Tonpapier in einer Kontrastfarbe hinterkleben. Mit kleinen Sticker-Motiven, die so positioniert werden, dass sie das entstandene Muster betonen, bekommt die Schneidetechnik den letzten Pfiff.

Hinweis: Bei Karten in der Lacé-Technik für den Innentext am besten ein Einlegeblatt einkleben, einlegen oder mit einem Bändchen einbinden.

WEIHNACHTSKARTE

MATERIAL
ROTE KARTE

- Künstlerkarton in Rot, A5
- Tonpapierrest in Gold
- Konturensticker in Glitzer-Rot: Merry Christmas und Sterne
- Lacé-Schablone Nr. 2

VORLAGE SEITE 210

1 Den Karton zur Hälfte falten, die Kartenschablone auflegen und die Kontur übertragen. Die Karte zuschneiden.

2 Das Lacé-Motiv in die Karte schneiden. Die Karten-Vorderseite mit dem goldenen Tonpapier hinterkleben und überstehende Ränder mit der Schere korrigieren.

3 Die Sternschnuppe nach Vorlage aus dem Tonpapier ausschneiden und mit Abstandspads auf der Karte fixieren. Zum Schluss den Schriftzug und viele kleine Sterne anbringen.

TRANSPARENTE BLUMEN

MATERIAL

- Künstlerkarton in Weiß, 22 cm x 15,5 cm
- Transparentpapier mit Mohnblumen, 17,5 cm x 13 cm
- Satinband in Grün, 3 mm breit, 30 cm lang
- Sticker: Kreise und Punkte in Gold, ø 3 mm
- Lacé-Schablone Nr. 3

VORLAGE SEITE 212

1 Den Künstlerkarton mittig falten und die Ecken nach Vorlage rund schneiden.

2 Das Lacé-Motiv in der Mitte des Transparentpapiers arbeiten. Das Band durch die Öffnungen ziehen und eine Schleife binden.

3 Das Transparentpapier auf der Karte fixieren und die überstehenden Ränder nach dem Trocknen abschneiden. Das Motiv mit den goldenen Punkten verzieren.

Quilling

Beim Quilling werden Papierstreifen aufgerollt und anschließend in Form gebogen, sodass Herzen, Tropfen, Dreiecke, Blattformen, Rhomben oder Kreise entstehen. Anschließend werden diese Grundformen miteinander kombiniert und zu Motiven zusammengesetzt.

1 Eine Spitze eines Zahnstochers abtrennen und in der Mitte des stumpfen Endes mit dem Cutter einen Spalt schneiden. Unterhalb des Spalts zur Sicherung rundherum einen Klebestreifen anbringen. Einen 35 cm langen Papierstreifen in den Spalt schieben.

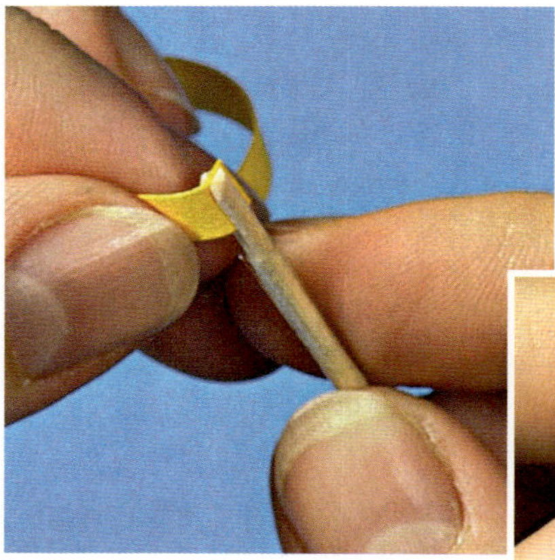

2 Einige Zentimeter vom anderen Ende des Papierstreifens entfernt (je nach gewünschtem Umfang der Spirale) eine Markierung anbringen. Durch Drehen des Stäbchens den Streifen fest aufrollen und „spannen“, das heißt das Stäbchen noch etwas weiter drehen. Dann die Spirale aufspringen lassen und vorsichtig vom Werkzeug nehmen.

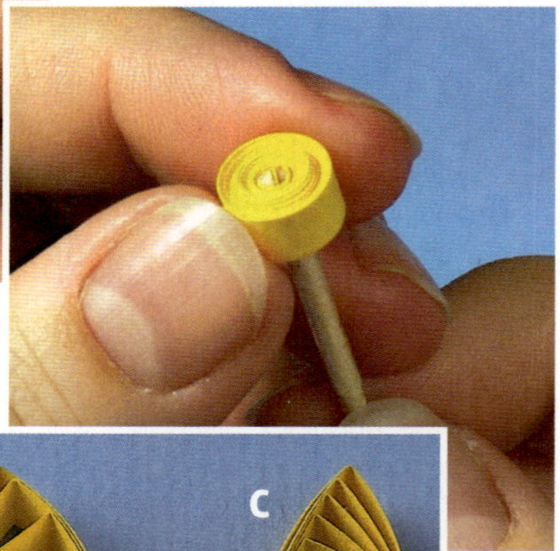

3 An der Markierung etwas unverdünnten Bastelkleber auftragen und das lose Ende festkleben. Es entsteht eine geschlossene Spirale, ein Kreis (a). Wird eine Seite des Kreises zusammengedrückt, entsteht ein Tropfen (b). Werden zwei gegenüberliegende Seiten zusammengedrückt, entsteht ein Blatt (c).

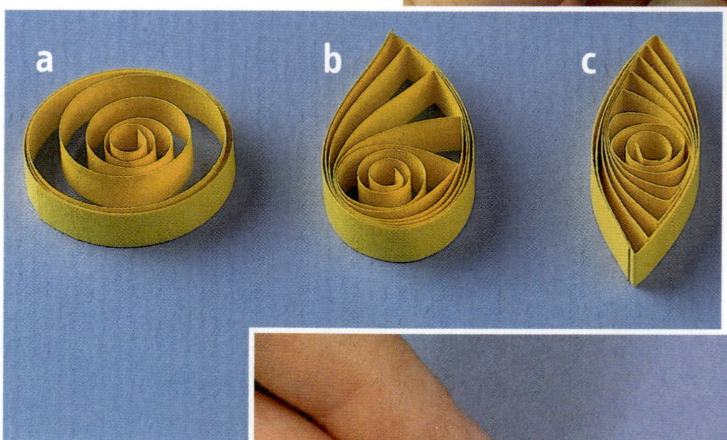

4 Zum Fixieren der Formen wird Bastelkleber im Verhältnis 1:1 mit Wasser verdünnt. Den verdünnten Kleber mit einem Pinsel sparsam auf die fertigen Formen auftragen. Es genügt dabei, nur die eng aneinanderliegenden Streifenteile einzustreichen. Nach dem Trocknen die Grundformen mit unverdünntem Bastelkleber aneinanderkleben. Das fertige Motiv evtl. an den unteren Streifenkanten mit Bastelkleber betupfen und auf einen Untergrund kleben.

Hinweis: Anstatt eines Zahnstochers kann auch eine spezielle Quillingnadel verwendet werden. Die Papierstreifen können Sie selbst zuschneiden, im Fachhandel sind aber auch bereits fertig geschnittene Papierstreifen erhältlich.

MARGERITEN-ZAUBER

MATERIAL

- Doppelkarte in Weiß, 10 cm x 15 cm
- Fotokarton in Dunkelgrün, 8 cm x 12 cm
- Fotokarton in Hellgrün, 7 cm x 11 cm
- Japanseide in Hellgelb, 10 cm x 14 cm
- je 3 Tonpapierstreifen in Dunkelgrün und Weiß, 3 mm breit, 35 cm lang
- 1 Tonpapierstreifen in Gelb, 3 mm breit, 17,5 cm lang

1 Aus den dunkelgrünen Streifen die Blätter anfertigen. Für die großen Blätter jeweils einen halben Streifen verwenden und bei 3 cm markieren. Für die vier kleinen Blätter den zweiten Streifen vierteln und die Stücke jeweils bei 2 cm markieren.

2 Für die Ranken jeweils einen halben Streifen bei 10 cm knicken und die Enden zu gegengleichen Ranken aufdrehen. An den nicht aufgedrehten Stielen etwas zusammenkleben.

3 Für die Blüten die weißen Streifen vierteln, den gelben Streifen halbieren. Die 14 Streifen bei 2 cm markieren und aufrollen.

4 Den hellgrünen Karton mit Japanseide beziehen und auf den dunkelgrünen kleben. Die Formen darauf fixieren. Das fertige Motiv auf der Karte anbringen.

QUILLING-KALEIDOSKOP

MATERIAL PRO GRUNDFORM

- 24 Tonpapierstreifen in Kobaltblau, 5 mm breit, 35 cm lang
- 24 Tonpapierstreifen in Türkis, 5 mm breit, 35 cm lang
- Faden zum Aufhängen

1 Jede Grundform besteht aus denselben Einzelteilen, die lediglich unterschiedlich zusammengefügt werden. Die acht großen Blätter aus jeweils zwei aneinandergeklebten Streifen in Kobaltblau anfertigen. Dazu das Ende bei 11 cm markieren.

2 Die acht Tropfen aus jeweils zwei aneinandergeklebten Streifen in Türkis anfertigen. Dazu das Ende bei 11 cm markieren.

3 Acht Kreise und acht kleine Blätter in Kobaltblau und in Türkis anfertigen. Dazu jeweils einen halben Streifen verwenden und diesen bei 4 cm markieren.

4 Die vier Grundformen wie abgebildet zu einem Motiv zusammenfügen und mit unverdünntem Bastelkleber zusammenkleben. An einem Faden aufhängen.

TEEKANNE

PAPPMACHÉ

MATERIAL

- alte Zeitungen
- Tapetenkleister (½ Packung)
- Luftballon
- Kreppklebeband
- lufttrocknende Modelliermasse, extraleicht
- Acrylfarbe in Rot und Weiß
- Krepppapierrest in Rot
- Holzkugel, ø 2 cm
- 6 Bögen Architektenpapier, A4
- Tonkartonreste in Rot und Weiß
- Garn in Rot und Weiß
- Motivlocher: Schneeflocke
- Hefter, Lochzange, Cutter

VORLAGE SEITE 213

1 Den Luftballon mit zwei Lagen Papierschnipsel bekleben. Aus Kreppklebeband und Zeitungspapier den Ring für die Standfläche, den Henkel und den Ausguss formen und anbringen. Zwei bis drei weitere Lagen Zeitungspapier auf der Kanne aufbringen.

2 Nach dem Trocknen den Deckel abschneiden. Alles weiß grundieren und wie abgebildet mit Rot bemalen. Die Holzkugel und das Krepppapier fixieren. Die Teebeutel mithilfe der Faltskizze (siehe Vorlage) fertigen, befüllen und mit dem Hefter verschließen. Die Schildchen anbringen und beschriften.

KNUFFIGE SCHULTÜTE

MOTIVE ZUSAMMENSETZEN

MATERIAL

- Schultütenrohling in Weiß, 70 cm hoch
- Rolle Krepppapier in Hellblau
- Organzaband in Hellgrün
- Holzstreuteile-Mix: Schule
- Naturbast in Mais
- Wäscheklammer, 4,5 cm lang
- Fotokarton in Blau, 50 cm x 70 cm
- Fotokarton in Hellbraun, A3
- Fotokartonreste in Beige, Hellblau, Hellviolett, Hellgrün, Grün, Gelb, Sonnengelb, Rot, Pink und Weiß
- Formfilzrest in Schwarz
- 2 Klebepunkte in Schwarz, ø 8 mm

VORLAGE SEITE 213

1 Die einzelnen Teile aus Fotokarton ausschneiden, evtl. mit Buntstiften bemalen und zusammenfügen. Das Gesicht gestalten: Die Nase aus Formfilz aufkleben und die Klebepunkte als Augen fixieren. Mit Lackmalstift weiße Lichtreflexe aufmalen. Die Wangen mit Buntstift röten. Zwei Haare aus Bast anbringen.

2 Das Krepppapier als Manschette einkleben. Den Baststrang fixieren und die Holzstreuteile darauf festkleben. Die Klammer auf dem Bast festkleben, mit Holzteilen bekleben und ein Namensschild darin festklemmen.

LEUCHTENDER STERN

FILIGRANE PAPIERARBEITEN

MATERIAL

- Fotokarton in Schwarz, 24 cm x 24 cm
- Regenbogen-Seidenpapier oder Regenbogen-Transparentpapier, A4

VORLAGE SEITE 213

1 Die Vorlagenzeichnung auf den schwarzen Fotokarton übertragen. Das Motiv mit dem Cutter auf geeigneter Unterlage ausschneiden.

2 Den fertig geschnittenen Stern auf eine möglichst helle Unterlage legen. Das Transparent- bzw. das Seidenpapier auflegen. Durch Verschieben den gewünschten Ausschnitt des Regenbogenpapiers auswählen, mit Bleistift umfahren und ausschneiden. Dabei berücksichtigen, dass der Regenbogenverlauf des Papiers von einer Seite zur anderen verläuft, für den Stern aber künstlich ein Verlauf von der Mitte nach allen Seiten hin geschaffen werden muss.

3 Die Rückseite des Sterns mit Klebstoff bestreichen und das Transparent- oder Seidenpapier auflegen.

HIER WOHNE ICH!

MOTIVE ZUSAMMENSETZEN

MATERIAL

- Fotokartonreste in Hautfarbe, Mittelbraun, Rotbraun, Dunkelbraun, Dunkelgelb, Rot, Weiß, Gelb, Hellgrün und Grau
- Druckerpapier in Weiß
- Motivlocher: Gänseblümchen, ø 2,5 cm
- Scrapbookpapierreste in Blau kariert und Bunt kariert
- Locher

VORLAGE SEITE 260

1 Alle Motivteile ausschneiden. Alle Linien und Muster aufmalen und die Wange mit dem Buntstift rot färben. Die Flickennähte später ergänzen.

2 Die Hose mit Flicken versehen und unter dem Pulli befestigen. Die Schuhe ankleben. Die Hände und den Kopf von hinten am Pulli fixieren. Die Haare und die Kappe samt Flicken ergänzen. Den linken Arm mit Filzstift in Schwarz umranden, damit er sich vom Pulli trennt.

3 Die Rollerteile montieren. Das Kind und den Ball positionieren. Die Blüten mit dem Motivlocher und die Blüteninnenteile mit dem Locher ausstanzen und zusammenfügen. Den Rollerfahrer auf die mit Blumen geschmückte, beschriftete Wiese stellen.

SUMMERFEELING

FILIGRANE PAPIERARBEITEN

MATERIAL SCHMETTERLINGS-BAND
- Fotokarton in Gelb, A2

BLUMENBAND
- Fotokarton in Rot, A2

FENSTERBILDER
- Tonpapier in Rot oder Grün, A4

VORLAGE SEITE 214

1 Die Bänder auf den Fotokarton übertragen. Mit einer Scherenspitze die gestrichelte Linie an einem Lineal entlang nachfahren. Den so entstandenen Falz falten, dann erst das Motiv ausschneiden.

2 Die Hänger nach der allgemeinen Anleitung auf Seite 10 zweimal arbeiten. Vor dem Schneiden in der Mitte im rechten Winkel falten und an den Faltkanten später zusammenfügen. Einen farblich passenden Faden zur Befestigung anbringen.

FALTKÖRBCHEN

PAPIER FALTEN

MATERIAL
- Hortensien-Transparentpapier in Rot und Blau, A4
- Hortensien-Transparentpapier in Rot, 30 cm lang, 6 cm breit

VORLAGE SEITE 214

1 Das Papier zuerst in der Mitte falten (Strichpunktlinie) und wieder öffnen. Nun die beiden Seiten zur Mitte falten (gestrichelte Linien).

2 Das halb so große Papier wieder zuerst in der Mitte falten (Strichpunktlinie), wieder öffnen und dann die beiden Seiten zur Mitte falten (gestrichelte Linien) und wieder öffnen.

3 Die Ecken an den gepunkteten Linien nach innen falten.

4 Die Mitte an den gepunkteten Linien nach außen falten.

5 Die Faltarbeit in Pfeilrichtung auseinander ziehen und in Form bringen.

6 Für den Henkel den schmalen Streifen zuerst in Längsrichtung in der Mitte falten und wieder öffnen. Nun die beiden Seiten bis zur Mittellinie nach innen falten. Diesen Bügel von innen am Körbchen ankleben.

GESPENSTER-LATERNE

MOTIVE ZUSAMMENSETZEN

MATERIAL

- Fotokarton in Weiß, 50 cm x 70 cm
- Tonpapierreste in Dunkelgrau und Hellrosa
- Strohseide in Weiß, 50 cm x 70 cm
- Fotokartonrest in Pink
- Mobilefolie, 0,4 mm stark, A3
- Mittelstreifen: 45 cm x 15 cm (zuzügl. 2 x 8 mm für die Klebelaschen)

VORLAGE SEITE 215

1 Die einzelnen Motivteile ausschneiden – die Hände nur am Vorderteil arbeiten, auf der Rückseite die Linie einfach durchziehen. Die Strohseide auf Mobilefolie aufziehen und zuschneiden. Das Gesicht mit Bunt- und Filzstiften gestalten. Die Zunge in einen kleinen Schlitz in der Mundlinie schieben.

2 Die Mobilefolie mit der Strohseide in die Form und den Kopf aufkleben. Die Flicken hinzufügen und die Flickennähte ergänzen. Die Kette aus zwölf Tonpapierstreifen, die Ring für Ring ineinander gehakt und zusammengeklebt werden, arbeiten. An den Händen des Gespensts befestigen.

3 Den Mittelstreifen zwischen die Vorder- und die Rückseite der Laterne kleben. Dazu den Streifen Stück für Stück formen und ankleben (gestrichelte Linie). Die Löcher für den Bügel einstechen und diesen darin befestigen. Eine Kerzenhalterung anbringen oder einen Leuchtstab verwenden.

SCHMETTERLINGSSTECKER

QUILLING

MATERIAL PRO SCHMETTERLING

- 12 Streifen Tonpapier in Regenbogenfarben, 5 mm breit, 35 cm lang
- Holzperle, ø 1,5 cm
- Papierdraht in Natur, ø 2 mm, 20 cm lang
- Rundholzstab, ø 2 mm, 40 cm lang

1 Die Holzperle so auf den Rundholzstab leimen, dass der Stab 5 mm übersteht. Für die Fühler den Papierdraht mittig um dieses überstehende Stück wickeln und die Enden zu Spiralen formen.

2 Für die Flügel 4 x je 3 Streifen aneinander kleben, quillen und auf ø 4 cm aufspringen lassen. Anschließend das Ende festkleben. An zwei gegenüberliegenden Seiten knicken. Die inneren Windungen in eine Spitze ziehen und festkleben. Zum Schluss die Flügel auf die Holzperle kleben.

BABY
28.10.06

- Kartoffeldruck
- Blätterdruck
- Linolschnitt
- Stempel herstellen
- Embossing
- Papier prägen
- Metall prägen

Drucken und prägen

Mit Kartoffeln, Blättern, Korken, Äpfeln, Radiergummis, Linoleum, Embossing-Pulver oder Prägestiften lassen sich vielfältige Oberflächen gestalten. Dabei entstehen reliefartige Erhöhungen und Vertiefungen, bunt bedruckte Papiere und Stoffe oder einfarbige Kunstdrucke. Den Möglichkeiten und der Fantasie sind beim Gestalten mit den unterschiedlichen Stempel-, Druck- und Prägetechniken kaum Grenzen gesetzt.

Kartoffeldruck

Kartoffeln sind als leckere Speise nicht mehr aus der Küche wegzudenken. Dabei kann die Knolle noch viel mehr. Zum Beispiel eignet sie sich aufgrund ihres festen Fruchtfleisches hervorragend zum Aufdrucken von Motiven. Wie geschickt, dass sie praktisch in jedem Haushalt zu finden ist.

1 Das Muster von der Vorlage auf Transparentpapier übertragen und ausschneiden. Die Kartoffel waschen, halbieren und die Schnittfläche mit einem Tuch abtrocknen. Die Vorlage mittig auf die Schnittfläche legen und die Konturen mit wasserfestem Stift nachzeichnen.

2 Mit einem Messer die aufgezeichneten Konturen ringsum ca. 5 mm bis 7 mm tief senkrecht einschneiden. Dann von den Seiten her mit etwa 5 mm bis 7 mm Abstand zur Schnittfläche bis zu den senkrechten Schnitten einschneiden und das Kartoffelfleisch wegnehmen. Den Kartoffelstempel immer wieder mit einem Tuch abtupfen.

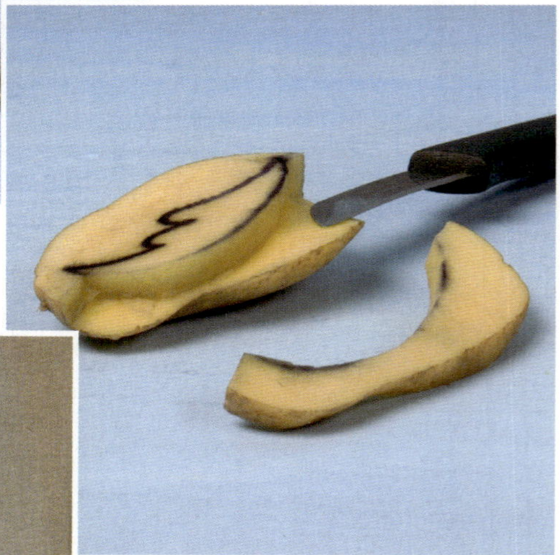

3 Das Material, das bedruckt werden soll, flach auslegen und ggf. auf der Arbeitsfläche fixieren. Stoffe zusätzlich an den zu bedruckenden Stellen mit Klebefolie unterkleben, damit sie sich nicht verziehen. Den Stempel mit Farbe bestreichen und auf den Stoff drücken.

4 Vor jedem Stempelvorgang muss die Farbe neu auf die Stempelfläche aufgetragen werden. Um sicher zu gehen, dass das Motiv des Stempels richtig aufgebracht wird, vor dem Drucken probeweise einmal auf Papier stempeln.

Hinweis: Statt Kartoffeln können auch andere festfleischige Früchte wie z. B. Äpfel verwendet werden.

TISCHLÄUFER

MATERIAL

- Tischläufer aus glatter Qualität in Beige, 60 cm x 140 cm
- Klebefolie in Transparent
- Textilfarbe in Braun
- Transparentpapier
- Papier in Weiß, A2
- 5 Kartoffeln in verschiedenen Größen
- kleines, spitzes Messer
- Küchenrolle
- Pinsel
- Klebeband
- Schere
- wasserfester Filzstift

VORLAGE SEITE 261

1 Die Stempelmotive wie beschrieben mit Transparentpapier und wasserfestem Filzstift auf die Kartoffelhälften übertragen und mit dem Messer ausschneiden.

2 Den Tischläufer mit transparenter Klebefolie unterkleben und mit Klebeband auf der Arbeitsfläche fixieren. Das Muster von der Vorlage kopieren und als Stempelvorlage neben den Tischläufer legen.

3 Die Stempel mit Textilfarbe bemalen und mithilfe der Vorlage auf den Stoff aufdrücken. Vor jedem Stempelvorgang die Farbe neu auftragen. Nach dem Trocknen die Textilfarbe je nach Herstellerangaben ggf. mit dem Bügeleisen von der linken Seite fixieren.

LILA SCHMETTERLINGE

MATERIAL

- Regenschirm in Weiß
- dünnflüssige Textilfarbe in Lila
- Kartoffel
- kleines, scharfes Messer
- Pinsel
- Ausstecherform: Schmetterling

1 Die Kartoffel halbieren und die Ausstecherform so tief wie möglich in die Schnittfläche drücken. Mit dem Messer von der Seite ringsum bis zur Ausstecherform einschneiden und das überschüssige Kartoffelfleisch entfernen.

2 Die Textilfarbe mit dem Pinsel auf den Kartoffelstempel auftragen und den Stempel direkt auf den imprägnierten Stoff aufdrücken. Dazu den Schirm aufgespannt auf den Boden stellen, mit der rechten Hand den Stempel aufsetzen und mit der linken Hand von der Stoffrückseite gegendrücken. Darauf achten, dass Farbe, die eventuell auf die Innenseite durchdringt, nicht verwischt wird.

3 Die Farbe einige Tage gut trocknen lassen, da sie nicht mit dem Bügeleisen fixiert werden kann.

Blätterdruck

Blätter gibt es in unzähligen Varianten in der Natur: mit Zacken oder Wellenrand, rund, oval, oder spitz zulaufend, breit oder schmal, groß oder klein. Diese Vielfalt an interessanten Formen wird beim Blätterdruck genutzt und auf Materialien wie Stoff, Papier oder Karton übertragen.

1 Verschiedene Blätter sammeln. Dann das Material, das bedruckt werden soll, flach auslegen und ggf. auf der Arbeitsfläche fixieren.

2 Ein Blatt mit der Unterseite nach oben auf eine alte Zeitung oder einen Bogen Papier legen. Das Blatt mit einer Hand am Stiel festhalten und mit der anderen Hand mit Pinsel und Farbe einfärben. Dabei besonders auf die Blattränder achten.

3 Das Blatt mit der eingefärbten Seite auf das Arbeitsmaterial legen und mit den Fingern fest aufdrücken. Alternativ kann auch eine kleine Farbwalze verwendet werden. Hierfür das Blatt mit einem Bogen Papier bedecken und anschließend mit der leeren Farbwalze mehrmals darüber rollen. Die Stiele der Blätter mit einem feinen Pinsel aufmalen.

Hinweis: Geeignet sind fast alle Blätter, wichtig ist nur, dass sie auf der Blattunterseite deutlich hervortretende Blattadern haben.

SCHALTUCH

MATERIAL

- Schaltuch aus Mischgewebe in Weiß
- Ahorn- und Ulmenblätter
- Textilfarbe in Rot-, Orange- und Gelbtönen
- Pinsel
- Klebeband

1 Die Blätter wie beschrieben auf der Unterseite mit Farbe bemalen, auf das Tuch legen und aufdrücken.

2 Mit einem feinen Pinsel die Stiele der Blätter ergänzen. Die Textilfarbe trocknen lassen und gegebenenfalls auf der linken Seite mit dem Bügeleisen fixieren (siehe Herstellerangaben).

BLÄTTER-MEMORY

MATERIAL

- Acrylfarbe oder Aqua-Linoldruckfarbe in Dunkelgrün
- Fotokartonkärtchen in Hellgrün, 9 cm x 11 cm
- Blätter verschiedener Pflanzen
- Linoldruckrolle aus Gummi
- Universalpapier in Weiß, A4

1 Ein Blatt wie beschrieben mit dem Pinsel mit Acrylfarbe bestreichen und mit der Farbe nach unten auf ein Kartonkärtchen legen, ein weißes Papier darüber legen und mit der Rolle vorsichtig und mit Druck mehrmals darüber rollen.

2 Das weiße Papier entfernen und die Karte trocknen lassen. Das Blatt nochmals einfärben und eine zweite Karte damit bedrucken.

3 Nach Lust und Laune so viele Kartenpaare herstellen, bis der Umfang des Memory-Spiels groß genug ist.

Linolschnitt

Der Linolschnitt ist eine klassische Drucktechnik, mit der einfarbige Kunstdrucke gefertigt oder Karten bedruckt werden können. Dazu wird das Motiv in eine Linolplatte geschnitzt und anschließend im Reibedruckverfahren auf stabiles Papier oder Fotokarton übertragen.

1 Einen Motiventwurf anfertigen und festlegen, welche Flächen später schwarz bzw. weiß sein sollen. Weiß sind jene Flächen, die später beim Drucken nicht mit dem Papier in Berührung kommen. Dabei beachten, dass das Motiv durch den Druck später spiegelverkehrt ist.

2 Das Motiv mit Kopierpapier auf die Linoleumplatte übertragen. Dazu das Kopierpapier mit der schwarzen Seite nach unten auf die Linoleumplatte legen und das Motiv mit einem Kugelschreiber nachzeichnen. Anschließend die Linien mit einem wasserfesten Filzstift nachziehen und die schwarzen Flächen schraffieren.

3 Die Linoleumplatte auf eine Schneideunterlage legen und die Umrisse des Motivs mit dem Cutter nachschneiden. Dabei immer vom Körper weg arbeiten! Die Schnitte sollten so gesetzt werden, dass eine V-förmige Kerbe in das Linoleum geschnitten wird.

4 Nun mit dem U-förmigen Hohleisen die weißen, unschraffierten Flächen herausschneiden. Dadurch entsteht der Druckstock (Linoleumplatte mit fertig geschnittenem Motiv).

5 Etwas Farbe mit einer Gummiwalze auf einer Glasplatte auswalzen. Die Walze sollte etwas breiter als der Druckstock sein. Den Druckstock mit der Walze gleichmäßig einfärben, auf ein Papier legen und mit einem abgerundeten Gegenstand (z. B. Holzgriff des Linolschnittmessers) abreiben (Reibedruck). Den Druckstock vorsichtig abheben und das Papier trocknen lassen.

Hinweis: Als Schneideunterlage eignet sich ein Holzbrett, auf dem zwei Kanthölzer im rechten Winkel zueinander angebracht sind. Das erleichtert das Halten und mindert die Verletzungsgefahr.

FISCH

MATERIAL
- Linoleumplatte, ca. 15 cm x 10,5 cm
- wasserlösliche Linoldruckfarbe in Blau
- Fotokarton in Weiß, ca. 18 cm x 13,5 cm
- Kugelschreiber
- wasserfester Filzstift
- Kopierpapier
- Linolschnittmesser mit Hohleisen
- Cutter
- Schneideunterlage
- Gummiwalze
- Glasplatte

VORLAGE SEITE 242

1 Die Vorlage wie beschrieben auf die Linolplatte übertragen und mit dem Cutter und dem Linolschnittmesser herausarbeiten.

2 Mit der Gummiwalze wasserlösliche Linoldruckfarbe auf den Druckstock auftragen. Den Druckstock mittig auf den Fotokarton legen und mit einem abgerundeten Gegenstand abreiben, sodass die Farbe gleichmäßig auf den Fotokarton übertragen wird.

MITTELALTERLICHE BURG

MATERIAL
- Linoleumplatte, ca. 21 cm x 29,5 cm
- wasserlösliche Linoldruckfarbe in Grün
- Fotokarton in Weiß, ca. 23 cm x 31 cm
- Kugelschreiber
- wasserfester Filzstift
- Kopierpapier
- Linolschnittmesser mit Hohleisen
- Cutter
- Schneideunterlage
- Gummiwalze
- Glasplatte

VORLAGE SEITE 234

1 Die Vorlage wie beschrieben auf die Linolplatte übertragen und mit dem Cutter und dem Linolschnittmesser herausarbeiten.

2 Die Flächen der Mauern kreuz und quer mit dem Hohleisen abtragen, sodass die Struktur beim Drucken zu sehen ist. Den Himmel mit unregelmäßigen waagerechten Schnitten mit dem Hohleisen arbeiten.

3 Mit der Gummiwalze wasserlösliche Linoldruckfarbe auf den Druckstock auftragen. Den Druckstock mittig auf den Fotokarton legen und mit einem abgerundeten Gegenstand abreiben.

Stempel herstellen

Radiergummi-Stempel

Im Handel gibt es eine große Auswahl an Stempeln mit unterschiedlichsten Motiven – von Ornamenten über Figuren bis hin zu Schriftzügen. Stempel kann man aber auch selbst anfertigen, zum Beispiel aus Radiergummis. Diese sollten mindestens 8 mm stark und nicht zu dunkel sein.

1 Das Transparentpapier auf die ausgewählte Vorlage legen und die Konturen mit einem weichen Bleistift nachfahren. Das Transparentpapier mit der Motivseite nach unten auf den Radiergummi legen. Mit dem Daumennagel über die Bleistiftlinien streichen. Dabei darauf achten, dass das Papier nicht verrutscht.

2 Mit der Spitze des Cutters den Radiergummi auf beiden Seiten der Motivlinien ca. 1 mm bis 2 mm tief vorritzen. Den Cutter dabei so halten, dass die Spitze der Klinge von der Linie weg zeigt (siehe Abbildung). Dadurch wird die Stempellinie, die am Schluss stehen bleibt, nach unten hin etwas breiter und damit stabiler. Die Breite der Stempellinien, die durch das Vorritzen mit dem Cutter entstehen, sollte oben etwa 1 mm, unten ca. 2 mm betragen.

3 Mit dem Linolmesser den Gummi um das Motiv herum und zwischen den Stempellinien vorsichtig herausschneiden. Dafür entlang den vorgeritzten Kanten die V-förmige Klinge verwenden. Anschließend zu einer U-förmigen Klinge wechseln. Sehr kleine, filigrane Linien und Flächen, z. B. Beine, Arme, Haare oder Augen, sehr vorsichtig mit dem Cutter und der kleinsten V-förmigen Klinge arbeiten. Den Radiergummi grob etwa 2 mm bis 3 mm größer als das Motiv zuschneiden und auf ein passendes Holzklötzchen aufkleben.

Hinweis: Radiergummis aus Kautschuk bröckeln beim Schneiden gern, daher am besten Radiergummis aus Kunststoff verwenden, die nicht zu weich sind, aber auch nicht zu hart.

SCHREIB DOCH MAL WIEDER!

MATERIAL

- Radiergummi
- Holzklötzchen
- Cutter
- Linolschnittmesser
- Briefpapier mit Umschlag in Weiß
- Klappkarte mit Umschlag in Gelb, C6
- Stempelkissen in Schwarz
- Filzstift in Schwarz
- Buntstifte

VORLAGE SEITE 215

1 Das Giraffenmotiv auf den Radiergummi übertragen und wie beschrieben mit Cutter und Linolschnittmessern ausschneiden. Den Radiergummi auf das Holzklötzchen kleben. Gemäß Vorlage oder frei Hand eine Graslandschaft oder Büsche mit Filzstift auf Briefpapier, Karte und Umschläge malen.

2 Die Giraffe mehrmals nebeneinander aufstempeln. Gegebenenfalls die Hälse mit dem Filzstift nach unten zur Grünfläche hin verlängern. Das Motiv nach Wunsch farbig gestalten.

SCHÖNER SCHENKEN

MATERIAL

- 3 Radiergummis
- Holzklötzchen
- Cutter
- Linolschnittmesser
- unbeschichtetes Geschenkpapier in Natur oder verschiedenen Farben
- Fotokartonreste in verschiedenen Farben
- Stempelkissen in verschiedenen Farben
- Satinband in verschiedenen Farben
- Bürolocher

VORLAGE SEITE 226

1 Die Katze, den Hasen und die Schilder auf Radiergummi übertragen und wie beschrieben mit Cutter und Linolschnittmessern ausschneiden. Den Radiergummi auf das Holzklötzchen kleben. Nach Wunsch das Geschenkpapier bestempeln. Kein Hochglanzpapier verwenden, da die Stempelfarbe sonst verläuft oder verwischt.

2 Für die Anhänger den Stempel auf Karton drucken, trocknen lassen und entlang der Linien ausschneiden. Lochen und mit Satinband am Geschenk befestigen.

Stempel herstellen

Moosgummi-Stempel

Einfache Formen und flächige Motive, die mehrfach auf eine Oberfläche aufgebracht werden sollen, können aus Moosgummi zugeschnitten und aufgestempelt werden. Die Moosgummi-Stempel sind, im Unterschied zu den Radiergummi-Stempeln, ganz einfach und schnell anzufertigen.

1 Das Motiv mit wasserfestem Filzstift von der Vorlage auf Transparentpapier abpausen.

2 Dann das abgepauste Motiv mit Kohlepapier auf festes Papier oder Tonkarton übertragen.

3 Das Motiv sauber aus dem Papier bzw. dem Tonkarton ausschneiden, die Schablone auf ein Stück Moosgummi auflegen und die Konturen mit Kugelschreiber umfahren.

4 Das Motiv aus dem Moosgummi ausschneiden. Kleine, kreisrunde Ausschnitte im Motiv mit einer Lochzange einknipsen. Das Moosgummi-Motiv mit Kontaktkleber auf ein kleines Holzklötzchen aufkleben. Fertig ist der Stempel.

Hinweis: Achten Sie darauf, dass Sie das Motiv seitenverkehrt auf den Stempel aufkleben, damit es nach dem Druck richtig erscheint.

BUNTE BILDERRAHMEN

MATERIAL

- Fotokarton in Gelb, Orange oder einer anderen hellen Farbe
- Acrylfarbe in Orange, Rot, Gelbgrün, Lila und Schwarz
- kleine Moosgummiplatte oder Moosgummireste
- Foto, ca. 10 cm x 13 cm

VORLAGE SEITE 216

1 Den Umriss, 18 cm x 40 cm, zuschneiden und auf der Hälfte der langen Seite umfalzen. Für den Ausschnitt mittig einen 9 cm x 12 cm großen Rahmen ausschneiden. Zeitungspapier in den Bilderrahmen legen, damit die Innenseite beim Drucken nicht beschmutzt wird.

2 Wie beschrieben aus den Motiven Moosgummi-Stempel herstellen und die Bilderrahmen damit bedrucken.

3 Nach jedem Druck neue Farbe auftragen. Bei Farbwechseln das Moosgummimotiv mit Wasser abwaschen und mit Papierküchentuch trocknen.

4 Das Foto mit Fotokleber hinter den Bildausschnitt kleben. Den Rahmen am Bug knicken und aufstellen.

MARITIME WOHNRAUMDEKO

MATERIAL

- Textilfarbe in Marineblau, Türkis und Grün
- Moosgummirest
- 3 kleine Holzklötzchen
- rundes Bodenkissen in Blau-Weiß, ø 70 cm
- Lampe mit Lampenschirm in Weiß, ø 27 cm

VORLAGE SEITE 231

1 Wie beschrieben Moosgummi-Stempel anfertigen. Die Wellen mit Marineblau aufstempeln, die Seesterne mit Türkis. Die Fische mit Marineblau, Türkis und Grün aufstempeln. Dabei vor jedem Farbwechsel die Stempel mit Wasser reinigen und gut abtrocknen.

2 Die Rundungen des Lampenschirms lassen sich gut bedrucken, wenn der Stempel von links nach rechts leicht abrollend aufgebracht wird.

3 Den Fischen einen blauen Punkt in die Augen setzen. Die Seesterne mit weißen Punkten verzieren. Die Farben entsprechend der Herstellerangaben fixieren.

Embossing

Beim Embossing wird aus einem flachen Stempelabdruck ein deutlich fühlbares Relief. Dafür wird auf den feuchten Stempelabdruck feines Farbpulver aufgestreut und dieses mit dem Föhn, einer speziellen Heat Gun, dem Bügeleisen oder über dem Toaster bzw. der Herdplatte zum Schmelzen gebracht.

1 Das Stempelgummi mit dem Stempelkissen gleichmäßig einfärben. Wichtig: Nicht wie beim Bürostempelkissen mit viel Druck, stattdessen mehrfach tupfen. Motiv oder Schriftzug aufstempeln.

2 Auf den noch feuchten Stempelabdruck großzügig Embossing-Pulver streuen. Es besteht kein Grund zur Eile, da die Pigmentfarbe nur sehr langsam trocknet.

3 Das überschüssige Pulver auf ein geknicktes Blatt Papier abschütteln. Darauf achten, dass keine Körnchen um das Motiv herum haften bleiben. Abhilfe schafft leichtes Schnippen gegen die Rückseite oder ein trockener Pinsel. Mit Hilfe der „Papierrinne" das Pulver zurück in die Dose schütten.

4 Das so vorbereitete Motiv z. B. über einem Toaster erhitzen. Das feine Kunstharzpulver verschmilzt zu erhabenen Konturen und einer reliefartigen Oberfläche mit Glanzeffekt. Der Vorgang ist abgeschlossen, wenn die Pulverschicht glänzt bzw. nicht mehr körnig ist. Das Motiv sollte darüber hinaus nicht mehr erhitzt werden, da die Pulverschicht sonst wieder flach wird.

Hinweis: Unbedingt langsam trocknende Pigment-Stempelfarbe oder spezielle Embossing-Stempelfarbe benutzen.

FRÜHLINGSGEFÜHLE

MATERIAL
- Stempelkissen in Fresh Green
- Embossing-Pulver in Transparent
- Motivlocher: Blume, ø 2,5 cm
- Aludraht, ø 2 mm, 15 cm lang
- Rundzange, Vorstechnadel
- Stempel: „Einladung zu unserer Hochzeit“
- Prägekarton „Milano“ in Maigrün, 21 cm x 25 cm
- Tonkarton in Maigrün kariert, 8,5 cm x 18,5 cm
- Fotokarton in Weiß, 5,5 cm x 15 cm
- Rocailles in Grüntönen, ø 4 mm
- Schaumklebeband, 1 mm stark, 2 cm breit

1 Auf den weißen Fotokarton den Schriftzug aufstempeln. Wie beschrieben embossen. Oberhalb und unterhalb ein Loch stechen und den Aludraht durchziehen. Die ausgestanzten Blumen und die Perlen auffädeln, die Enden mit der Zange eindrehen.

2 Den Prägekarton zur Doppelkarte falten. Den karierten Tonkarton aufkleben, den weißen Karton mit Schaumklebeband darauf platzieren.

MINI-KINDERWAGEN

MATERIAL
- Doppelkarte in Weiß, 14,8 cm x 14,8 cm
- Tonkarton in Weinrot, Pink, Orange und Weiß oder in Blau, Türkis und Weiß
- Stempel: Kinderwagen, klein
- Stempelkissen in Rot oder Blau
- Embossingpulver in Farblos
- Füllerpinsel

1 Den Stempel auf ein Kärtchen von 4 cm x 4 cm aufbringen und mit dem Embossingpulver versehen. Den Stempelabdruck mit Stempelfarbe kolorieren.

2 Aus dem farbigen Karton Kärtchen zurechtschneiden (4,5 cm x 4,5 cm, 5 cm x 5 cm, und evtl. 5,5 cm x 5,5 cm). Alle Karten exakt mit gleichem Abstand übereinander kleben und auf der Kartenmitte befestigen. Gemäß der Abbildung oder nach Wunsch beschriften.

Papier prägen

Papier prägen ist eine faszinierend einfache Technik: Mithilfe von Metallschablonen und einem Prägestift wird das Papier auf einem Leuchttisch oder am Fenster zum Relief ausgearbeitet. Anschließend kann das Motiv dann z. B. mit wasservermalbaren Buntstiften koloriert werden.

1 Die Schablone spiegelverkehrt auf die Oberfläche eines Lichtkastens legen und ggf. mit Klebefilm fixieren. Anschließend das zu verarbeitende Stück Papier oder Pappe mit der Rückseite nach oben darauf platzieren. Nun mit dem Kugelkopf des Prägestifts an der sichtbaren Innenkante der Schablone entlang fahren.

2 Ist der Druck ausreichend, ist bereits nach ein- oder zweimaligem Umranden die Prägung fertig und das Papier kann von der Schablone genommen werden.

3 Zur Hervorhebung der Prägung kann diese farbig ausgestaltet werden. Dazu zunächst die einzelnen Stücke mit Aquarellstiften fein umranden. Auf keinen Fall die ganze Fläche mit den Stiften ausmalen.

4 Mit einem fast trockenen Pinsel die Farbpigmente in kreisenden Bewegungen auflösen und vom Rand zur Mitte hin die Flächen ausmalen. Durch Mischen der Farben lassen sich interessante Farbverläufe und Schattierungen arbeiten.

Hinweis: Im Fachhandel sind verschiedene Lichtkästen erhältlich, die gut für das Prägen geeignet sind.Das Papier sollte mindestens eine Stärke von 130 g/qm oder mehr haben, da es sonst leicht reißt.

VISITENKARTEN

MATERIAL
- Motivschablone
- gedruckte Visitenkarten aus Aquarellpapier
- Lichtkasten
- Prägestift

1 Die Visitenkarten über die Schablone auf den Lichtkasten legen.

2 Wie beschrieben die Konturen der Schablone mit dem Prägestift nachfahren.

WINTERGRÜSSE

MATERIAL
- Fotokarton in Dunkelblau, 21 cm x 14,5 cm und 11 cm x 8 cm, mittig gefalzt
- Schablone: Tannenmotiv
- Chalk-Stempelfarbe in Hellblau und Silber
- Kordel in Hellblau, ø 3 mm, 30 cm und 25 cm lang
- Wellenschere
- Klebeband

GROSSE KARTE

1 Alle Kanten mit der Wellenschere nacharbeiten. Ein Rechteck (7 cm x 10 cm) mit Klebeband abkleben und an den Rändern mit Hellblau vorkolorieren.

2 Nach dem Trocknen der Farbe die Tanne in die Mitte der Kartenvorderseite prägen und die Punkte ergänzen. Die Tanne und die Punkte innerhalb des Rechtecks mit Silber kolorieren.

3 Auf der rechten Seite der Karte vorn und hinten einen ca. 8 mm langen Schlitz einschneiden, die Kordel durchfädeln und die Karte mit einer Schleife verschließen.

KLEINE KARTE

Beim Prägen der Tanne den unteren Teil der Schablone weglassen. Die Tanne und die Punkte mit Silber kolorieren. Die Kordel und den Falz binden.

Metall prägen

Originelle Kartenmotive, hübsche Geschenkanhänger, dekorative Verzierungen: Es gibt zahlreiche Anwendungsmöglichkeiten für Metallfolie. Anders als beim Papierprägen werden für das Prägen von Metall keine Schablonen benötigt. Die Motive werden direkt von der kopierten Vorlage übertragen.

1 Die Vorlage kopieren und mit Klebestreifen auf der Folie fixieren. Beides auf eine weiche Unterlage (z. B. ein Küchentuch oder eine zusammengelegte Zeitung) legen.

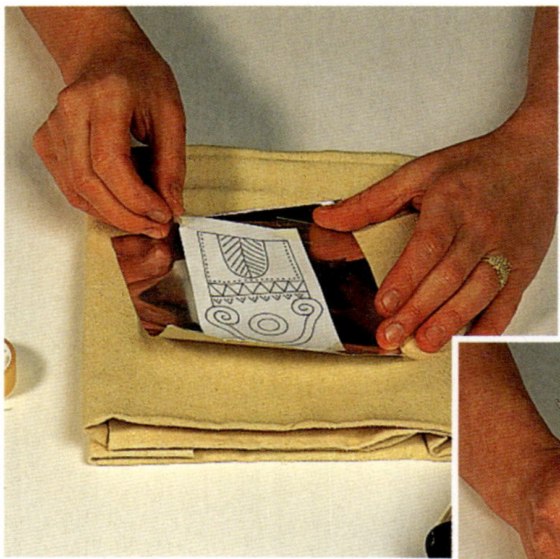

2 Mit der Stricknadel, einem Prägestift oder mit einem leergeschriebenen Kugelschreiber den Hauptlinien folgen und diese so mit leichtem Druck auf die Folie übertragen. Die Vorlage abnehmen. Tritt das Motiv zu wenig hervor, kann man die Linien direkt auf der Folie noch einmal nachziehen.

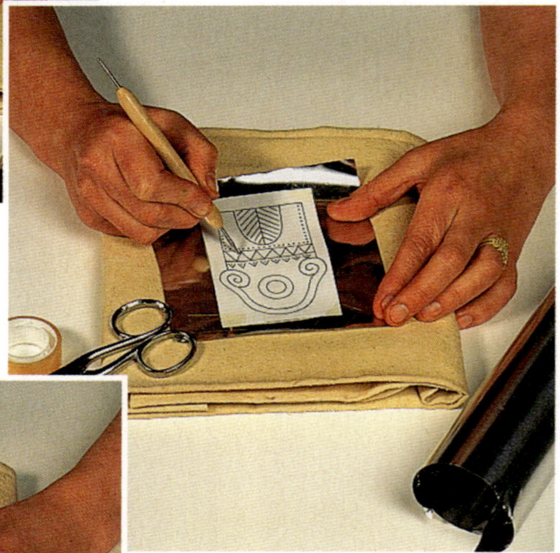

3 Einzelne Flächen kann man zusätzlich noch auf der Rückseite mit einem runden Gegenstand, z. B. mit dem Pinselstiel, eindellen. Auf der rechten Seite wirken solche Flächen dann sehr plastisch. Die zusätzlichen Dekorationslinien können auf der Vorderseite oder auf der Rückseite aufgetragen werden, ebenso die eingestochenen Löcher.

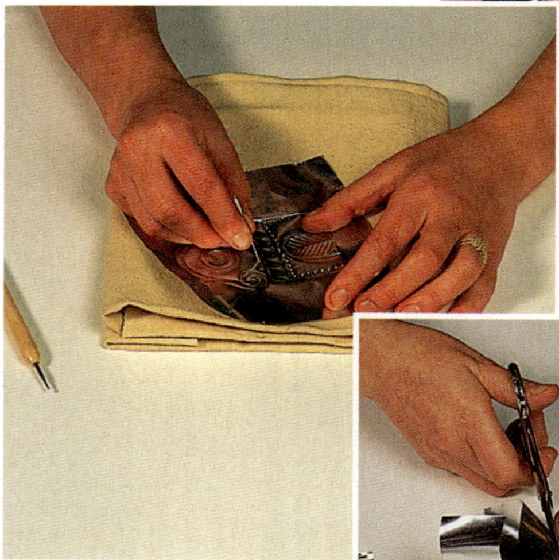

4 Die Formen werden einige Millimeter neben der Begrenzungslinie ausgeschnitten. Runde Linien und Innenöffnungen wie Fenster lassen sich leichter mit einer kleinen Nagelschere ausschneiden.

Hinweis: Metallfolien gibt es in verschiedenen Stärken. Wählen Sie eine dünnere, die sich noch leicht schneiden lässt.

WEIHNACHTSANHÄNGER

MATERIAL
- Metallprägefolie in Silber
- Prägestift
- Klebestreifen
- Stopfnadel
- Küchentuch oder Zeitung
- gebogene Nagelschere
- Bastelschere
- Faden zum Aufhängen

VORLAGE SEITE 240 + 241

1 Die Vorlagen kopieren und wie beschrieben auf der Metallfolie fixieren.

2 Die Linien und Verzierungen auf dem Küchentuch oder der Zeitung wie beschrieben prägen. Anschließend die Formen ausschneiden.

3 Mit der Stopfnadel ein Loch für die Aufhängung stechen und die Anhänger an einem Faden aufhängen.

TISCHDEKO

MATERIAL
- Metallprägefolie in Silber, A3
- 13 Glassteine in Blau, ø ca. 1 cm bis 1,5 cm
- Glasvase, ø ca. 10 cm, ca. 20 cm hoch
- Saftglas, ø ca. 7,5 cm, ca. 8,5 cm hoch

VORLAGE SEITE 233

1 Die Muster auf Metallfolie übertragen. Für die Steine von vorn Einkerbungen eindrücken. Dazu den Stein auf die entsprechende Stelle legen und mit einem dünnen Bleistift die Konturen markieren. Dann das Muster und die Einkerbung prägen.

2 Die Streifen ausschneiden. Für die Rundungen eine gebogene Nagelschere verwenden, für die Dreiecke einen Cutter. Die Steine mit Kraftkleber in die Einkerbungen kleben. Gut trocknen lassen.

3 Die Streifen für die Vase und für das Teelicht mit Klebstoff bestreichen und wie abgebildet auf den Glasgefäßen anbringen. Den Serviettenring nur hinten zusammenkleben.

FRÖHLICHE SERVIETTEN

STEMPEL HERSTELLEN

MATERIAL

- 3 Radiergummis
- Servietten mit Streifenmuster in Gelb und Orange
- Stempelkissen in Schwarz
- Filzstifte
- 3 Holzklötzchen
- Cutter
- Linolschnittmesser

VORLAGE SEITE 216

1 Die Motive auf die Radiergummis übertragen und wie auf Seite 48 beschrieben mit Cutter und Linolschnittmessern herausarbeiten. Die Radiergummis auf Holzklötzchen aufkleben.

2 Die Servietten bestempeln und die Motive sehr vorsichtig und mit wenig Druck mit Filzstiften ausmalen.

ORIENTALISCHE ANHÄNGER

METALL PRÄGEN

MATERIAL

- Metallprägefolie in Gold
- Wachsperlen in Violett, Rosa und Gold, ø 4 mm
- Tonpapier in Gold, A5
- gerillte Goldkugeln, ø 1,2 cm
- Goldfaden
- Filz in Rosa und Violett
- Stecknadeln
- Zackenschere

VORLAGE SEITE 246

1 Die Metallformen prägen und die Dekorationslöcher einstechen. Die Perlen aufnähen. Die Tropfenform auf ein Filzstück oder goldfarbenes Tonpapier kleben, die Ränder mit einer Zackenschere beschneiden.

2 An der oberen Spitze den Goldfaden durchstechen und verknoten. Dann die Goldkugeln dazu fädeln und den Anhänger am Paket befestigen.

DANKESKARTE

STEMPEL HERSTELLEN, EMBOSSING

MATERIAL
- Doppelkarte in Weiß, 10,5 cm x 14,8 cm
- Wellpappe
- Moosgummi, 1 mm stark
- Holzklötzchen, ca. 6 cm x 5 cm und 6,5 cm x 3,5 cm
- Motivlocher: Fuß, klein
- Stempel: Danke
- Stempelkissen in Hellblau und Türkis
- Embossingpulver in Farblos
- Doppelsatinband in Weiß und Hellblau, 3 mm breit, je 75 cm lang
- Kraftkleber

1 Das 6 cm x 5 cm große Holzklötzchen mit Wellpappe bekleben. Mit dem Motivlocher vier Füße aus Moosgummi ausstanzen und auf das zweite Klötzchen kleben. Mit diesen Stempeln den Streifenhintergrund und den Fußweg in Hellblau gestalten.

2 Nach dem Trocknen den Schriftzug aufstempeln und embossen. Die Bänder um den Falz legen und verknoten.

BUNTES PARTYGESCHIRR

KARTOFFELDRUCK

MATERIAL
- Servietten in Weiß
- Partypappteller in Weiß
- Henkelpappbecher
- Aquarellfarbe in Gelb, Rot, Grün und Braun (ungiftig)
- Äpfel
- Essmesser
- kleines Küchenmesser
- Papierküchentücher

1 Einen Apfel in der Mitte gerade durchschneiden und das Gehäuse wegschneiden. Die Farben mit dem Pinsel auf eine Apfelhälfte oder auf ein Apfelstück auftragen und fest auf die Serviette aufdrucken. Beim nächsten Druck vorher die Farbreste auf dem Apfel mit einem Küchentuch abwischen.

2 Blatt und Stiel mit einem kleinen Messer aus einem Stückchen Apfel herausschneiden, mit Farbe bestreichen und auf die gewünschte Stelle auf Becher oder Serviette drucken. Die Apfelkerne mit einem dünnem Haarpinsel aufmalen.

3 Die Vertiefungen auf dem Tellerrand in den gewünschten Farben und Abständen ausmalen.

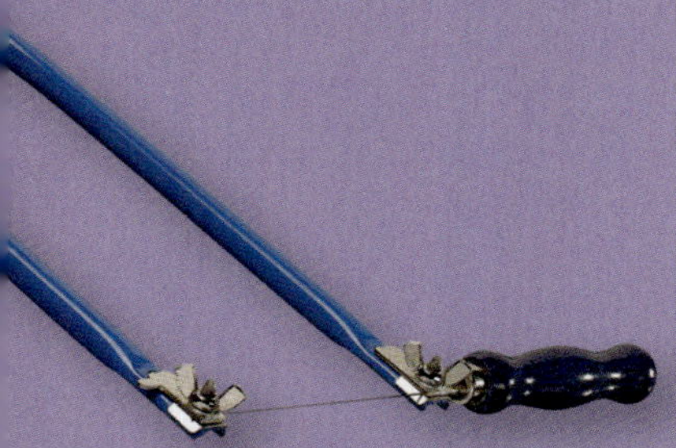

- Holz sägen und verarbeiten
- Brandmalerei

Holzarbeiten

Ob filigran oder rustikal, bunt bemalt oder naturbelassen, massiv oder geleimt – durch seine Stabilität und die unterschiedlichen Stärken ist Holz ein vielseitiges Naturmaterial, das der Kreativität kaum Grenzen setzt. Man kann es sägen, schleifen, bohren, leimen, nageln, schrauben, bemalen, lackieren oder mit dem Brennkolben verzieren. Oft genügen schon wenige Handgriffe und Hilfsmittel, um aus einem Stück Holz eine nette Dekoration für den Garten oder ein nützliches Accessoire für die Wohnung zu fertigen. Für welches Motiv und welche Technik Sie sich auch entscheiden, Sie sollten auf jeden Fall eine gute Säge (Laub- oder Stichsäge), Schleifpapier, Holzleim, Schraubzwingen und eine Bohrmaschine zur Hand haben.

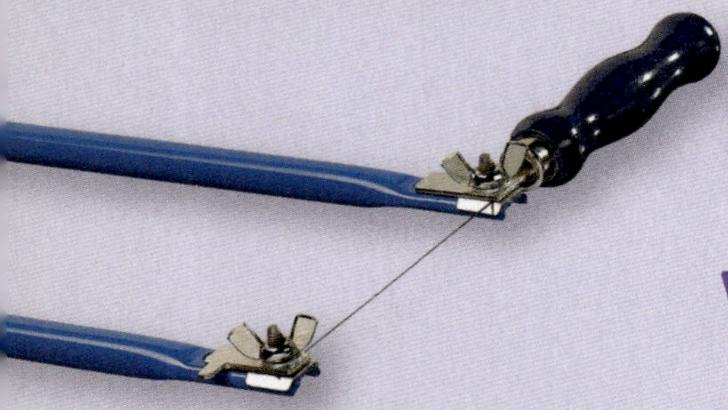

Holz sägen und verarbeiten

Sägen und Schleifen

Ob Sperrholz, Leimholz oder massive Fichte, ob buntes Türschild, lustiger Pflanzenstecker oder filigraner Fensterschmuck: Das Übertragen der Vorlagen, das saubere Aussägen und das Schleifen der Kanten sind das A und O beim Arbeiten mit Holz.

1 Das Motiv mit Kohlepapier auf das Holz übertragen. Dafür das Kohlepapier mit der beschichteten Seite nach unten auf das Holz legen und die Vorlage darauf fixieren, damit nichts verrutscht. Dann die Linien mit einem harten Bleistift oder Kugelschreiber nachzeichnen. Damit nichts vergessen wird, an einer Ecke beginnen und systematisch nach unten arbeiten.

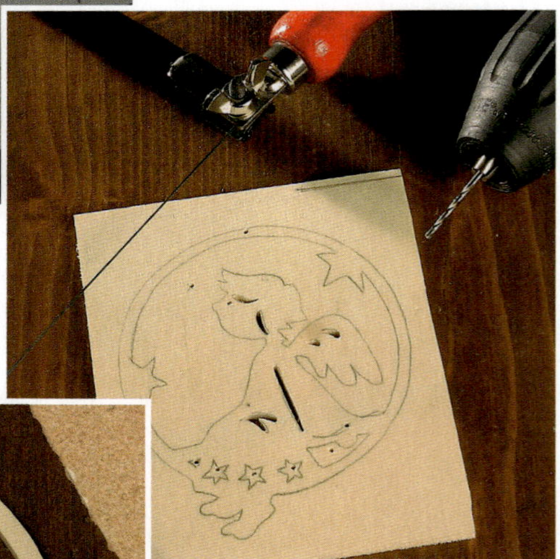

2 Das Motiv mit der Säge grob aussägen. Um die Innenflächen herauszusägen, ein Loch in die entsprechende Fläche bohren. Das Sägeblatt auf einer Seite lösen, durch das Bohrloch stecken und wieder verspannen. Dann die Innenfläche heraussägen. Zuletzt werden die Umrisse des Motivs gesägt. Bei Motiven, die aufgehängt werden, die Löcher für die Aufhängung bohren. Dazu einen Holzrest fest unter das Werkstück spannen, damit die Bohrränder auf der Unterseite nicht ausfransen.

3 Unebenheiten zunächst mit Schleifklotz und grobem Schleifpapier (100er Körnung) korrigieren. Danach die Schnittkanten vorsichtig mit 240er Schleifpapier nacharbeiten. Beim Schleifen darauf achten, dass die Kanten nicht zu stark abgerundet werden, vor allem, wenn zwei Motivteile aneinander geleimt werden sollen.

Hinweis: Damit das Sägeblatt der Laubsäge nicht abknickt, immer nur auf Zug arbeiten, d. h. nur bei Bewegungen in Richtung Griff Kraft ausüben. Das Ausreißen des Holzes am Sägerand wird verhindert, indem Sie das letzte Stück mit weniger Druck sägen und das Abfallstück gut festhalten.

KLEINES ENGELCHEN

MATERIAL
- Pappelsperrholzreste, 4 mm stark
- Bohrer, ø 1,5 mm (Löcher für Innenschnitte) und 1 mm (Loch für Aufhängung)
- Nylonfaden zum Aufhängen

VORLAGE SEITE 217

1 Das Motiv auf das Sperrholz übertragen und in die auszusägenden Flächen – sie sind mit Kreuzen markiert – Löcher bohren. Für lange, schmale Innenschnitte an beiden Enden ein Loch bohren, später kann man so die Fläche dazwischen leicht heraussägen. Auch für die Aufhängung ein Loch (ø 1 mm) bohren.

2 Das Motiv grob aussägen, dann die Innenflächen heraussägen. Mit den Innenkonturen des Engels beginnen und erst dann das Kreisinnere heraussägen. Zuletzt die Außenkontur sägen.

3 Alle Kanten mit Schleifpapier nacharbeiten. Sehr vorsichtig arbeiten, sonst kann der dünne Kreisring leicht brechen. Zuletzt den Aufhängefaden durchziehen.

STERNE IM STERN

MATERIAL
- Pappelsperrholz, 6 mm stark, 25 cm x 25 cm
- Bohrer, ø 1,5 mm (Aufhängung) und ø 4 mm
- Faden in Beige, 3 x 10 cm und 1 x 80 cm lang (Aufhängefaden)

VORLAGE SEITE 217

1 Das Motiv wie beschrieben auf das Holz übertragen.

2 Die einzelnen Sterne von außen nach innen aussägen, d. h., zuerst den äußeren Stern aussägen, dann den zweiten von außen etc. Dazu die mit kleinen Kreuzen markierten Innenflächen anbohren und heraussägen.

3 Vor dem Schleifen die Aufhängelöcher bohren, dabei unbedingt den Verlauf der Maserung beachten, damit sie bei den einzelnen Sternen nicht unterschiedlich verläuft.

4 Die Sterne wie auf der Abbildung ineinander hängen.

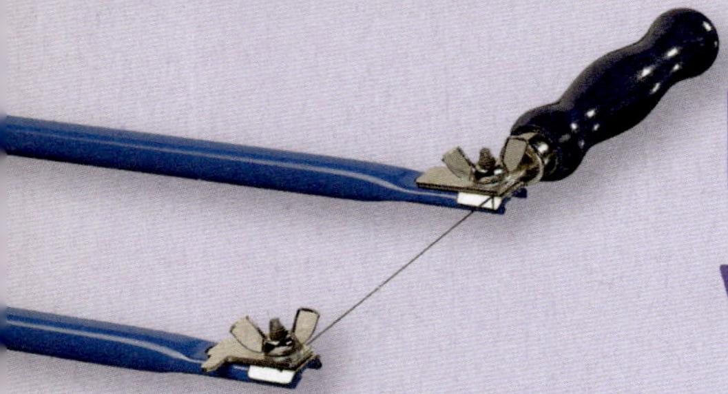

Holz sägen und verarbeiten

Bemalen (Nass-in-Nass-Technik)

Haben Sie keine Scheu: Das Nass-in-Nass-Malen ist ganz einfach! Anders als beim einfachen Bemalen gibt es für die Schattierungen zwar keine vorgezeichneten Linien – das ist eine Sache des Anschauens und Imitierens, aber gerade deshalb wirkt diese Art der Malerei so einmalig!

1 Das zugesägte Holz mit einem feuchten Tuch abwischen und nach dem Trocknen die Fasern mit feinem Schleifpapier glätten. Die Motivvorlage übertragen und alle Innenlinien mit einem Lackmalstift nachzeichnen, bevor das Werkstück mit mit Wasser verdünnter weißer Acrylfarbe (Verhältnis 2:1) grundiert wird. Zuerst die Ränder und dann die Vorder- und Rückseite des Motivs streichen. Die schwarzen Linien scheinen nach dem Trocknen der Farbe wieder durch.

2 Zum Malen verschiedene Pinsel bereithalten; am besten einen für jede Farbe, die nass in Nass gemalt wird. Die Grundfarbe gut trocknen lassen, bevor Details, z. B. beim Kürbis Augen und Nase, aufgemalt werden.

3 Nach dem Trocknen werden die Konturen noch einmal mit Lackmalstift nachgezeichnet. Dabei mit Bedacht vorgehen, denn einmal gezeichnete Linien lassen sich nicht übermalen und nur mühevoll wieder entfernen. Sie können nur weggeschliffen werden.

Hinweis: Wenn die Holzmaserung durch den Farbauftrag durchscheinen soll, tragen Sie die Farbe lasierend auf, d. h., die wasserlösliche Farbe wird vor dem Farbauftrag mit etwas Wasser verdünnt.

KÜRBISSE

MATERIAL

- Sperrholz, 6 mm stark, 37 cm x 17 cm
- Acrylfarbe in Weiß, Gelb, Rot und Braun
- 2 Rundholzstäbe, ø 1 cm, ca. 25 cm lang
- 4 Schrauben, ø 3 mm, 1,2 cm lang
- Lackmalstift in Schwarz, ø 2 mm

VORLAGE SEITE 259

1 Die Kürbisse aussägen und die Kanten mit Schleifpapier glätten (siehe „Sägen und Schleifen“, Seite 62). Die Innenkonturen mit Lackmalstift nachzeichnen und die Holzteile grundieren.

2 Die Rundholzstäbe an einer Seite etwas abflachen. Dazu den Stab an der Kopfseite mittig 3,5 cm einsägen und eine Hälfte des geteilten Stabes absägen.

3 Jeden Kürbis mit Kraftkleber und zwei Schrauben an der abgeflachten Seite eines Stabes befestigen. Dafür Löcher im Schraubendurchmesser vorbohren, sonst reißt das Holz.

4 Die Kürbisse nass in Nass bemalen. Für das Kürbisorange Gelb und Rot mischen. Mit Weiß und Gelb Akzente setzten. Den Kürbis nach außen hin mit Rot abdunkeln.

5 Nach dem Trocknen Augen, Nase und den braunen Stiel aufmalen und anschließend alle Konturen nachzeichnen.

DEKORATIVES WC-SCHILD

MATERIAL

- Sperrholz, 6 mm stark, 18 cm x 18 cm
- Acrylfarbe in Weiß, Gelb, Orange, Rot und Grün

VORLAGE SEITE 217

1 Das Motiv aussägen und die Kanten glätten (siehe Seite 62). Das Holz mit verdünnter weißer Acrylfarbe grundieren.

2 Das „W“ gelb anmalen und Streifen in Orange und Rot in die noch feuchte Farbe setzen. Das „C“ orangefarben anmalen, das untere Ende mit roten und gelben Schattierungen versehen.

3 Das Guckloch mit brauner Farbe aufmalen. Dazu etwas Rot mit Grün und Gelb mischen. Verschiedene Grüntöne anrühren und die Vögel damit gestalten. Nach dem Trocknen die Konturen und Innenlinien mit Lackmalstift nachzeichnen.

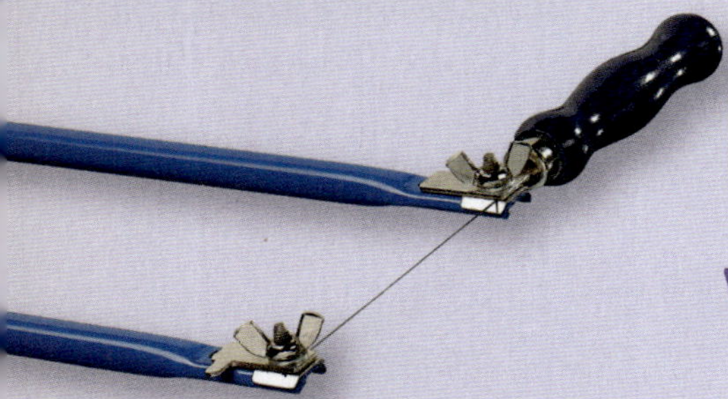

Holz sägen und verarbeiten

Holz verbinden

Leimen, nageln oder schrauben – auf die richtige Verbindung kommt es an! Das Einschlagen von Nägeln geht ganz fix, beim Leimen braucht man etwas Zeit zum Härten und Verbindungen mit Schrauben halten Einzelteile selbst unter großer Belastung sicher zusammen.

1 Der Untergrund muss fett- und staubfrei sein, das Werkstück daher am besten vor dem Verleimen mit einem weichen Tuch abwischen. Der Leim kann bei kleinen Werkstücken mit den Fingern, bei größeren Werkstücken mit einem Kartonstück aufgetragen werden. Den Leim einseitig, d. h. nur auf einer der zu verleimenden Flächen, und nicht zu dick auftragen.

2 Wenn zuviel Leim aufgetragen wurde, quillt dieser beim Aufeinanderdrücken der Werkstücke heraus. Ggf. sofort mit einem feuchten Tuch abwischen. Bei kleinen, engen Stellen mit einem feuchten Wattestäbchen arbeiten.

3 Während des Abbindens wird das Werkstück in eine Leimzwinge oder, bei größeren und dickeren Werkstücken, eine Schraubzwinge eingespannt. Damit die Zwinge keine unschönen Druckstellen auf der Werkstückoberfläche hinterlässt, unbedingt Zulagen – kleine Holz-, Papp- oder Korkstücke – dazwischen legen.

Rechter Winkel

Kleine Holzteile können mit Expressleim im rechten Winkel verbunden werden. Die Kanten müssen dazu aber ganz gerade sein und fest aufeinander gepresst oder mit Schraubzwingen fixiert werden. Größere Teile verschrauben oder nageln. Dazu bei dickeren Schrauben oder Nägeln die Löcher vorbohren, damit das Holz nicht reißt.

Mehrere Teile

Bei größeren Objekten müssen oftmals mehrere Teile zusammengefügt werden. Gehen Sie immer schrittweise vor: Zuerst die kleinen Teile (z. B. Nasen, Haare, Dekorationen etc.) anleimen, dann die größeren Teile nacheinander zusammenfügen. Dabei je nach Größe und Belastung der Teile Leim, Nägel oder Schrauben verwenden.

Hinweis: **Leimspuren auf dem Holz immer sofort sorgfältig mit einem feuchten Tuch entfernen, da auf getrocknetem Leim bei einer späteren Bemalung die Farbe nicht so gut haftet und dadurch helle Flecken entstehen.**

HERZEN

MATERIAL
- Sperrholz, 8 mm stark, A3
- Sperrholzrest, 6 mm stark
- Acrylfarbe in Antikblau, Karminrot, Olivgrün und Schilf
- Krakelierlack
- Satin- und Organzaband in Grüntönen
- Naturbast
- Draht, ø 0,65 mm und ø 1,4 mm
- Bohrer, ø 3 mm
- Mini-Kunststofffigur und Gartenutensilien, ca. 4 cm hoch

VORLAGE SEITE 217

1 Alles aus dickem Sperrholz, nur das kleine Herz zum Aufkleben aus dünnem Sperrholz sägen. Die Kanten schleifen und die Löcher bohren.

2 Das schilfgrüne und das rosafarbene Herz mit verdünnter Acrylfarbe lasierend bemalen, das rote Herz zunächst blau grundieren, dann mit Krakelierlack und Karminrot überarbeiten (siehe „Krakelieren", Seite 190).

3 Die Herzen zusammenfügen. Beim krakelierten Herz das Brettchen mit etwas Leim in die Öffnung kleben. Beim schilfgrünen Herz das kleinere aufkleben. Beim rosa Herz mit Draht die Miniteile anbringen.

4 Die Aufhängung aus Draht, Bast oder Satinband fixieren.

NILPFERD NOBBI

MATERIAL
- Fichtenleimholzplatte, 1,8 cm stark
- Sperrholz, 3 mm stark
- Acrylfarbe in Hellblau, Blau und Weiß
- 2 Papierkordeln mit Drahteinlage in Blau, ø 2 mm, 20 cm und 22 cm lang
- Bohrer, ø 2 mm

VORLAGE SEITE 216

1 Das Nilpferd gemäß der Anleitung auf Seite 62 aussägen, vorbohren und schleifen. Für Schnauze, Füße und Hände das Sperrholz verwenden.

2 Das Motiv wie abgebildet bemalen. Mit einem Holzstäbchen blaue Punkte auf die Badehose tupfen. Den oberen Saum der Hose mit einer gestrichelten Filzstiftlinie begrenzen.

3 Das Schnauzenteil mit Leim auf dem Körper fixieren. Die beiden Kordeln für Beine und Arme von hinten durch die Bohrungen stecken, auf die Enden jeweils einen Fuß bzw. eine Hand aufstecken und die Kordelenden zweimal um die Beine bzw. Arme schlingen.

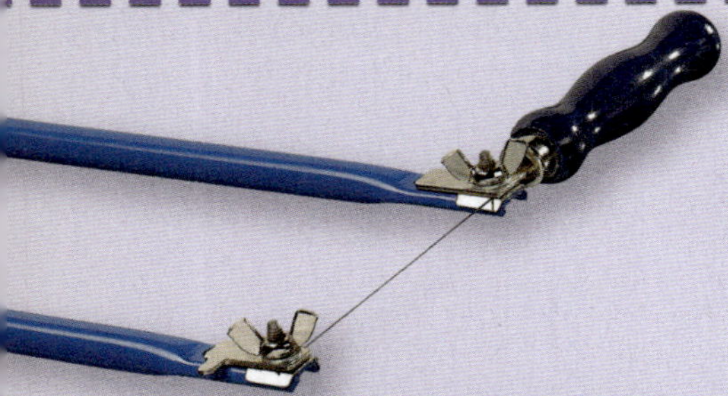

Brandmalerei

Mit dem Brennkolben gebrannte Türschilder kennt jeder. Dabei lassen sich mit dieser Technik sogar richtige Kunstwerke schaffen. Für den Anfang genügen dafür ein Stück Holz, etwas Farbe, zwei oder drei kleine Extras, ein einfacher Brennkolben und etwas Übung.

1 Kohlepapier mit der dunklen Seite nach unten auf das zugesägte Holz legen. Die Vorlage mit Klebefilm darauf fixieren. Vorsichtig mit einem Bleistift die Linien nachzeichnen. Falls Sie die Linien beim Nachziehen mit dem Brennkolben nicht genau treffen, scheinen sie später beim Anmalen nicht störend durch.

2 Die auf das Holz durchgepausten Motive mit dem Brennkolben nachziehen. Um Flächen z. B. für Schattierungen zu brennen, schneller auf dem Werkstück hin- und herfahren.

3 Die Acrylfarbe auf der Palette mit viel Wasser verdünnen. Die Motive mit einem kleineren Flachpinsel lasierend ausmalen, sodass die Holzstruktur noch sichtbar bleibt. Für Schattierungen und Farbverläufe verschiedene Farben übereinander auftragen. Einige Akzente werden mit unverdünnter Farbe aufgemalt. Nach dem Trocknen die Dekoteile aufkleben.

Hinweis: Üben Sie das Brennen auf einem Holzrest, bevor Sie sich an ein Motiv wagen, um ein Gefühl für das Gerät zu bekommen.

KROKODIL

MATERIAL

- Fichtenleimholz, 23 cm x 18,5 cm
- Acrylfarbe in Weiß, Orange, Gelb, Grün und Schwarz
- Flachpinsel, Größe 8 und 14
- Rundpinsel, Größe 4
- Bambusstab in Gelb, ø 2 cm, 29 cm lang
- Glasnugget in Gelb, ø ca. 1,7 cm
- Lederriemen in Natur, ø 2 mm, 3 x 7 cm lang
- Bohrer, ø 2,5 mm

VORLAGE SEITE 250

1 Die Vorlage auf das Holz übertragen. Die Löcher für die Lederriemen bohren.

2 Mit dem Brennkolben die Linien nachfahren und die Schattierungen einbrennen.

3 Das Krokodil lasierend mit weißer Acrylfarbe ausmalen und mit Orange leicht schattieren. Den Hintergrund im Gelb-Grün-Farbverlauf bemalen.

4 Den Glasnugget aufkleben und mit dem Rundpinsel eine Pupille aufmalen.

5 Die Lederriemen in die vorgebohrten Löcher kleben. Nach dem Trocknen den Bambusstab in die Schlaufen ziehen und von hinten am Brett eine Aufhängung anbringen.

STOLZE HÄHNE

MATERIAL

- Fichtenleimholz, 24 cm x 45 cm
- Acrylfarbe in Weiß, Orange, Rot, Grün und Braun
- Flachpinsel, Größe 8 und 18
- 4 Naturfedern, 7 cm lang
- 4 Schneckenmuscheln, ø 1 cm

VORLAGE SEITE 263

1 Das Motiv auf das Fichtenleimholz übertragen. Mit dem Brennkolben die Linien nachfahren und die Schattierungen einbrennen.

2 Die Hähne mit weißer, verdünnter Farbe ausmalen. Schnäbel und Kehllappen leicht orange abtönen. Die Kämme und die Hälse von unten her schwach mit Grün färben.

3 Für den Hintergrund in die rote Farbe etwas Braun mischen. Zum oberen Rand hin die Farbe mehr und mehr mit Wasser verdünnen.

4 Die Muscheln und die Federn aufkleben und nach dem Trocknen die Aufhängung anbringen.

KLEINES SCHÄFCHEN

HOLZ SÄGEN UND VERARBEITEN

MATERIAL
- Sperrholzrest, 6 mm stark
- Sperrholzrest, 1 cm stark
- Rundholz, ø 4 mm, ca. 4,5 cm lang
- Holzrad, ø 4 cm, 1 cm stark, mit einer Bohrung von ø 4 mm
- Acrylfarbe in Elfenbein, Hautfarbe, Schilf, Scharlachrot und Weiß
- Filzstift in Schwarz
- 2 Nägel, 1,5 cm lang
- Bindedraht, ø 0,35 mm
- Heu
- Stoffrest, 1 cm breit, 16 cm lang
- Bohrer, ø 4 mm

VORLAGE SEITE 243

1 Den Haarschopf und die Arme aus dem dünnen, das Schäfchen aus dem dicken Sperrholz aussägen, anmalen und alle Innenlinien ergänzen. Den Haarschopf ankleben und die Arme annageln.

2 Ein Loch für das Rundholzstück seitlich in den Körper bohren, das Rundholz in der Bohrung fixieren, das andere Ende ins Holzrad stecken und ebenfalls fixieren. Etwas Heu mit Bindedraht umwickeln, die Drahtenden locken und das Bündel ankleben. Den Stoff um den Hals binden.

HAHN UND HUHN

HOLZ SÄGEN UND VERARBEITEN

MATERIAL
- ungehobelte Fichtenbretter, 2,5 cm stark
- pro Tier 8 Nägel, 4 cm lang
- Bohrer, ø 2 mm (Nägel) und 10 mm (Augen)
- pro Tier 2 Rohholzperlen, ø 1 cm
- Acrylfarbe in Dunkelbraun

VORLAGE SEITE 218

1 Die Motivteile auf das Holz übertragen und aussägen. Das Fußteil zweimal durchbohren, dann die beiden Beine aufsetzen. Damit der Abstand zwischen den Beinen stimmt, einen Brettrest dazwischenklemmen. Alles mit Klebeband fixieren, umdrehen und von unten die Beine annageln. Klebeband und Brettstück entfernen.

2 Die Augenhöhlen bohren. Die Flügel mit Nägeln anbringen. Die bemalten Holzperlen als Augen einsetzen. Die Beine von unten auf den Rumpf stecken. Ein Loch ins erste Bein bohren und einen Nagel einschlagen. Das Tier ausbalancieren, nun etwa 1 cm unter dem ersten Nagel ein Loch vorbohren und einen zweiten Nagel einschlagen. Das zweite Bein ebenso fixieren.

LUSTIGE PFLANZENSTECKER

HOLZ SÄGEN UND VERARBEITEN

MATERIAL

- Sperrholz, 6 mm stark (Kopf und Rumpf) und 3 mm stark (Arme und Beine)
- Acrylfarbe in Zitronengelb, Gelbgrün und evtl. Weiß
- Deko-Stift in Türkis
- evtl. Rundholzstab, ø 6 mm (Augen auftupfen)
- Lackdraht in Schwarz, ø 0,5 mm, 2 x 10 cm (Arme und Beine) und evtl. 20 cm lang (Aufhängung)
- Bohrer, ø 1 mm (Arme und Beine) und ø 2 mm (Drahtstab)
- Spanndraht, ø 2 mm, 50 cm lang
- Sprühlack in Gelb
- Filzstift in Schwarz

VORLAGE SEITE 218

1 Nach dem Aussägen die Löcher bohren und die Motivteile abschleifen. Zuerst die Hose, dann den restlichen Körper und die Gliedmaßen anmalen. Die Augen mit dem Rundholzstab auftupfen. Mund und Nasenlöcher mit Filzstift ergänzen. Mit dem Deko-Stift die Badehose verzieren.

2 Die Motivteile mit Klarlack bestreichen. Arme und Beine am Rumpf andrahten. Den Stecker oder die Aufhängung gelb einsprühen und befestigen. Der gelbe Frosch wird an einem über einem Schaschlikstäbchen gekräuselten Drahtstück aufgehängt.

TÜRSCHILD FÜRS KINDERZIMMER

HOLZ SÄGEN UND VERARBEITEN

MATERIAL

- Sperrholz, 6 mm stark, 17 cm x 13 cm (Schild)
- Sperrholz, 4 mm stark, 10 cm x 14,5 cm (Motiv)
- Acrylfarbe in Weiß, Gelb, Rot, Blau und Schwarz
- Lackmalstift in Schwarz

VORLAGE SEITE 218

1 Die Teile aussägen und die Kanten glätten. Alles grundieren und gut trocknen lassen.

2 Blau und Weiß mischen und das Schild damit bemalen. Nach dem Trocknen gelbe Kringel und Punkte aufmalen. Für den Thron Gelb und wenig Rot mischen. Die Ränder mit Rot und Blau schattieren.

3 Die Krone mit Gelb bemalen und mit Orange schattieren. Die Maus mit Weiß, etwas Blau und wenig Schwarz bemalen. Die Nase mit Schwarz, den Lichtfleck mit Weiß gestalten.

4 Mit Lackmalstift die Konturen und Innenlinien nachzeichnen und das Schild beschriften. Beide Teile mit Kraftkleber zusammenkleben.

FRÜHLINGS-BAUMSCHMUCK

HOLZ SÄGEN UND VERARBEITEN

MATERIAL

- Sperrholzrest, 4 mm stark
- Sperrholz, 1 cm stark, A4
- Acrylfarbe in Gelbocker, Altrosa, Antikgrün, Flieder und Arktis
- Bindedraht, ø 1,4 mm
- Bohrer, ø 2 mm

VORLAGE SEITE 248

1 Die Blüten und Blätter aus dem dicken und die Blütenmitten aus dem dünnen Sperrholz aussägen. Alle Teile bemalen.

2 Die Blütenmitten ankleben und alle Löcher bohren. Ein ca. 55 cm langes Stück Bindedraht von hinten durch die Bohrung der Blüten bzw. des Blattes stecken. Die Drahtenden zu Locken biegen, dazu um ein Rundholz winden. Zuletzt den Aufhängedraht in Form biegen.

HOME SWEET HOME

HOLZ SÄGEN UND VERARBEITEN

MATERIAL

- Sperrholz, 1 cm stark, 32 cm x 16 cm
- Sperrholz, 6 mm stark, 6 cm x 22 cm
- Draht, ø 0,65 mm und ø 0,35 mm
- Acrylfarbe in Hellgrün, Rubinrot und Schwarz
- je 1 Vierkantstab, 1,4 cm x 1,4 cm, 11 cm und 12 cm lang
- 4 Nägel, 2 cm lang
- Reisig
- Holzbohrer, ø 1,5 mm

VORLAGE SEITE 257

1 Das Häuschen aus dem dicken, die Herzen und das Schild aus dem dünnen Sperrholz aussägen. Die Bohrungen ausführen.

2 Alles wie abgebildet anmalen, die Kanten mit schwarzer Farbe betonen. Die zwei Vierkantstäbe mit Heißkleber und Nägeln als Dach anbringen.

3 Das Reisig zum Kranz binden, den Draht durch das Loch in der Mitte des Häuschens stecken und mit Heißkleber befestigen. Die Herzen andrahten.

4 Das Schild mit leicht verdünnter Farbe beschriften und mit Heißkleber anbringen. Für die Aufhängung ein Stück Draht durch das obere Loch führen, die Enden verdrahten.

HO, HO, HO

HOLZ SÄGEN UND VERARBEITEN

MATERIAL

- Sperrholz, 6 mm stark, 22 cm x 30 cm
- Sperrholz, 1 cm stark, 30 cm x 40 cm
- Acrylfarbe in Antikblau, Terrakotta, Schilf, Mittelbraun, Weiß, Tannengrün und Hautfarbe
- Krakelierlack
- Plusterstift in Weiß
- Knopf in Grün, ø 1,6 cm
- Stoffstreifen, 5 cm x 16 cm
- Bindedraht, ø 0,35 mm
- Bohrer, ø 1,5 mm

VORLAGE SEITE 256

1 Den Weihnachtsmann und die Schuhe aus dickem, den Rest aus dünnem Sperrholz aussägen.

2 Alles antikblau grundieren, trocknen lassen, mit Krakelierlack einstreichen, nochmals trocknen lassen und wie abgebildet anmalen. Das Gesicht und die Innenlinien ergänzen. Das Lebkuchenmännchen und die Mütze mit Plusterstift verzieren.

3 Zunächst das Bart-Mützenteil, danach das Nasen-Bartteil und den Mantelrand ankleben. Den Knopf mit Draht verzieren und fixieren.

4 Den Weihnachtsmann auf den Schuhen fixieren. Das Lebkuchenmännchen andrahten. Den Stoffstreifen mit Bindedraht am Hals anbringen.

FRÖSCHE

BRANDMALEREI

MATERIAL

- Fichtenleimholz, 2 x 17,5 cm x 45,5 cm, sägerau
- Acrylfarbe in Weiß, Gelb, Orange, Schwarz und Grün
- Flachpinsel, Größe 14 und 18
- 4 Napfschnecken, ø ca. 4 cm

VORLAGE SEITE 232

1 Die Motive übertragen und wie beschrieben mit dem Brennkolben arbeiten. Die Körper wie auf der Abbildung mit verdünntem Gelb, Grün und Orange bemalen. Den Hintergrund mit etwas unverdünntem Weiß bemalen.

2 Auf die Schnecken schwarze Pupillen malen und weiße Punkte aufsetzen. Nach dem Trocknen die Schnecken als Augen aufkleben. Die Aufhängung anbringen.

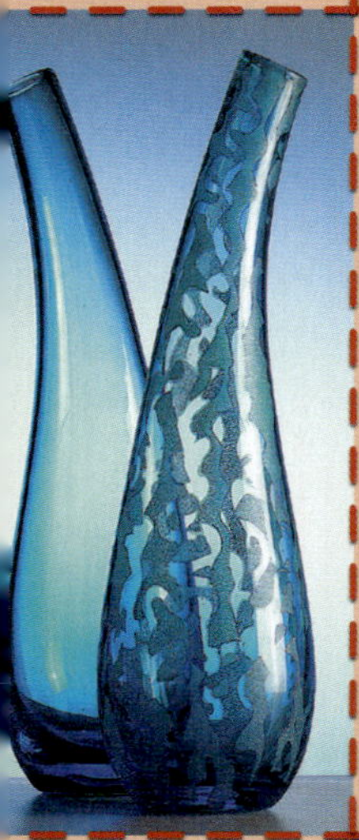

- Marmorieren
- Batiken
- Schablonieren
- Schwammtechnik
- Rust-Finish
- Krakelieren
- Satinieren
- Strukturpaste
- Keramik bemalen
- Glas bemalen
- Stoff bemalen
- Seidenmalerei
- Kerzen bemalen
- Plusterfarbe
- Windowcolor

Mit Farbe gestalten

Farben machen das Leben bunter und werden nicht selten mit bestimmten Gefühlen und Empfindungen verbunden. So steht beispielsweise Rot für die Liebe, Blau für Sehnsucht und Gelb für Freude. Kein Wunder, dass es so viel Spaß macht, unsere Umgebung mit Farbe zu gestalten. In diesem Kapitel wird gezeigt, wie mit Farben die verschiedensten Effekte erzielt und unterschiedlichste Materialien bemalt werden können.

Marmorieren

Schon im alten Orient kannte man diese Technik zum Aufbringen von unterschiedlichen Mustern wie Herzen, Wellen, Girlanden oder Marmorstrukturen auf Papier. Durch die Weiterentwicklung der Materialien können heute aber auch Oberflächen aus Holz, Baumwolle, Seide u.v.m. eingefärbt werden.

1 Den Marmoriergrund nach Herstellerangaben anrühren und durch einen Haushaltssieb in eine flache Schale füllen. Mit dem Zahnstocher wie in der Abbildung punktförmig sehr wenig Farbe auf die Oberfläche auftragen.

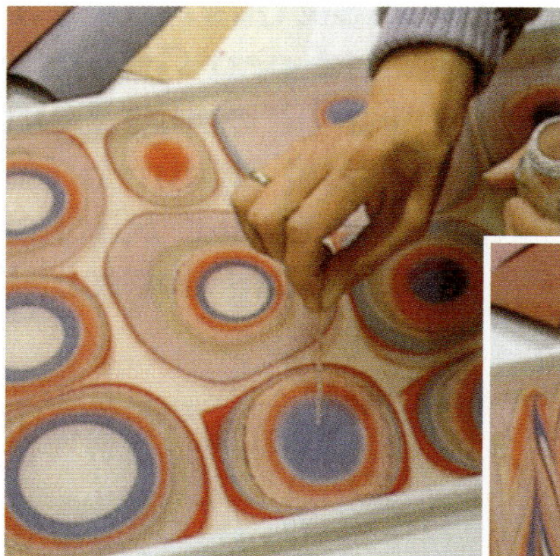

2 Nun langsam ein Holzstäbchen im Zickzack durch den Marmoriergrund ziehen. Je nach Belieben können verschiedene Muster gezogen werden, sie sollten aber möglichst klar erkennbar sein.

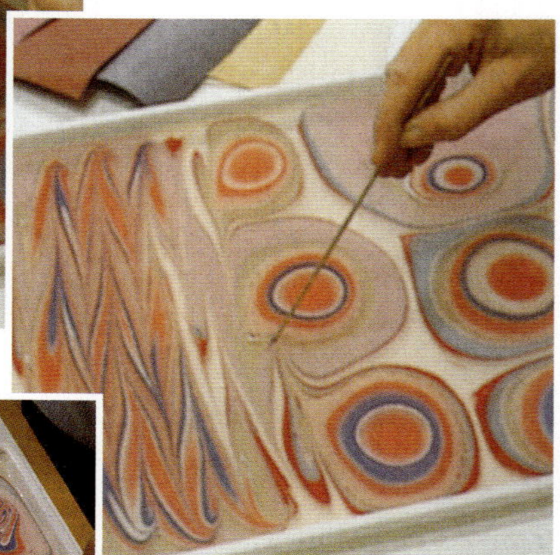

3 Für großflächige Muster kann ein Marmorierkamm oder -rechen eingesetzt werden. Dazu z. B. in eine Holzleiste in regelmäßigen Abständen Nägel einschlagen. Den so gefertigten Kamm bzw. Rechen gleichmäßig durch die Oberfläche ziehen.

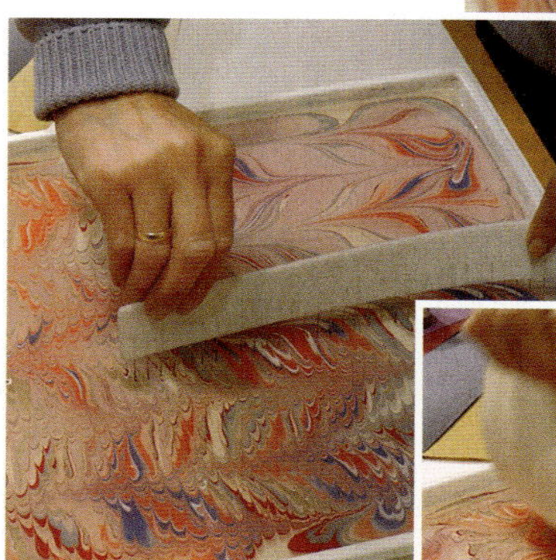

4 Ist das Muster zufriedenstellend, einen trockenen Papierbogen von einer Schmalseite zur anderen auf die Oberfläche auflegen. Dabei darauf achten, dass sich keine Lufteinschlüsse bilden. Die Farbe gut einwirken lassen.

5 Das Papier abheben, auf ein Brett legen und den überschüssigen Grund mit einem schwachen Wasserstrahl abspülen. Das Papier auf einer alten Zeitung oder auf der Wäscheleine trocknen. Überschüssige Farbe auf der Oberfläche des Marmoriergrunds mit etwas Zeitungspapier entfernen.

Hinweis: Statt Marmoriergrund können Sie auch Tapetenkleister verwenden (etwa 1 gehäufter Esslöffel auf 1 Liter Wasser). Holz sollte vor dem Marmorieren mit Beizlösung (40 g Beizmittel auf 1 Liter warmes Wasser), Hühnereier mit Spiritus behandelt werden, damit die Farbe besser haftet.

MARMORIERTE SCHACHTELN

MATERIAL

- Pappschachteln
- Marmorierfarbe in Weiß, Weinrot und verschiedenen Pastelltönen
- Marmoriergrund
- Papier
- flache Schale
- Zeitungspapier
- Zahnstocher
- Schere
- Lineal
- Pinsel
- Papierkleister

1 Das Papier wie beschrieben marmorieren. Für ein helles Muster viel Weiß, für ein dunkles Muster viel Weinrot auf die Oberfläche geben.

2 Aus dem getrockneten marmorierten Papier jeweils einen Streifen – 2 cm breiter als die Seite der Schachtel und 1 cm länger als deren Umfang – zuschneiden, mit Klebstoff bestreichen und so auf den Rand der Schachtel kleben, dass er oben und unten 1 cm übersteht.

3 Die überstehenden Kanten an Ecken und Rundungen einschneiden und in die Schachtel bzw. auf den Boden kleben. Den Boden bekleben. Dazu die Form des Bodens auf das Papier übertragen und etwas kleiner zuschneiden, als er tatsächlich ist.

4 Die Arbeitsschritte für den Deckel wiederholen. Zum Trocknen die beklebte Schachtel mit dem Deckel verschließen, damit sie sich nicht zu sehr verzieht.

Stäbchen-Marmor

1 Die Farbtropfen in gleichmäßigen Abständen auf die Oberfläche aufbringen.

2 Die Farbpunkte mittig mit dem Holzstäbchen in Schlangenlinien durchziehen.

3 Das Ergebnis sind herzförmige Ranken, deren Form und Größe mit der Größe und Zahl der Farbkreise (Schritt 1, Seite 76) variiert.

Kamm-Marmor

1 Farbtropfen auf die Oberfläche aufbringen und im Zickzack mit einem Holzstäbchen durchziehen.

2 Den Kamm gleichmäßig im rechten Winkel zu den Ziehlinien des Stäbchens durchziehen.

3 Das Ergebnis sind parallele Farbbögen, deren Größe durch den Abstand der Zinken des Kamms bestimmt wird.

Rechen-Marmor

1 Farbtropfen auf die Oberfläche aufbringen und im Zickzack mit einem Holzstäbchen durchziehen.

2 Den Kamm gleichmäßig im rechten Winkel zu den Ziehlinien des Stäbchens durchziehen.

3 Einen Rechen mit zwei um den halben Abstand versetzten Zinkenreihen im Zickzack durchziehen.

Batiken

Wachstechnik

Die Wurzeln dieser Technik liegen auf der Insel Java und reichen vermutlich mehr als 1400 Jahre zurück. Dabei werden mit Wachs auf dem Stoff Flächen reserviert, die beim Färben keine oder nur gering Farbe aufnehmen. Klassische Anwendungen sind Kleidungsstücke und Batikbilder.

1 Das Motiv mit Zeichenkohle auf den Stoff zeichnen und die verschiedenen Farbflächen festlegen. Den Stoff auf einen Holzrahmen spannen. Das Batikwachs erhitzen, bis es flüssig wird, und mit dem Pinsel auf alle Flächen auftragen, die später weiß sein sollen – wenn nötig auch von der Rückseite.

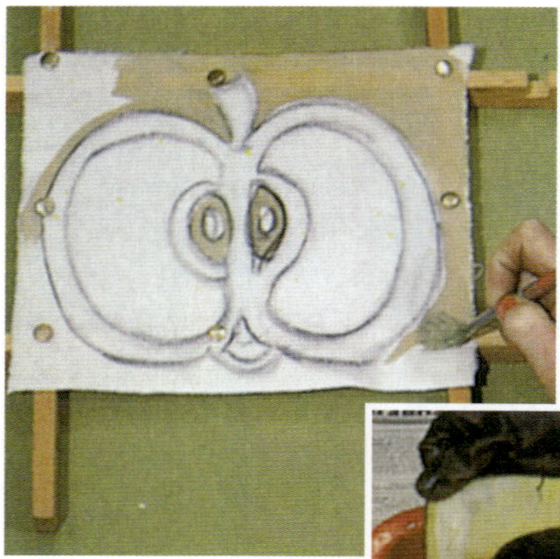

2 Den Stoff anfeuchten und im Farbbad färben (siehe Herstellerangaben) – dabei mit der hellsten Farbe (hier Gelb) beginnen. Den Stoff vorsichtig, aber gründlich ausspülen und trocknen lassen – nicht auswringen – und wieder auf den Rahmen spannen. Alle Flächen mit Wachs abdecken, die nicht weiter gefärbt werden sollen, dann den Stoff mit der nächstdunkleren Farbe (hier Rot) färben usw.

3 Nach dem letzten Färbevorgang den Stoff trocknen lassen und das Wachs ausbügeln. Dazu den Stoff zwischen alte Zeitungen legen und mit dem Bügeleisen erhitzen.

4 So lange bügeln, bis das Wachs auf dem Papier keine fettigen Spuren mehr hinterlässt. Anschließend mit Waschbenzin letzte Wachsreste entfernen oder den Stoff in die Reinigung geben.

Hinweis: Zum Batiken eignen sich Stoffe aus reinen Naturfasern wie Baumwolle, Leinen oder Seide. Es sollten keine Kunstfasern enthalten sein. Außerdem müssen die Stoffe vor dem Batiken ausgewaschen werden, damit die Appretur entfernt wird.

DREIFARBIGER APFEL

MATERIAL
- Baumwollstoff
- Batikfarbe in Gelb, Rot und Dunkelblau
- Batikwachs
- Zeichenkohle
- Pinsel
- Bügeleisen
- Zeitungspapier
- Holzrahmen und Reißnägel
- Wanne zum Färben
- Handschuhe

VORLAGE SEITE 244

1 Das Motiv wie beschrieben auf den Stoff aufzeichnen, den Stoff auf den Rahmen spannen und den weißen Hintergrund mit Wachs abdecken.

2 Den Stoff wie beschrieben im Farbbad färben. Das erste Farbbad ist gelb. Nach dem nächsten Wachsen wird das Motiv in Rot gefärbt, danach in Dunkelblau.

3 Nach dem Trocken den Stoff zwischen Zeitungen legen und das Wachs herausbügeln. Eventuelle Wachsrückstände mit Waschbenzin entfernen.

BATIK-SHIRT

MATERIAL
- Baumwollshirt
- Batikfarbe in Pink
- Batikwachs
- Pinsel
- Bügeleisen
- Zeitungspapier
- Wanne zum Färben
- Handschuhe

VORLAGE SEITE 246

1 Mit dem Pinsel das Batikwachs auf der Vorderseite des Shirts auftragen. Damit das Wachs sich nicht auf die Rückseite durchdrückt, evtl. eine Folie unterlegen.

2 Das Shirt vor dem Färben nicht anfeuchten, sondern direkt in das Farbbad geben. So wird die Farbe unregelmäßig aufgenommen und es entsteht der typische Batikeffekt.

3 Nach dem Färben das Shirt gut ausspülen und nach dem Trocknen das Batikwachs ausbügeln. Eventuell vor dem Tragen in die Reinigung geben, damit Wachsrückstände beseitigt werden.

Batiken

Abbindetechnik

Anders als bei der Wachstechnik wird kein Wachsauftrag zum Reservieren verwendet, sondern der Stoff wird an den entsprechenden Stellen mit Garn oder Schnur fest abgebunden oder mit Nähten versehen. Diese Variante des Batikens wird auch Shibori genannt.

1 Den Stoff entsprechend der gewählten Abbindetechnik (Seite 81) zusammenlegen. Je nachdem, wie oft und in welcher Technik der Stoff abgebunden wird, lassen sich unterschiedliche Muster erzielen.

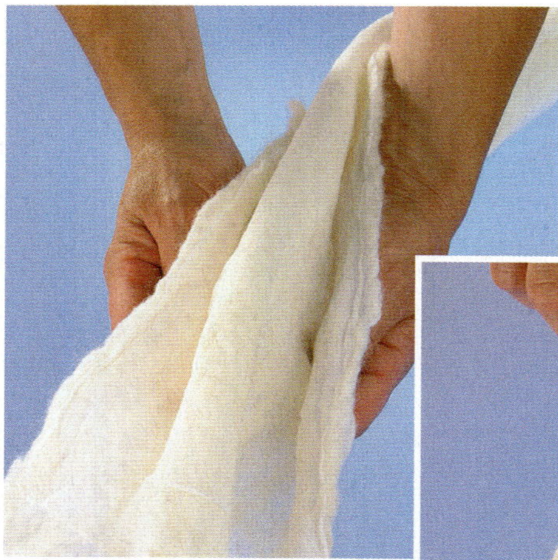

2 Den Stoff mit einem festen Kunststofffaden abbinden oder vernähen. Darauf achten, dass der Faden fest sitzt. Löst sich der Faden oder sitzt er zu locker, wird der darunter liegende Stoff mitgefärbt und es lässt sich kein Batikmuster erzielen.

3 Beim Färben die Herstellerangaben beachten und die maximale Stoffmenge nicht überschreiten. Das Werkstück in das Farbbad geben und immer wieder rühren. Ist der gewünschte Farbton erreicht, das Werkstück herausnehmen und überschüssige Farbe unter warmem Wasser auswaschen. Nach Belieben kann das Färben nun mit anderen Farben wiederholt werden, das ergibt interessante Effekte. Zum Schluss die Fäden entfernen und das Tuch trocknen lassen.

Hinweis: Zum Batiken eignen sich am besten reine Naturfasern wie z. B. Baumwolle, Seide, Leinen oder Halbleinen. Mischgewebe und Kunstfasern nehmen die Farbe nur schlecht an. Aber auch Naturfaserstoffe sollten vor dem Batiken gewaschen werden, um die Appretur zu entfernen.

BUNTE TASCHEN

MATERIAL

- Tragetaschen aus Baumwolle
- Batikfarbe in Rot, Blau und Grün
- Wanne zum Färben
- Bast oder Paketschnur aus Plastik
- Handschuhe

1 Bei der grünen Tasche die Ecken greifen und viermal in verschiedenen Abständen fest mit Bast umwickeln. Die blaue Tasche in der Mitte viermal kreisförmig abbinden. Die rote Tasche diagonal wie eine Ziehharmonika falten, bügeln und mehrmals in regelmäßigen Abständen mit Bast abbinden.

2 Nacheinander die Taschen in der entsprechenden Batikfarbe einfärben. Zum Anrühren der Farbe bitte die Herstellerangaben beachten. Den Stoff gut auswaschen, die Fäden entfernen und die Taschen zum Trocknen aufhängen.

Abbindetechniken

STREIFENTECHNIK

Den Stoff in Längsrichtung wie eine Ziehharmonika falten und die Faltungen mit dem Bügeleisen fixieren. Das Werkstück an verschiedenen Stellen fest mit Faden abbinden. Es entsteht ein linienförmiges Muster.

KREISTECHNIK

Die Mitte des Werkstückes greifen und nach oben ziehen. Den restlichen Stoff zusammenlegen und mehrmals abbinden. Es entstehen kreisförmige Muster.

PÄCKCHENTECHNIK

Den Stoff in Längsrichtung wie eine Ziehharmonika in Falten legen und mit dem Bügeleisen fixieren. Anschließend die Ziehharmonika in Querrichtung falten und bügeln. Nun wie bei einem Päckchen den Faden umbinden. Es entstehen rechteckige Musterungen.

KNÜLLTECHNIK

Den Stoff locker zusammenknüllen und mit Faden fest umwickeln. Es entsteht ein wildes, unregelmäßiges Muster.

Falttechnik

Die Batik-Falttechnik eignet sich besonders für das Färben von Papier. Mit dieser Methode können ganz einfach sehr wirkungsvolle Batikmuster entstehen, die zum Beispiel für die Gestaltung von Karten verwendet werden können.

1 Das Papier falten (siehe Faltskizzen auf Seite 83) und in die Batikfarbe tauchen. Dabei mit der Spitze der Faltung bzw. der Längs- oder Querseite beginnen. Das Papier nur kurz eintauchen. Die überschüssige Farbe danach sofort mit einem Lappen ausdrücken.

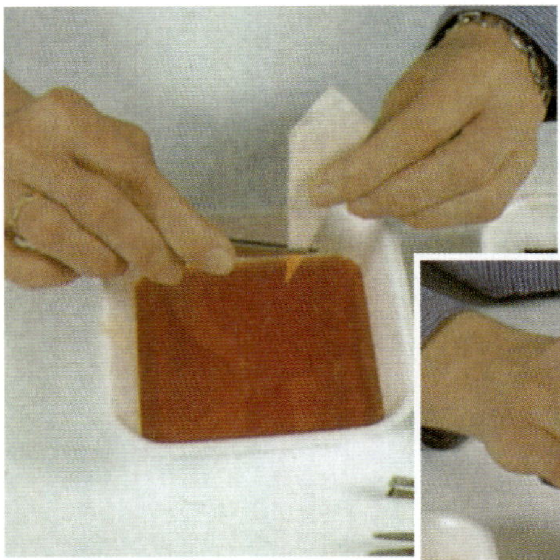

2 Mit einer Pinzette den eingefärbten Bereich hochbiegen und den nächsten Papierbereich, der bisher noch nicht mit der Farbe in Berührung gekommen ist, in eine andere Farbe tauchen. Solange das Hochbiegen, Eintauchen und Ausdrücken wiederholen, bis das gesamte Papier eingefärbt ist.

3 Malerische Wirkungen lassen sich erzielen, indem das gefaltete Papier vor dem Eintauchen kräftig verdrillt wird. Es entstehen zum Teil fließende Übergänge, zum Teil filigrane Figuren.

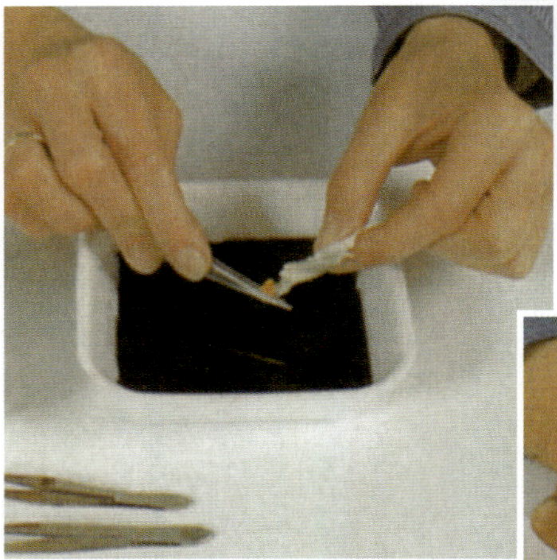

4 Besondere Effekte entstehen beim teilweisen Überfärben schon getauchter Teile. Abschließend das fertig gefärbte Papier auseinander falten, zum Trocknen auf Zeitungspapier legen und anschließend mit dem Bügeleisen glätten.

Hinweis: Zum Batiken in der Falttechnik eignet sich am besten japanisches Seidenpapier mit einem Flächengewicht von ca. 18 g/qm. Dieses Papier ist besonders saugfähig und reißt nicht so schnell beim Auseinanderfalten. Zum Färben eignen sich Stoffbatikfarben.

KARTE MIT FALTBATIK

MATERIAL
- japanisches Seidenpapier, A6
- Batikfarbe in Gelb, Hellblau, Hellrot und Braun
- Fotokarton in Weiß, 10,5 cm x 14,8 cm
- 4 Farbschälchen
- Pinzette
- Bügeleisen
- Zeitungspapier
- Klebstoff

1 Das Seidenpapier in der Kreisfaltung falten (siehe Skizzen unten). Zuerst die Spitze mit gelber Batikfarbe einfärben und hochbiegen. Dann die eine Längsseite etwas in hellblaue Farbe tauchen, die andere in rote Farbe.

2 Das gefärbte Papier wieder hochbiegen. Nun die blaue Seite mit Gelb einfärben, die rote Seite mit Braun. Das restliche Papier mit Hellblau und Rot einfärben.

3 Das Papier auseinander falten, trocknen lassen und mit dem Bügeleisen glätten. Mit einer Schere die Kanten beschneiden, sodass das Seidenpapier etwas kleiner als die Karte aus Fotokarton ist. Das Seidenpapier vorsichtig mit Klebstoff auf der Karte fixieren.

Grundfaltungen

KREISFALTUNG

Das Papier zweimal zur Hälfte falten (1). Die letzte Faltung wieder öffnen und die Ecken der geschlossenen Kante bis zum Falz nach innen schlagen (2). Die diagonalen Kanten mehrmals nach innen falten (3). Das Papier am Falz entlang zur Hälfte falten (4) und einfärben.

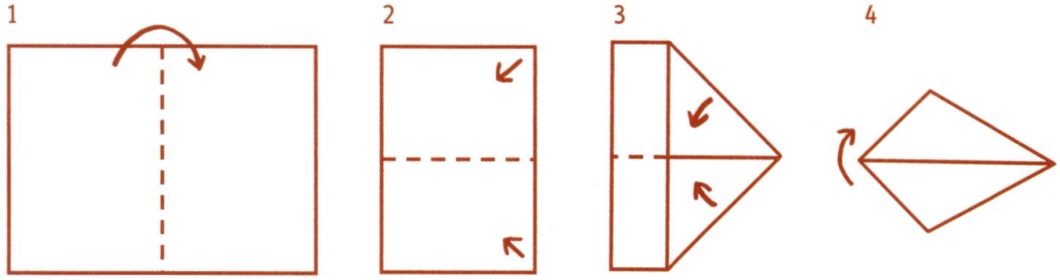

SCHLANGENFALTUNG

Das Papier in der Mitte falzen und von zwei gegenüberliegenden Seiten zur Mitte falten (1). So oft wie möglich weiter zur Mitte falten (2), dann die rechte Hälfte an der Mittellinie nach hinten falten (3). Zuletzt das Papier zur Hälfte legen (4) und färben.

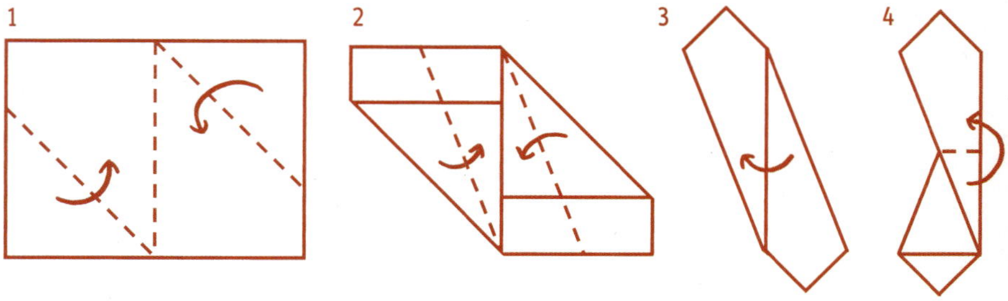

PARALLELFALTUNG

Eine Ecke des Papiers nach unten zur Längskante falten (1). Parallel zur so entstandenen Schrägkante ziehharmonikaartig weiterfalten (2). Zuletzt das gefaltete Papier zur Hälfte falten (3) und färben.

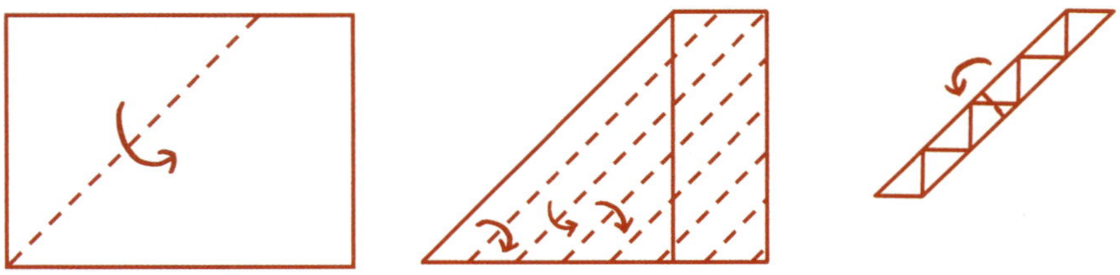

Schablonieren

Mit Schablonen kann man nicht nur Wänden einen neuen Anstrich verleihen, auch Accessoires können mit ihnen individuell gestaltet werden. Für jedes Material sollte jedoch die passende Farbe gewählt werden: für Wände Dispersionsfarbe, für Holz und Papier Acrylfarbe, für Textilien Stoffmalfarbe.

1 Das Motiv auf Lampenschirmfolie übertragen. Dazu Kopierpapier zwischen die Vorlage und die Folie legen und die Konturen mit einem Stift nachzeichnen.

2 Die Schablone mit dem Cutter auf einer geeigneten Unterlage ausschneiden. Darauf achten, dass die Schnitte sauber gezogen werden.

3 Nun die fertige Schablone auf dem Werkstück platzieren. Dazu die Schutzfolie auf der Klebeseite der Lampenschirmfolie abziehen und die Schablone aufkleben.

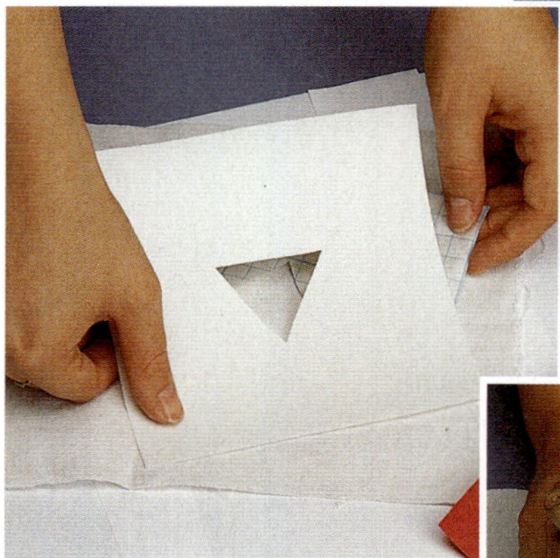

4 Etwas Farbe mit einem Stupf- oder Schablonierpinsel aufnehmen und vorsichtig die Schablone damit austupfen. Soll eine zweite Farbe aufgetupft werden, den Pinsel gut reinigen und ausdrücken. Eventuell abwarten, bis die letzte Farbe getrocknet ist, um nichts zu verwischen.

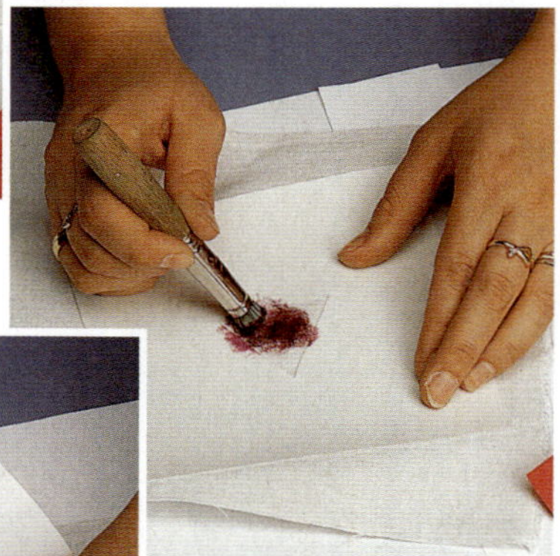

5 Nach dem Auftragen der Farbe die Schablone vorsichtig vom Werkstück abziehen. Darauf achten, dass nichts verwischt. Die Schablone auf beiden Seiten gut säubern, dann kann sie erneut angesetzt werden. Dabei darauf achten, dass zuvor gearbeitete Motive, die von der Schablone überdeckt werden, bereits trocken sind.

EFEUBÄUMCHEN

MATERIAL
- Wandfarbe in Lindgrün
- Schablonendruckfarbe in Weiß, Grün und Braun
- halber Terrakotta-Topf
- Steckschaum
- Moos
- Pappe
- Lampenschirmfolie
- Schablonierpinsel
- Cutter

VORLAGE SEITE 235

1 Die Wand mit lindgrüner Farbe streichen. Die Schablone für den Baumstamm anfertigen, für das Efeu entweder selbst Schablonen mit Blättern und Zweigen entwerfen oder eine gekaufte Schablone verwenden.

2 Die Baumstamm-Schablone an der Wand fixieren und mit brauner Farbe ausmalen. Mit den Efeu-Schablonen und weißer und grüner Farbe die Baumkrone auf die Wand aufbringen. Wenn eine gekaufte Schablone verwendet wird, die Schablone mit Kreppband an der Wand fixieren und immer nur einzelne Blätter übertragen.

3 Den halbierten Terrakotta-Topf mit Pappe hinterkleben und vor dem Bäumchen an der Wand befestigen. Den Topf mit Steckschaum befüllen und mit Moos ausdekorieren.

KÜCHENDEKO

MATERIAL
- 2 Holzkisten aus unbehandeltem Holz
- Tischband
- Vorstreichfarbe für Holz
- matte Acrylfarbe in Blaugrün und Weiß
- Schablonierfarbe in Terrakotta und Ocker
- Stoffmalfarbe in Terrakotta und Ocker
- Lampenschirmfolie
- Schablonierpinsel
- Flachpinsel
- Cutter
- Kreppband

VORLAGE SEITE 236

1 Die Holzteile einmal mit Vorstreichfarbe und zweimal mit Acrylfarbe in Blaugrün einstreichen. Die Farben jeweils trocknen lassen.

2 Die Vorlage für die Zwiebel und die Knoblauchzehe auf Lampenschirmfolie übertragen und ausschneiden. Auf jeder Holzkiste eine Schablone anbringen. Die Zwiebel zuerst mit Schablonierfarbe in Ocker, dann in Terrakotta austupfen, den Knoblauch mit weißer Acrylfarbe aufbringen.

3 Das Tischband auf die entsprechende Länge zuschneiden und mit Kreppband auf der Arbeitsfläche fixieren. So oft wie nötig die Zwiebelschablone darauf fixieren und mit Stoffmalfarbe in Ocker und Terrakotta austupfen.

Schwammtechnik

Die Schwammtechnik wird zumeist nur mit dem Gestalten von Wänden in Verbindung gebracht. Dabei lassen sich mit einem Naturschwamm auch Accessoires wie Blumenübertöpfe oder Bilderrahmen mit einem ausdrucksstarken Farbmuster versehen.

1 Die Fläche, die bearbeitet werden soll, mit Volltonfarbe streichen und trocknen lassen. Nun eine zweite Farbe mit dem Naturschwamm auftragen. Dazu den Schwamm etwas in Farbe tauchen und so lange auf Küchenkrepp tupfen, bis das Muster des Schwamms zu sehen ist.

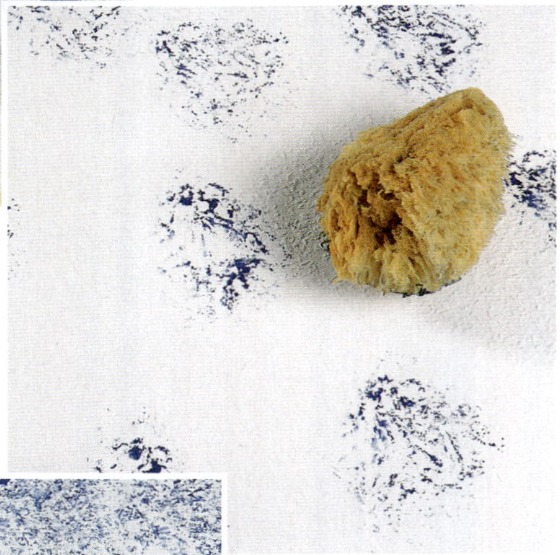

2 Solange noch viel Farbe im Schwamm ist, gleichmäßig auf der Arbeitsfläche verteilt kräftige Punkte setzen.

3 Sobald die Farbintensität nachlässt, wird der Schwamm auf die Zwischenräume aufgedrückt. So lange immer wieder verteilt Punkte aufsetzen, bis alle Zwischenräume ausgefüllt sind.

Hinweis: Achten Sie darauf, dass Sie den Schwamm immer gleich aufsetzen, damit ein ruhiges Muster ohne Kleckse oder Wischspuren entsteht.

BLAU-GELBE BLUMENTÖPFE

MATERIAL

- Tontöpfe
- Volltonfarbe in Blau und Gelb
- Vorstreichfarbe
- Klarlack
- Pinsel
- Naturschwamm
- Küchenkrepp

1 Die Tontöpfe mit Vorstreichfarbe grundieren und trocknen lassen. Anschließend die Töpfe mit gelber Volltonfarbe bemalen.

2 Nach dem Trocknen wie beschrieben mit dem Schwamm die blaue Volltonfarbe auftupfen, dabei den Schwamm weder drehen noch wischen.

3 Nach dem Trocknen der Volltonfarbe die Tontöpfe mit einer Schicht Klarlack überziehen.

STIMMUNGSVOLLER BILDERRAHMEN

MATERIAL

- 2 Bilderrahmen aus Holz, in gleicher Größe
- 2 Klappscharniere mit Schrauben
- Acrylfarbe in Blau und Weiß
- großporiger Schwamm
- Pinsel
- Küchenkrepp

1 Beide Rahmen auf allen Seiten mit blauer Acrylfarbe bemalen und trocknen lassen.

2 Mit dem Schwamm vorsichtig weiße Farbe auftupfen. Dabei darauf achten, dass der Schwamm zuvor gut auf Küchenkrepp abgetupft ist.

3 Nach dem Trocknen die Rahmen auf der Rückseite mit den Klappscharnieren verbinden.

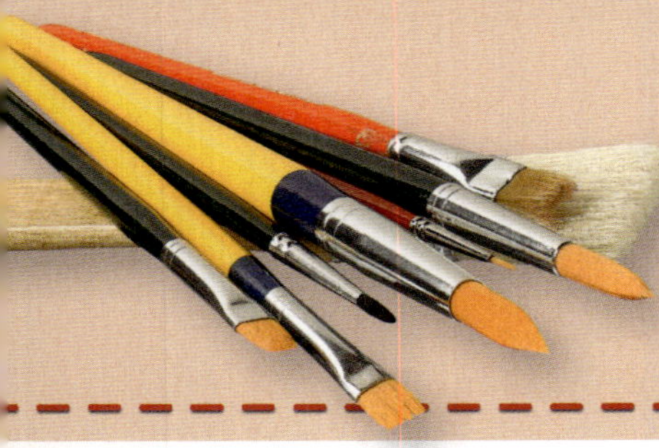

Rust-Finish

Mit der Rust-Finish-Technik kann man silbrigem Aluminiumblech einen künstlichen Rost-Effekt verleihen. Durch die aufgetragene Farbe erhält das Metall einen verwitterten Charakter, der sehr gut zu Dekorationen im Landhausstil oder zu rustikalem Holz passt.

1 Das Blechmotiv mit Schmirgelpapier anrauhen, d. h. die komplette Oberfläche wird geschmirgelt. Anschließend das Blech entfetten (z. B. mit Terpentin).

2 Nun auf das Blech Haftgrundierung aufsprühen oder mit einem Pinsel aufstreichen.

3 Nach dem Trocknen der Grundierung dunkelbraune, matte Acrylfarbe deckend mit einem Pinsel auftragen und wieder trocknen lassen.

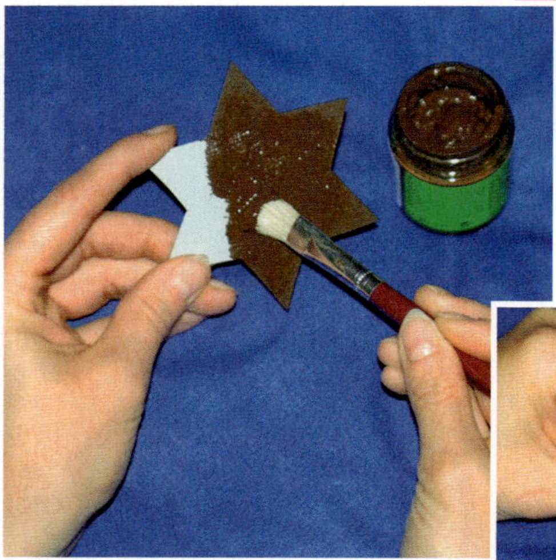

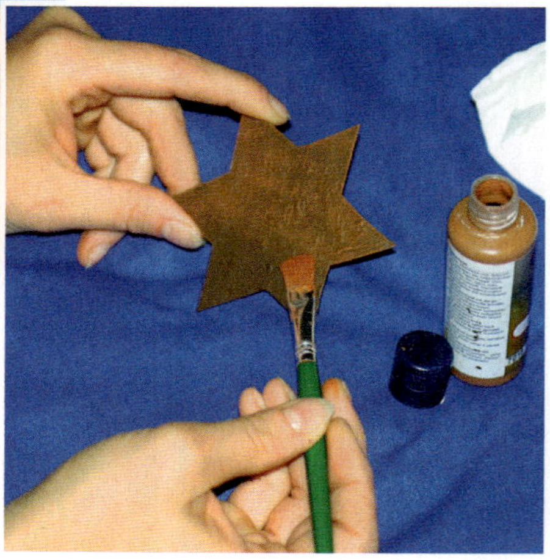

4 Etwas Patina-Farbe im Rostfarbton mit einem trockenen Borstenpinsel aufnehmen. Mit Küchenkrepp die Farbe fast komplett wieder aus dem Pinsel bürsten, sodass kaum noch Farbe am Pinsel ist. Mit dem Pinsel leicht über das braun angemalte Aluminiumblech streichen. Immer von den Kanten zur Mitte hin arbeiten.

LEBKUCHEN

MATERIAL

- Sperrholzreste, 4 mm stark
- Aluminiumblech-Reste, 0,8 mm stark
- Acrylfarben in Rostbraun und Elfenbein
- Bohrer, ø 2 mm
- Papierdraht in Natur, ø 1 mm
- Schleifenband in Rot kariert, 5 mm und 1,5 cm breit
- Schleifenband in Rot, 3 mm breit
- Gelstift in Weiß

VORLAGE SEITE 219

1 Die Mandelform in der benötigten Anzahl aus Holz, die Grundformen aus dem Blech aussägen. Alle Teile gemäß Angabe bohren. Die Blechteile im Rust-Finish bearbeiten und nach dem Trocknen an den Rändern mit Elfenbein brushen. Das Gesicht des Lebkuchenmannes mit Gelstift aufmalen.

2 Die Mandeln rostbraun brushen und anschließend beidseitig auf die Blechteile kleben.

3 Nun das Schleifenband und den Dekodraht in jeweils fünf gleich große Stücke schneiden. Das schmale karierte Band wird als Aufhängeband durch die Blechteile gezogen. Um dieses Band wird in der Hälfte noch eine Schleife aus dem breiten karierten Band mithilfe des schmalen, roten Bandes und dem Dekodraht gebunden.

IT'S SPRINGTIME

MATERIAL

- Aluminiumblech, 0,8 mm stark, 13 cm x 17 cm
- Acrylfarbe in Zartrosa, Hellgrün, Weiß, Gelb und Dunkelbraun
- Bohrer, ø 1,5 mm
- Papierdraht in Weiß, ø 1mm, 40 cm lang
- Gelstift in Weiß

VORLAGE SEITE 219

1 Das Herz mit dem Schriftzug aus dem Blech aussägen. Das Loch bohren.

2 Das Blechherz im Rust-Finish bemalen, mit einem weißen Gelstift beschriften, mit einem Zahnstocher die Punkte in Zartrosa auftupfen und die Herzchen in Hellgrün malen.

5 Zum Abschluss das Herz mit Draht aufhängen und den Draht spiralförmig biegen.

Krakelieren

Alte Bilder oder Lackierungen haben oft ein feines Netz von Rissen und Sprüngen auf der Oberfläche, das sogenannte Krakelee. Mit speziellem Krakelierlack kann dieser Effekt künstlich erzeugt werden. Der Lack zieht sich beim Trocknen zusammen, wobei die darüber aufgetragene Lackschicht reißt.

1 Das Werkstück grundieren. Dazu jene Farbe wählen, die später durch die Risse durchscheinen soll. Geeignet sind Acrylfarbe, Goldspray oder Farben auf Wasserbasis.

2 Auf die getrocknete Grundierung den Krakelierlack auftragen und trocknen lassen.

3 Nun die eigentliche Farbschicht auftragen. Dabei die Farbe mit dem Pinsel nur in eine Richtung auftragen und Übermalungen und Korrekturen vermeiden. Während des Trockenvorgangs bildet sich der Krakelier-Effekt: Es bilden sich feine Risse in der Oberfläche und die andersfarbige Grundierung scheint durch.

Hinweis: Mit dem Krakelier-Effekt können ganze Dekoobjekte oder nur einzelne Teile versehen werden. Krakelierte Flächen sind auch ein schöner Hintergrund für Servietten- oder Découpage-Motive (siehe Seite 118-121).

BEPFLANZTES EI

MATERIAL

- Kunststoffei, 12 cm x 7 cm
- Acrylfarbe in Braun und Beige
- Krakelierlack
- Steckziegel
- etwas Moos
- Weide in Natur
- Draht in Schwarz, ø 0,7 mm, 20 cm lang
- künstliche Stiefmütterchen in Gelb-Violett
- Cutter, spitze Schere

1 Das Ei mit einem Cutter aufschneiden. Benötigt wird die untere Eihälfte. Mit einer kleinen, spitzen Schere wie abgebildet Zacken in den Rand schneiden.

2 Dann die Außenseite des Eies braun grundieren und nach dem Trocknen mit Krakelierlack bestreichen. Ist dieser gut getrocknet, das Ei mit der beigefarbenen Acrylfarbe übermalen. Beim Trocknen der Farbe entstehen dann die Risse.

3 Den Weidenzweig mit dem Draht zu einem Kranz zusammenbinden. Das Ei mit dem Steckziegel füllen. Anschließend mit dem Moos, den Stiefmütterchen und dem Weidenkranz dekorieren.

WEIHNACHTSANHÄNGER

MATERIAL

- Sperrholzrest, 5 mm dick
- Rundholzstabrest, ø 8 mm (Glocke)
- Acrylfarbe in Weiß und Schwarz
- Krakelierlack
- Goldstift
- Filzstift in Schwarz
- Effektdraht in Gold, ø 0,25 mm
- Pinsel
- kleine Säge
- Schleifpapier

VORLAGE SEITE 219

1 Die Motive aus Sperrholz zusägen und die Kanten glätten. Die Löcher einbohren. Für den Klöppel der Glocke ein 5 mm dickes Stück vom Rundholzstab absägen.

2 Den Klöppel und das Herz weiß bemalen und etwas abschleifen. Die restlichen Motive schwarz bemalen, trocken föhnen, mit Krakelierlack einstreichen und trocknen lassen.

3 Zügig weiße Farbe auftragen. Nach dem Trocknen die Motive mit Goldstift und schwarzem Filzstift verzieren. Die Sterne mit Effektdraht umwickeln, den Klöppel andrahten.

Satinieren

Satinieren bezeichnet eigentlich eine aufwändige Technik, bei der Glas z. B. durch Sandstrahlen eine matte, samtige Oberfläche erhält. Es ist dann undurchsichtig aber noch lichtdurchlässig. Den gleichen Effekt kann man aber auch ganz einfach mit Satinierfarbe erzielen.

Eine Schablone auf dem Werkstück anbringen. Wenige Tropfen Satinierfarbe auf eine Malpalette geben und mit einem Schwammstück aufnehmen. Die Farbe anschließend gleichmäßig im Motivbereich auftupfen (vgl. hierzu auch das Kapitel „Glas bemalen“, Seite 98, Schritt 4). Dabei möglichst schnell arbeiten, da die Schablone unbedingt noch vor dem Trocknen der Farbe abgezogen werden muss. Die Schablone und den Schwamm sofort mit Wasser reinigen. Die Satinierfarbe nach Herstellerangabe trocknen lassen bzw. im Ofen aushärten.

Schablonen aus Isolierband

Das Muster, das satiniert werden soll, wird mit Isolierband abgeklebt. Dazu das Isolierband entweder direkt aufkleben oder zuvor z. B. mit einer Reliefschere in der Mitte in zwei Musterstreifen schneiden. Die Streifen auf die gewünschte Stelle kleben.

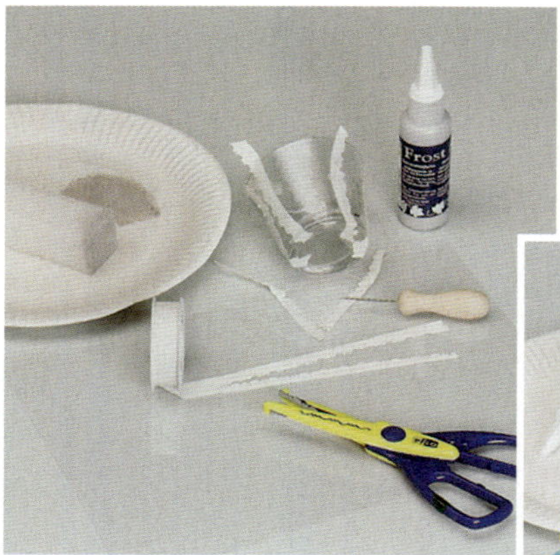

Schablonen aus Windowcolor

Das Muster der Schablone mit Windowcolor auf Malfolie oder auf eine Klarsichthülle malen, trocknen lassen, abziehen und auf der gewünschten Stelle fixieren. Bei Positiv-Schablonen wird der gesamte Hintergrund mit Satinierfarbe gestaltet und die bedeckten Stellen bleiben transparent (vgl. Seite 93, oben), bei Negativ-Schablonen wird nur das Motiv satiniert (vgl. Seite 93, unten).

Schablonen aus Klebefolie

Die Vorlage des Musters seitenverkehrt auf dem Schutzpapier der Klebefolie fixieren und ausschneiden. Dadurch entstehen eine Negativ- und eine Positiv-Schablone, die je nach Wunsch zum Satinieren verwendet werden können. Die Schutzfolie abziehen und die Schablone so aufkleben, dass die Kanten faltenfrei festkleben.

MODERNE FARBSPIRALEN

MATERIAL

- Glasvase, ø ca. 14 cm, 19,5 cm hoch
- Teelichthalter aus Glas, ca. 6 cm x 8 cm x 8 cm
- Kerzenlampe mit Glasschirm in Weiß, ø ca. 11 cm
- Satinierfarbe in Gold, Blau, Grün und Frost
- Dekofix-Dekokleber
- Flimmer in Perlmutt, extra fein
- Farbkreise aus Windowcolor, ø ca. 6 bis 7 cm
- Reliefschere
- Schwamm

1 Die Windowcolorkreise rundum mit der Reliefschere beschneiden, dann eine Spirale schneiden. Das Spiralband etwas auseinander ziehen und auf dem Glas anbringen. Am Glasrand das Spiralband einfach abreißen und das Reststück an geeigneter Stelle wieder befestigen (siehe Seite 92, Schablonen aus Windowcolor).

2 Die Satinierfarbe mit dem Schwamm auftragen, dabei zwischen den einzelnen Farben fließende Übergänge arbeiten. Den Flimmer in die noch feuchte Farbe streuen.

3 Beim großen Windlicht nach dem Aushärten die Kanten mit Dekokleber nachfahren und Flimmer einstreuen.

SPIEGEL

MATERIAL

- Spiegel, ca. 60 cm x 40 cm
- Satinierfarbe in Frost
- Klebefolie
- Schwamm
- Cutter

VORLAGE SEITE 258

1 Aus den Vorlagen wie auf Seite 92 beschrieben Negativ-Schablonen aus Klebefolie fertigen. Zunächst die Figur arbeiten.

2 Für den Rand je nach Spiegelgröße mehrere Schablonen anfertigen und beliebig aneinander reihen. Dabei darauf achten, dass die Folien so aufgeklebt werden, dass ein gleichmäßig breiter Streifen am Spiegelrand entsteht.

3 Die organischen Formen mit Satinierfarbe austupfen. Den Rand so arbeiten, dass im Bereich um die Figur die Farbe reduziert wird und der Farbstreifen ausläuft.

Strukturpaste

Egal ob Blumentopf oder Bilderrahmen, Pappmaché-Dose oder Seifenspender, Postkarte oder Holzmotiv – mit Strukturpaste lassen sich die verschiedensten Materialien und Objekte ganz einfach mit plastischen Oberflächen und Reliefs versehen.

1 Zunächst jene Stellen abkleben, die nicht bearbeitet werden sollen. Dabei daran denken, dass die Klebestreifen später wieder abgezogen werden müssen. Für Ornamente eine Wachsschnur formen, anwärmen und auf dem Werkstück platzieren. Nun die Strukturpaste bis knapp über den Klebefilm mit einem Spachtel oder einem Borstenpinsel aufstreichen oder auftupfen – je nach Geschmack.

2 Zum Einfärben etwas Farbe mit dem Borstenpinsel aufnehmen und auf die noch feuchte Paste auftupfen. Die Klebestreifen vorsichtig abziehen, solange die Paste noch feucht ist. Dabei immer parallel zur Kante ziehen. Misslungene Kanten können mithilfe eines Wattestäbchens begradigt werden. Zum Schluss eventuell noch Dekoteile wie Glasnuggets oder Perlen einlegen.

Hinweis: Strukturpaste gibt es von verschiedenen Herstellern und heißt auch Deko-Paste, Deko- oder Strukturschnee, Schneefarbe oder Decorating Paste. Jede dieser Pasten hat aber eine etwas andere Konsistenz. Testen Sie daher vor dem Gebrauch, ob sich Ihr Vorhaben damit realisieren lässt.

SEIFENSPENDER

MATERIAL

- Seifenspender aus Keramik in Weiß, ca. 11,5 cm hoch
- Strukturpaste
- Wachsschnur in Weiß, 2 x 15 cm lang
- Hologramm-Flimmer in Gold oder Perlmutt
- Klebestreifen
- Borstenpinsel

1 Mit den Klebestreifen die Ränder der zu bearbeitenden Fläche abkleben. Aus der Wachsschnur zwei identische, aber spiegelverkehrte Spiralen formen und auf die Oberfläche aufdrücken.

2 Die Strukturpaste mit dem Borstenpinsel auftupfen und trocknen lassen. Nochmals etwas Strukturpaste auf die Ornamente auftragen und den Flimmer einstreuen.

ALLES MIT HERZ

MATERIAL

- Keramikvase in Weiß, ca. 19 cm hoch
- Styropor-Herz, 9 cm hoch
- Strukturpaste
- lufttrocknende Modelliermasse in Weiß
- Acrylfarbe in Rot
- Samtpulver in Rot
- Samtpulver-Kleber
- Ausstechform: Herz
- Borstenpinsel
- Spachtel
- Schaschlikstäbchen
- Wattestäbchen

1 Die Modelliermasse etwa 1 cm dick ausrollen, die Herzen ausstechen und gut trocknen lassen. Die Vase im Zickzack abkleben und die Strukturpaste mit einem Spachtel auftragen. Mit dem Borstenpinsel rote Acrylfarbe auftragen. Die Herzen in die noch feuchte Paste eindrücken.

2 Das Styropor-Herz auf ein Schaschlikstäbchen stecken und rundherum großzügig Strukturpaste mit dem Spachtel auftragen. Das Samtpulver flächendeckend aufstreuen. Mit einem Wattestäbchen die gewünschte Struktur einarbeiten. Nach dem Trocknen evtl. mit Kleber nochmals etwas Samtpulver auftragen.

Keramik bemalen

Das eigene Geschirr mit tollen Designs verzieren oder lustige Motiv-Tassen zum Verschenken anfertigen – mit Porzellanmalstiften mit Pinsel- oder Stiftspitze oder Porzellanmalfarbe und Pinsel ist dies kein Problem. Alles, was dazu benötigt wird, sind eine ruhige Hand und etwas Fantasie.

1 Die Vorlagen mit Grafitstift auf Transparentpapier übertragen. Dieses zurechtschneiden, seitenverkehrt auf die vorbereitete Keramik legen und mit Kreppklebeband fixieren. Anschließend die Linien mit einem Kugelschreiber oder harten Bleistift nachfahren.

2 Die Konturen mit einem Konturenstift nachzeichnen. Bevor die Flächen ausgemalt werden, die Kontur laut Herstellerangaben trocknen lassen oder einbrennen, da sie ansonsten durch die feuchte Farbe ein wenig verläuft.

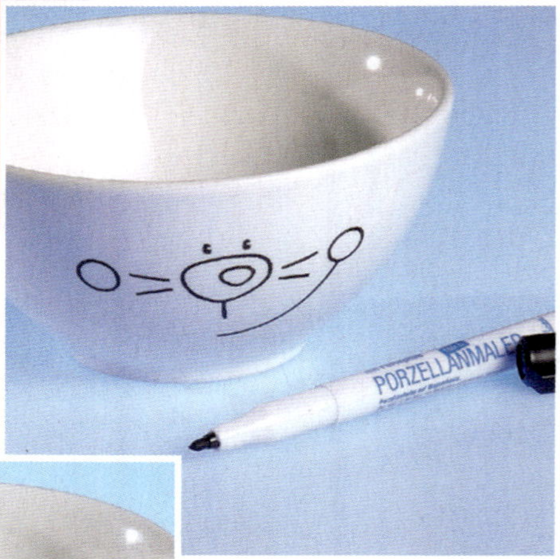

3 Anschließend die Farbe mit einem Stift oder Pinsel auftragen und nach dem Trockenvorgang brennen. Den Stift vor Gebrauch schütteln und mehrmals auf die Spitze drücken, bis Farbe erscheint. Die Farben aus den Gläschen können je nach Größe der Fläche mit einem feinen Pinsel oder Zahnstocher aufgetragen werden. Die Pinsel nach Gebrauch sofort reinigen (mit Wasser oder Spiritus). Anschließend die Farbe laut Herstellerangabe im Backofen aushärten.

Hinweis: **Wenn Sie statt Porzellanmalfarben Glasmalfarben verwenden, können Sie auf die gleiche Weise auch Geschirr oder Gegenstände aus Glas gestalten.**

LUSTIGE SCHALEN

MATERIAL

- 2 Porzellanschüsseln in Weiß, ø 12 cm, ca. 6 cm hoch
- Porzellanmalstifte in Kirschrot, Orange, Weiß und Gelb
- Porzellanmalstift mit Pinselspitze in Opalblau
- Porzellanmalfarbe in Rosa, Reseda, Magenta, Elfenbein, Cognac und Metallic-Silber
- Konturenstift in Schwarz
- feiner Pinsel

VORLAGE SEITE 220

1 Die Vorlage wie beschrieben übertragen und die Konturen und Gesichter mit schwarzem Konturenstift nachzeichnen. Bei der Katze zwei weiße Lichtpunkte in die Augen setzen, die Bäckchen und die Nase mit Kirschrot und Orange ausmalen. Dabei die Farben etwas mischen.

2 Beim Suppenkasper den Hintergrund in Opalblau ausmalen. Für das Gesicht Elfenbein mit je einem Klecks Cognac und Rosa mischen. Auf die Nase einen weißen Lichtfleck setzen.

BÄRENTASSEN

MATERIAL

- 2 Tassen in Weiß, ø 8 cm, 11 cm hoch
- Porzellanmalstift in Braun

VORLAGE SEITE 220

1 Die Motive mithilfe von Kohlepapier auf die Tassen übertragen. Vorsicht! Die übertragenen Kohlepapierlinien haften nur sehr schlecht auf der glatten Oberfläche, daher vorsichtig arbeiten, um diese Linien nicht zu verschmieren.

2 Die übertragenen Motive mit dem Porzellanmalstift ausmalen und die Farbe laut Anleitung des Herstellers im Backofen aushärten.

Glas bemalen

Egal ob Teller, Gläser, Flaschen, Vasen, Schüsseln oder Schalen – mit Glasmalfarbe und der richtigen Technik lassen sich auf jeder klaren Glasfläche leuchtende Farbeffekte erzielen, die sogar der Spülmaschine standhalten. So erhält nicht nur altes Geschirr neuen Glanz.

1 Das Glas mit Spiritus von Fett und Schmutz befreien. Ein feuchtes Schwammtuch auf eine Töpferscheibe oder einen alten Plattenspieler legen und das Glas aufsetzen. Durch leichtes Drehen der Scheibe testen, ob es in der Mitte des Drehtellers steht. Den Drehteller einschalten und großzügig Farbe aufbringen – direkt oder mit dem Pinsel.

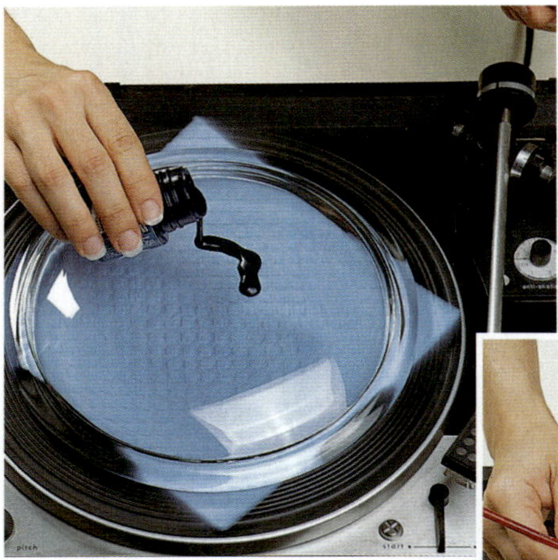

2 Die Farbe während des Drehens mit einem Fächerpinsel immer weiter verteilen. Dazu lediglich den Pinsel in die Farbe halten. Nun den Pinsel langsam zur Mitte führen, sodass die Farbe sich auch dort verteilt.

3 Den Pinsel langsam nach außen ziehen, bis das Ergebnis zufriedenstellend ist. In die noch nasse Farbe evtl. Aussparungen mit einem trockenen Watte- oder Holzstäbchen ziehen. Die Farbe ca. 24 Stunden trocknen lassen und nach Herstellerangabe im Backofen brennen. Im geschlossenen Ofen langsam abkühlen lassen.

4 Matte Farben lassen sich am besten mit der Schwammtechnik auftragen. Dabei die Farbe auf eine Malerpalette geben und mit dem Schwamm aufnehmen. Die Farbe auf das Glas auftupfen, bis sie gleichmäßig verteilt ist. Dabei zügig arbeiten, damit die Farbe nicht trocknet.

Hinweis: Keine Angst vor Fehlern: Die Farben auf Wasserbasis lassen sich vor dem Brennen mit einem feuchten Wattestäbchen korrigieren oder in Wasser komplett abwaschen. Mit Porzellanmalfarben können Sie diese Technik auch auf weißer Keramik anwenden.

RUNDER TELLER

MATERIAL
- 2 runde Glasteller mit schmalem Rand
- Glasmalfarbe in Anis (matt), Safrangelb (glänzend), Gitane (matt) und Türkisblau (glänzend)
- Plattenspieler oder Töpferscheibe
- Fächerpinsel, Stärke 02
- Wattestäbchen

1 Die Teller gut reinigen und mit der Unterseite nach oben auf die Mitte der Drehscheibe legen. Vom Rand aus die matten Farben, dann von der Mitte aus die glänzenden Farben auftragen.

2 Ein trockenes Wattestäbchen in die Mitte der noch nassen glänzenden Farbe halten und zügig nach außen führen, sodass durch die weggenommene Farbe eine Spirale entsteht.

3 Die Teller entsprechend der Herstellerangabe brennen.

GESTREIFTE SEKTGLÄSER

MATERIAL
- 3 Sektgläser
- Glasmalfarbe in Zitrone (matt), Orange (matt), Anis (matt), Paprika (Relieffarbe), Pimentrot (Relieffarbe) und Smaragdgrün (Relieffarbe)
- Gummibänder, ca. 2 mm bis 3 mm breit
- Schwamm
- Skalpell

1 Die Gummibänder als Farbgrenzen an den gewünschten Stellen um die Gläser legen. Die matte Farbe wie beschrieben mit dem Schwamm auftupfen. Die Streifen mit einem trockenen Schwamm nachtupfen, bis der Farbauftrag gleichmäßig ist.

2 Nach dem Trocknen vorsichtig die Gummibänder entfernen und die Ränder mit dem Skalpell säubern. Mit den Relieffarben die Punkte auftupfen: Paprika auf Zitrone, Pimentrot auf Orange und Smaragdgrün auf Anis.

3 Die Farben trocknen lassen und nach Herstellerangabe brennen.

Stoff bemalen

Taschen, Schürzen, T-Shirts, Kissen, Tischdecken und vieles mehr kann mit Stoffmalfarben bemalt und in ein echtes Unikat verwandelt werden. Die einzige Voraussetzung: Die Stoffe müssen mindestens zu 50 Prozent aus Naturfaser bestehen und bei hoher Temperatur gebügelt werden können!

1 Das gewünschte Motiv mit einem Bügeltransferstift auf Papier zeichnen, mit der Zeichnung nach unten auf den Stoff legen und mit dem Bügeleisen auf den Stoff übertragen. Alternativ frei Hand ein Motiv mit auswaschbarer Schneiderkreide aufzeichnen oder eine Vorlage mit Schneiderkopierpapier auf den Stoff übertragen.

2 Das Motiv mit einer kräftigen Klebefolie hinterkleben, sodass sich der Stoff beim Malen nicht verziehen und die Farbe nicht auf andere Stoffteile durchdringen kann.

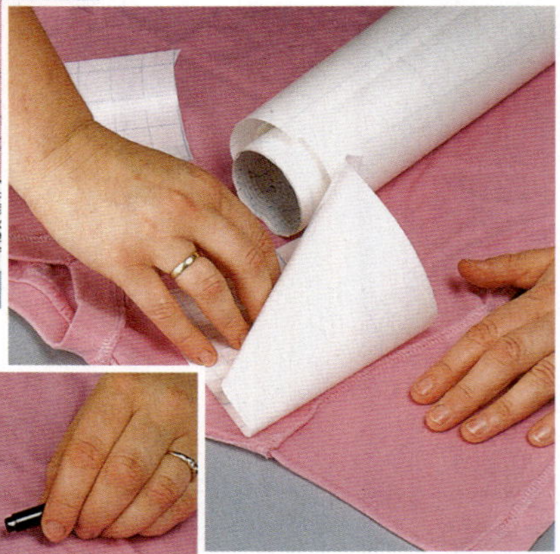

3 Die Linien des Motivs vor dem Ausmalen mit einem feinen schwarzen Stoffmalstift nachzeichnen. Dabei darauf achten, dass die Striche möglichst gleichmäßig gezogen werden. Dazu am besten die Malarbeit vor jedem Aufsetzen des Stiftes in eine zum Zeichnen günstige Position drehen.

4 Die Flächen mit Textilmalstiften ausmalen. Dazu die Stifte zunächst gut schütteln und die Spitze solange auf ein Stück Papier drücken, bis sie völlig mit Farbe gefüllt ist. Beim Malen darauf achten, dass die Spitze geschont wird und nicht ausfranst und unbrauchbar wird.

5 Die Farben mindestens zwölf Stunden trocknen lassen. Anschließend mit dem Bügeleisen fixieren. Zuvor die Klebefolie von der linken Stoffseite entfernen und zum Schutz des Bügeleisens ein Seidenpapier auf die bemalte Stelle legen.

Hinweis: Die Textilien müssen vor dem Auftragen der Farbe ohne Weichspüler gewaschen und gebügelt werden.

HEUTE KOCHT PAPA!

MATERIAL

- Baumwollschürze (gewaschen und gebügelt)
- Stoffmalstifte in verschiedenen Farben
- Stoffmalstift in Schwarz
- selbstklebende Folie
- Bügeleisen

VORLAGE SEITE 235

1 Die Buchstaben auf die Schürze übertragen und mit selbstklebender Folie hinterkleben. Die Konturen mit schwarzem Stoffmalstift nachfahren.

2 Die Buchstaben nach Geschmack mit Stoffmalstiften bunt ausmalen. Die Farben gut trocknen lassen und wie beschrieben mit dem Bügeleisen fixieren.

FILIGRANE BLÜTEN AUF JEANS

MATERIAL

- Jeanshose (gewaschen und gebügelt)
- Stoffmalstifte in Weiß, Schwarz und in verschiedenen Blau-, Lila- und Grüntönen
- selbstklebende Folie
- Bügeleisen

VORLAGE SEITE 248

1 Das Motiv mit hellem Schneiderkopierpapier oder heller Schneiderkreide auf die Jeans übertragen. Die Konturen mit schwarzem Stoffmalstift nachziehen.

2 Die Blätter und Blüten mit Licht und Schatten ausgestalten, dazu verschiedene Blau- und Lilatöne auftragen und mit Weiß und Schwarz Akzente setzen. Die Stängel ebenso arbeiten.

3 Die Farben trocknen lassen und wie beschrieben mit dem Bügeleisen fixieren.

Seidenmalerei

Seidenmalfarben sind flüssig wie Wasser. Die Kunst liegt daher darin, das Fließverhalten der Farbe so zu beeinflussen, dass die Farbe mit einer konkreten Linienführung auf den Stoff gebracht wird. Dazu eignet sich die hier dargestellte Konturenmittel-Methode.

1 Das Seidentuch bügeln und mit wasserfestem Filzstift das ausgewählte Motiv auf Pergamentpapier übertragen.

2 Das Motiv an die gewünschte Stelle unter die Seide legen und die Seide mit Klebefilm auf dem Tisch fixieren. Mit einem Sublimatstift (verschwindet nach einigen Stunden von selbst wieder und ist auswaschbar) alle Linien nachzeichnen und auf die Seide übertragen.

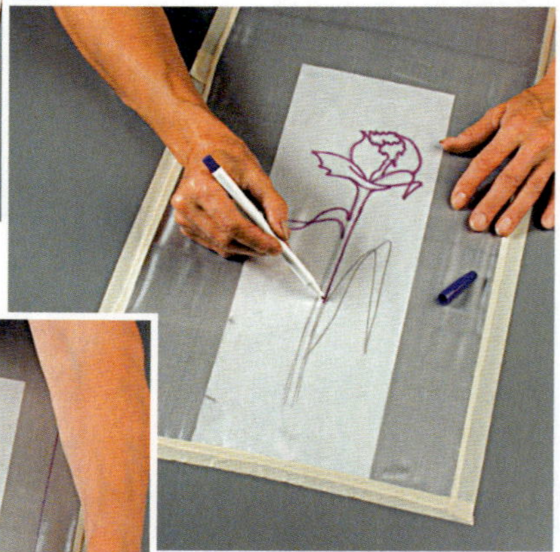

3 Soll um das Motiv herum ein Rand sein, ein langes Lineal anlegen und mit dem Sublimatstift die Linien für den Rand ziehen.

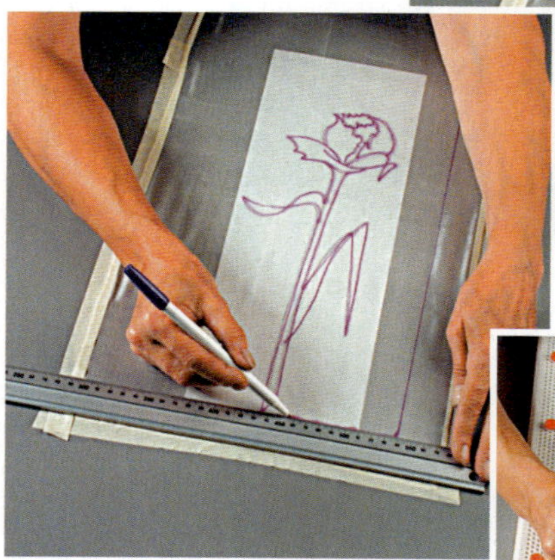

4 Das Tuch auf den Malrahmen spannen. Durch das Spannen mit Spannnadeln verzieht sich die Seide etwas, sodass die gezeichneten Linien wellig erscheinen. Nach dem Abspannen ist jedoch alles wieder gerade. Die Linien mit Konturenmittel nachziehen und trocknen lassen.

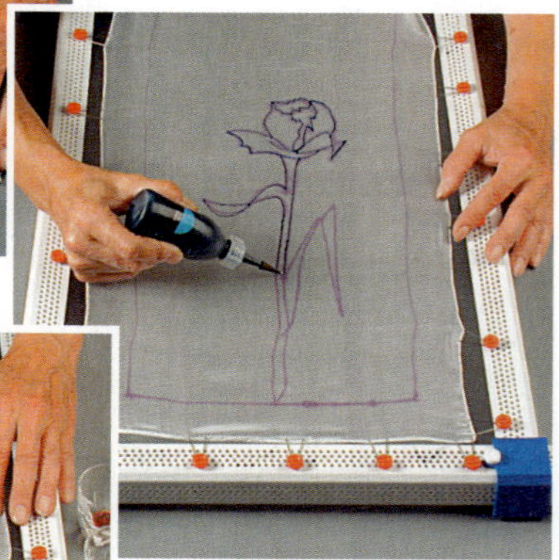

5 Das Motiv mit bügelfixierbaren Seidenmalfarben ausmalen. Für schöne Ergebnisse die Farben dazu untereinander mischen und Farbverläufe einarbeiten. Dazu am besten die verschiedenen Farben auf eine Malpalette geben, mit der hellsten Farbe beginnen, dann mit dunkleren Tönen Akzente setzen. Nach dem Trocknen die Farben nach Herstellerangabe mit dem Bügeleisen fixieren.

Hinweis: Es gibt bügelfixierbare Farbe und dampffixierbare. Letztere muss in einem Spezialgerät fixiert werden.

ROSEN-SCHAL

MATERIAL

- Schal mit Fransen aus Crêpe de Chine, 20 cm breit, 1,75 m lang
- Pinsel, Stärke 14
- Seidenmalfarbe in Purpur, Scharlach, Grün und Malz
- Konturenmittel in Schwarz
- Spannrahmen

VORLAGE SEITE 239

1 Die Vorlage wie beschrieben auf die Enden des Schals übertragen. Am Rand eine durchgehende Linie mit Konturenmittel ziehen (3 cm vom Rand entfernt). Das eine Ende auf den Rahmen spannen, die Linien mit Konturenmittel nachzeichnen und nach dem Trocknen die Flächen ausmalen und schattieren.

2 Das andere Ende des Schals ebenso arbeiten. Auf einer Seite den Rand mit Rot, auf der anderen Seite mit Grün ausmalen. Nach dem Trocknen die Farben mit dem Bügeleisen nach Herstellerangabe fixieren.

MARMELADENDECKELCHEN

MATERIAL PRO DECKEL

- Crêpe de Chine, ca. 18 cm x 18 cm
- Baumwollschrägband in Gelb, Rot, Grün oder Blau
- Satinband in Blau, Grün oder Gelb
- Bügelvlies zum Verstärken
- Seidenmalfarbe in verschiedenen Rot-, Gelb-, Grün- und Brauntönen
- Konturenmittel in Schwarz
- Spannrahmen
- Nähmaschine

VORLAGE SEITE 245

1 Die Motive wie beschrieben mittig auf die Seide übertragen, die Seide auf den Rahmen spannen und die Konturen mit Konturenmittel nachzeichnen.

2 Nach dem Trocknen die Früchte und Blätter mit Seidenmalfarbe ausmalen, dabei die Farben mischen und Verläufe schaffen. Nach dem Trocknen die Farben mit dem Bügeleisen fixieren.

3 Die Stoffquadrate mit Bügelvlies verstärken, die Ecken abrunden, sodass runde Deckchen entstehen. Die Kanten mit dem Baumwollschrägband einfassen. Die fertigen Deckchen mit etwas Satinband um den Deckel von Marmeladegläsern binden.

Kerzen bemalen

Farbig bemalte und kunstvoll verzierte Kerzen sind beliebte Deko-Gegenstände – und manchmal fast zu schön, um sie anzuzünden. Hier wird gezeigt, wie schlichte Kerzen mit Kerzenmalstiften und Wachsplatten originell geschmückt oder für besondere Anlässe dekoriert werden können.

1 Eine transparente Wachsplatte auf die Vorlage legen und die Konturen mit Kerzenmalstift mit Maldüse nachzeichnen. Die Farbe eine Stunde trocknen lassen. Die benötigten Farben auf eine Malpalette geben und für einen feinen Farbauftrag mit etwas Kerzenmalstift-Fluid verdünnen. Die Farbfelder mit einem feinen Pinsel ausmalen.

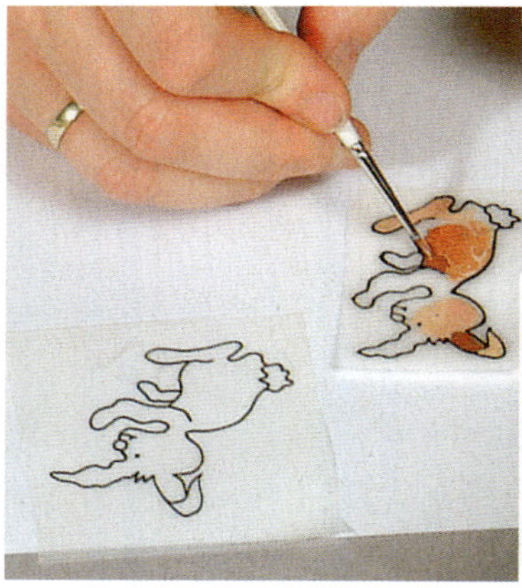

2 Nach dem Trocknen das Motiv ausschneiden. Dazu die Wachsplatte entlang der äußeren Kontur des Motivs mit einer Prickel- oder Stecknadel durchtrennen und abheben.

3 Um direkt auf der Kerze zu malen oder Vorlagen auf farbige Wachsplatten zu übertragen, die Vorlage mit weichem Bleistift auf Transparentpapier pausen. Das Papier mit der Zeichnung nach unten auf der Kerze bzw. dem Wachs fixieren und mit einem Wattestäbchen über die Linien reiben, sodass sie sich übertragen.

4 Die Linien mit einem Kerzenmalstift mit aufgesetzter Maldüse nacharbeiten. Das Farbfeld entweder direkt mit unverdünntem Kerzenmalstift ausfüllen oder aber wie in Schritt 1 mit verdünnter Farbe ausmalen.

5 Zuletzt das gearbeitete Wachsbild auf der Kerze anbringen. Dazu das Motiv von der Unterlage lösen, auf die gewünschte Stelle legen und mit Handwärme (nicht mit Druck!) auf der Oberfläche fixieren.

OSTERHASEN

MATERIAL

- Ei-Kerze in Hellgrün, 6,5 cm hoch
- Plastik-Ei in Weiß, 6 cm hoch
- Wachsplatte in Transparent, 10 cm x 20 cm
- Kerzenmalstifte in Schwarz, Weiß, Rot, Braun- und Grüntönen
- Kerzenmalstift-Fluid
- Stecknadel
- feiner Pinsel
- Transparentpapier
- Bleistift, HB

VORLAGE SEITE 230

1 Die beiden Hasen wie auf Seite 104 in Schritt 1 bis 2 beschrieben arbeiten und aus der Wachsplatte ausschneiden.

2 Die Wiesenvorlage auf die Ei-Kerze übertragen, die Kontur nachziehen und die Wiese und die Blüten mit Kerzenmalstiften gestalten.

3 Den einen Hasen auf der Ei-Kerze mit Handwärme fixieren, den anderen so auf dem Plastik-Ei anbringen, dass die Ohren oben etwas abstehen.

KERZEN MIT BOTSCHAFT

MATERIAL

- Kerze in Hellblau, ca. 20 cm hoch
- Kerze in Grün, ca. 17 cm hoch
- Wachsplatte in Transparent, 20 cm x 25 cm
- Kerzenmalstifte in Schwarz, Weiß, Gelb und verschiedenen Blau- und Grüntönen
- Kerzenmalstift-Fluid
- feiner Pinsel
- Schwamm
- Stecknadel

VORLAGE SEITE 237

1 Die Vorlagen auf die Wachsplatte übertragen, dabei bei der blauen Kerze die Wachplatte zuvor mit einem Schwamm ganz dünn mit einer blauen Farbschicht überziehen.

2 Nach dem Trocknen der Konturen die Farbflächen und die Buchstaben mit verdünnter Kerzenmalfarbe ausmalen. Die Farbe wiederum trocknen lassen. Anschließend die Motive mit der Nadel aus der Platte herauslösen.

3 Die Motive auf den Kerzen anbringen; das Motiv der grünen Kerze dabei nur am Kleeblattrand fixieren. Bei der blauen Kerze frei Hand entlang der äußeren Motivkante eine Zierlinie aus Punkten aufmalen.

Plusterfarbe

Malen mit Plusterfarbe macht Spaß, da die gemalten Formen und Figuren nach dem Aufmalen im Backofen, mit dem Föhn oder mit dem Bügeleisen aufgeplustert werden können. So entstehen ganz einfach und ohne Modellieren plastische Figuren, Reliefs und Verzierungen.

1 Die Vorlage unter eine unbeschichtete Glasplatte legen und die Farbe direkt aus der Flasche auftragen. Druck und Geschwindigkeit bestimmen dabei die Dicke des Farbauftrags. Einzelne Körperteile oder Details erst aufsetzen, wenn die Farbe leicht angetrocknet ist.

2 Um Perlen einzuarbeiten, diese in die noch leicht feuchte Farbe eindrücken. Glimmer, Flitter oder Embossingpulver auf das noch feuchte Modell streuen.

Hinweis: Die Figuren werden ungefähr so plastisch, wie sie gemalt werden. Aus einem flachen Klecks wird durch Erhitzen also keine plastische Halbkugel.

3 Das Modell mindestens drei Stunden trocknen lassen, dann kann die Farbe aufgeplustert werden. Dazu das Modell entweder zwei bis drei Minuten bei 150° C in den Backofen geben bzw. mit dem Föhn oder – bei Arbeiten auf Stoff – mit dem Bügeleisen erhitzen. Das Aufplustern ist abgeschlossen, wenn die Oberfläche matt und reliefartig erscheint.

4 Nach dem Auskühlen weitere Details aufmalen, die glänzend bleiben sollen – z. B. Augen. Verzierungen können nach dem Abziehen von der Glasplatte am Modell fixiert werden.

GLITZERNDES HUMMELMÄDCHEN

MATERIAL
- Plusterstifte in Lavendel, Hellblau, Blau, Weiß und Violett
- Hologramm-Flitter in Silber
- ca. 20 Rocailles in Hellblau, ø 2 mm
- Plastikblüte in Lila
- Laternenfolie
- Windowcolor in Frost
- Silberdraht, ø 0,4 mm, 2 x 4 cm lang

VORLAGE SEITE 236

1 Die Vorlage unter eine Glasplatte legen, den Körper und einzelne Details entsprechend der Abbildung mit Farbe ausmalen. Nach kurzem Trocknen die Gliedmaßen, die Nase, den Stachel und den Kopf ergänzen. Die Rocailles in den Hummelkörper eindrücken. Etwas Flitter aufstreuen. Die Hummel im Backofen aufplustern.

2 Nach dem Erkalten die Augen und die Pupillen aufmalen. Alle Teile bis auf die Flügel am Kopf befestigen. Für die Flügel die Laternenfolie mit Windowcolor bestreichen und den Flitter einstreuen. Nach dem Trocknen die Flügel ausschneiden und am Rücken fixieren. Die Drähte an einem Ende zu einer Öse biegen, die mit Plusterfarbe verzierten Blüten darauf fixieren und die Fühler an den Hinterkopf kleben.

MARMELADENDECKEL

MATERIAL
- Marmeladengläser mit Schraubverschluss
- Acrylfarbe in Gelb und Hellblau
- Plusterstifte in Rubinrot, Hellgrün, Smaragd, Kirschrot, Braun, Dunkelgrün und Weiß

VORLAGE SEITE 220

1 Die Deckel der Gläser mehrmals mit Acrylfarbe bestreichen. Nach jedem Farbauftrag trocknen lassen.

2 Die Fruchtmotive wie auf Seite 106 beschrieben auf einer Glasplatte malen, im Backofen aufplustern und nach dem Erkalten auf die Deckel aufkleben.

Windowcolor

Windowcolor ist eine einfache Maltechnik. Auf Prospekthüllen oder Malfolie gearbeitet lassen sich die Motive anschließend abziehen und auf glatten Flächen anbringen. Auf Mobilefolie gearbeitet können sie ausgeschnitten und z. B. für Schilder oder Pflanzenstecker verwendet werden.

1 Das Motiv von der Vorlage mit schwarzem Filzstift auf Transparentpapier übertragen oder fotokopieren. Die Zeichnung in eine Prospekthülle schieben oder unter eine Malfolie legen. Die Konturen mit Konturenfarbe nachmalen. Dabei die Tubenspitze nicht auf die Folie aufsetzen, sondern knapp darüber führen. Die Konturen über Nacht trocknen lassen.

2 Die Felder des Motivs entsprechend der Abbildung ausmalen. Dabei die Farbe direkt aus der Tube auftragen und gegebenenfalls mit der Flaschenspitze gleichmäßig verteilen. Darauf achten, dass die Farbe bis zu den Konturlinien aufgetragen wird und sich mit ihnen verbindet. Andernfalls evtl. transparente Ausfüllfarbe auftragen.

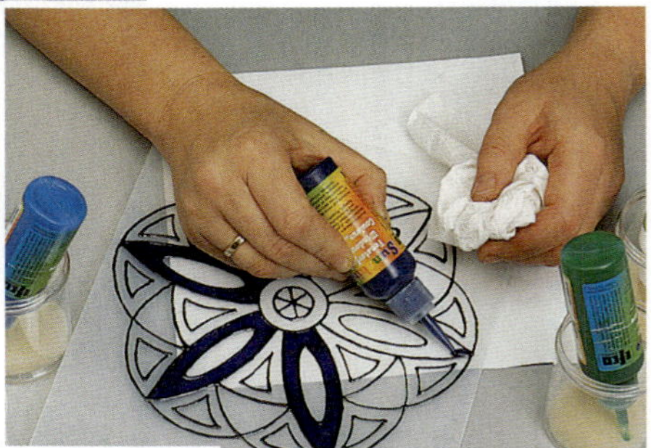

3 Die Farben ausreichend lang trocknen lassen (ca. 24 Stunden). Dann das Motiv vorsichtig ringsum am Rand etwas lösen und vorsichtig abziehen. Die Rückseite des Motivs ist klebrig, daher unbedingt darauf achten, dass das Motiv sich nicht umschlägt und zusammenklebt. Das Motiv am Fenster oder auf einer glatten Oberfläche anbringen.

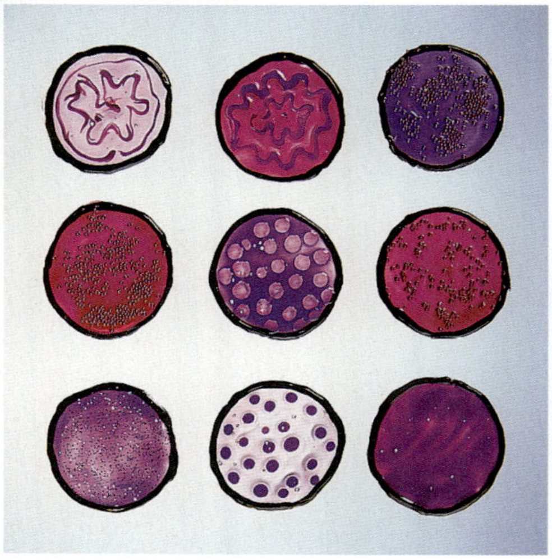

4 Effektvolle Farbmuster lassen sich erzielen, wenn in die noch nasse oder bereits angetrocknete Farbfläche eine zweite Farbe gegeben wird. Die Farbe kann dabei mit der Maldüse in kleinen Punkten oder feinen Linien aufgetragen werden. Weitere Verzierungen sind mit Miniglaskügelchen, Samtpulver oder Flitter möglich. Sie werden auf die noch feuchte Farbe gestreut.

WINDLICHT MIT MANDALA

MATERIAL
- großes Windlichtglas
- Malfolie
- Windowcolor-Konturenstift in Schwarz
- Windowcolor in Frost, Grün- und Blautönen

VORLAGE SEITE 247

1 Die Vorlage unter die Malfolie legen, die Konturen nachzeichnen und trocknen lassen. Anschließend die Farbfelder ausmalen und verzieren. Dabei in einigen Feldern die Farbe mit einem Zahnstocher verziehen.

2 Nach dem Trocknen das Motiv von der Folie ablösen und auf dem Windlichtglas anbringen.

VOGELORNAMENT MIT BLUMEN

MATERIAL
- Windowcolor in Rosé, Bordeaux und Bernstein
- Adhäsionsfolie
- Rocailles in Transparent und Pink, ø 2,6 mm
- Pinzette
- Vase, Glas, Schale o. Ä.

VORLAGE SEITE 220

1 Die Blüten und Vögel des Ornaments ohne Konturen auf die Folie malen. Die Vogelflügel jedoch nicht ausmalen!

2 Die Rocailles mit einer Pinzette in die noch nasse Farbe der Blüten setzen und ggf. mit einem Zahnstocher zurechtrücken. Den Vögelchen jeweils ein Auge mit einem roséfarbenen Rocaille aufsetzen.

3 Das Motiv gut trocknen lassen, zusammenhängend ausschneiden und mit der flachen Hand auf den gewünschten Untergrund vorsichtig aufstreichen.

SPANSCHACHTEL MIT ROSEN

SCHABLONIEREN

MATERIAL

- ovale Spanschachtel, 31 cm x 21 cm
- Schablonenfarbe in Rot, Weiß und Grün
- Lampenschirmfolie
- Cutter und geeignete Schneideunterlage
- Stift

VORLAGE SEITE 231

1 Die Vorlage auf die Lampenschirmfolie übertragen und eine Schablone anfertigen. Für die Blüten Rot und Weiß mischen, für das Blattwerk die grüne Farbe mit Weiß aufhellen.

2 Die Schablone auf der Schachtel fixieren und mit einem Borstenpinsel nacheinander die Farben auftupfen. Die Rose dreimal auf dem Deckel anbringen und zweimal auf jeder Längsseite der Schachtel.

FRÜHSTÜCKSGESCHIRR

KERAMIK BEMALEN

MATERIAL

- Tasse in Weiß, ø 8 cm, 12 cm hoch
- Teller in Weiß, ø 20 cm
- Porzellanmalstifte in Hellblau, Orange und Schwarz

VORLAGE SEITE 254

1 Die Motive von der Vorlage mithilfe von Kohlepapier auf die Tasse und den Teller übertragen. Vorsicht! Die übertragenen Kohlepapierlinien haften nur sehr schlecht auf der glatten Oberfläche, daher vorsichtig arbeiten, um diese Linien nicht zu verschmieren.

2 Die übertragenen Motive mit Porzellanmalstiften ausmalen und die Farbe laut Anleitung des Herstellers im Backofen aushärten.

ABSTRAKTES GLASDESIGN

SATINIEREN

MATERIAL

- Glasvase in Blau, 24,5 cm hoch
- Glasmalstift in Blau
- Windowcolor in beliebiger Farbe
- Satinierfarbe in Blau
- Schwamm

1 Die Vase auf eine alte Zeitung stellen. Mit der Windowcolorfarbe direkt aus der Flasche frei Hand wellenähnliche, zum Teil miteinander verbundene Linien aufmalen.

2 Die Farbe gut trocknen lassen. Danach die Vase rundum mit einem Schwämmchen satinieren. Sofort nach dem Farbauftrag die Windowcolorfarbe mithilfe einer Prickelnadel abziehen.

3 Alle Konturen nach dem Trocknen mit dem Glasmalstift nacharbeiten. Die Farben im Backofen aushärten.

GARDEN COLLECTOR

HOLZ VERBINDEN, RUST-FINISH

MATERIAL

- 4 Holzplatten, ungehobelt, ca. 62 cm x 9,5 cm
- Aluminiumblech, 0,3 mm stark, 30 cm x 65 cm
- Holzschutzlasur
- Bohrer, ø 1 mm
- 64 Nägel, 0,8 mm x 11 mm
- 2 Krampen-Nägel (U-förmig gebogene Metallstifte)
- Hanfseil, ø 8 mm, 90 cm lang
- Holzleim

VORLAGE SEITE 221

1 Taschen und Schilder aus Blech ausschneiden.

2 Alles gemäß Angabe bohren und im Rust-Finish bearbeiten. Nach dem Trocknen mit weißem Gelstift beschriften und verzieren.

3 Die Bretter mit der Holzschutzlasur streichen, trocknen lassen und gemäß Abbildung miteinander verleimen.

4 Die Enden des Hanfseiles verknoten. Das Seil mit den Krampen oberhalb des Knotens gemäß Abbildung befestigen.

5 Die Schilder aufnageln. Die Taschen werden zunächst etwas gewölbt und anschließend ebenfalls aufgenagelt.

FENSTERSCHMUCK MIT FUCHSIE

WINDOWCOLOR

MATERIAL
- Acrylscheibe, 10,5 cm x 15 cm
- Konturenfarbe in Schwarz
- Windowcolor in Hellgrün, Brombeer, Weiß, Russischgrün und Hellrosa
- Perlenschnur, ø 4 mm, 40 cm lang
- Satinband in Dunkelgrün, 3 mm breit, 40 cm lang

VORLAGE SEITE 221

1 Die Konturen mit der schwarzen Konturenfarbe zeichnen und trocknen lassen.

2 Blatt und Stängel russischgrün anmalen, die Blattrispen mit dem Schaschlikstäbchen freilegen. In die Blütenblätter mit Brombeer die Blattstruktur zeichnen, nach dem Trocknen mit Hellrosa übermalen. Die Blätter und Stängel mit Hellgrün, die Blütenglocke mit Weiß übermalen.

3 Die Acrylscheibe mit der Perlenschnur aufhängen, eine Schleife aus Satinband daran befestigen.

TAGESDECKE

BATIKEN

MATERIAL
- 35 Quadrate aus Baumwollstoff in Weiß, 30 cm x 30 cm
- Baumwollstoff in Weiß, 1,5 m breit, 2,1 m lang
- Batikfarbe in Hell-, Mittel- und Dunkelblau
- Paketschnur
- Plastikwanne
- Batikwachs
- Handschuhe
- Nähmaschine

1 Die Stoffquadrate wie abgebildet oder nach Belieben in der Wachstechnik und in der Abbindetechnik batiken. Dazu einige Quadrate mit Paketschnur abbinden, auf andere Muster mit Batikwachs aufmalen. Den großen Stoff ebenfalls färben.

2 Nach dem Trocknen die Quadrate anordnen und immer fünf Quadrate zu einem Streifen zusammennähen. Dadurch entstehen sieben Streifen, die wiederum zusammengenäht werden. Zuletzt den großen Baumwollstoff verstürzt von hinten gegennähen. Eventuell beide Stoffbahnen entlang der Nähte der Quadrate aufeinandersteppen.

EISBECHER IN PINK UND BLAU

GLAS BEMALEN

MATERIAL
- 2 Eisbecher aus Glas
- Glasmalfarbe in Pink und Blau
- Fächerpinsel
- Drehscheibe
- Schwammtuch

1 Das feuchte Schwammtuch auf die Drehscheibe legen, einen Eisbecher mittig auf die Scheibe stellen und die Drehscheibe einschalten.

2 Die Becher wie abgebildet mit blauer und pinkfarbener Glasmalfarbe bemalen. Dazu reichlich Farbe mit dem Pinsel aufnehmen und den Pinsel auf die Außenwand der Eisbecher aufsetzen.

3 Durch langsame Auf- und Abbewegungen die Farbe auf dem Glas verteilen. Dabei die verschiedenen Bereiche der Eisbecher wechselweise mit verschiedenen Farben gestalten. Nach dem Trocknen die Farben im Backofen aushärten.

WACHSBATIK-EIER

BATIKEN

MATERIAL
- ausgeblasene Eier
- Batikwachs
- Batikfarbe in Türkisgrün
- Korken
- Stecknadel mit Kopf

1 Batikwachs in einem Topf erhitzen.

2 Die Stecknadel in den Korken stecken und mit dem Kopf der Stecknadel die Eier mit dem Muster gemäß Abbildung verzieren.

3 Die Eier mit der Batikfarbe färben. Hierbei ist darauf zu achten, dass die Farbe auf ca. 50 °C abgekühlt sein muss, bevor die Eier eingetaucht werden. Nach dem Färben das Wachs z. B. an einer Kerzenflamme vorsichtig erwärmen und mit einem Tuch abreiben.

- Tacky Tape
- Serviettentechnik
- Découpage und décopatch®
- Dekometall aufbringen

Bekleben

Ob mit Serviettenmotiven oder Découpage-Papieren, mit Tacky Tape oder Dekometall – mit etwas Klebstoff und ein wenig Fantasie lassen sich ganz einfach schöne Dekorationen anfertigen und alte Lieblingsstücke mit neuem Glanz versehen. Die Techniken sind unkompliziert, sodass der Erfolg garantiert ist. Und die Auswahl der Papier- und Serviettendesigns ist so riesig, dass garantiert für jeden Geschmack etwas Passendes dabei ist.

Tacky Tape

Perlen, Glasstifte, Borten, Flitter, Glimmer, Flimmer oder Strasssteine lassen sich ganz einfach und unkompliziert mit Tacky Tape applizieren. Die extrastarke Haftfolie wurde speziell dafür entwickelt, kleine Streudekorteile sicher festzuhalten.

1 Das Motiv evtl. vom Vorlagenbogen auf die braune Schutzfolie des Tacky Tapes übertragen und ausschneiden, mit einem Motivlocher ausstanzen oder frei Hand aufzeichnen und ausschneiden. Die Schutzfolie abziehen. Perlen von oben aufstreuen oder – meist besser – die zu verzierenden Teile leicht in die Perlen drücken oder darin wälzen. Dazu einen Teller verwenden.

2 Nach dem Aufbringen evtl. einzelne Perlen ergänzen oder mit einer Pinzette umplatzieren, sodass keine Lücken sichtbar sind. Als Hintergrund feine Materialien wie Flitter (oder Flimmer, Glimmer, Glitter) und Glasstreukügelchen (ø 0,5 mm) auf die freien Flächen streuen. Damit wird die Haftfolie zwischen größeren Objekten wie z. B. Perlen gefüllt und es können sich keine Fremdkörper wie Staub, Haare usw. ansetzen. Die Schutzfolie auf der Rückseite abziehen und das Tacky Tape aufkleben.

3 Beim Arbeiten mit Klebeband einen entsprechenden Streifen von der Rolle abschneiden und auf dem Werkstück anbringen. Die Schutzfolie auf der Oberseite abziehen und Glitter oder Ähnliches aufstreuen. Dabei das Werkstück am besten auf einen Teller legen. Den überschüssigen Glitter auf ein Blatt mit Knick schütten, so kann er besser in die Dose oder das Röhrchen zurückgekippt werden.

Hinweis: Tacky Tape gibt es als Klebebänder in den Breiten 6 mm, 1,2 cm und 2,8 cm oder als Haftfolie im Format A5 im Fachhandel.

GLITZERNDE PASTELL-EIER

MATERIAL

- 11 Holzeier in Natur, 3 cm bis 6 cm hoch
- Acrylfarbe in Lachs, Melone, Lila, Rosa, Pink, Eisblau und Türkis
- Rocailles in Orange, Zartlila, Rosa und Hellblau, alle transparent irisierend
- Glaskügelchen in Bernstein, ø 0,5 mm
- Glasstifte in Orange opak, ø 2 mm, 7 mm lang
- Strasssteine in Hellblau und Rosa, ø 6 mm und 3 mm
- Strasssteine in Weiß, ø 5 mm
- Strassherzen in Rosa, ø 6 mm
- ultrafeiner Flitter in Silber, Lila, Weiß und Hellblau
- Motivlocher: Herz, Blume und Schmetterling, je ca. 2,2 cm hoch
- Tacky Tape-Klebestreifen, 3 mm und 1,2 cm breit
- Tacky Tape-Haftfolienrest
- Klarlack

1 Die Holzeier mit Acrylfarbe bemalen und mit Klarlack überziehen. Die Klebestreifen auf die Eier kleben und die Schutzfolie abziehen. Mit der Pinzette die Glasstifte und großen Strasssteine aufsetzen. Über einem Teller erst farblich passende Rocailles, dann Glaskügelchen und Flitter aufstreuen.

2 Für andere Eier mit den Motivlochern Formen ausstanzen, auf einer Seite die Folie abziehen und Rocailles, Glaskügelchen und Flitter aufstreuen. Die zweite Folie abziehen und die Motive auf die Eier kleben.

WINDLICHT

MATERIAL

- Windlicht in Grün, 8 cm hoch
- Tacky Tape, 8 cm x 20 cm
- Rocailles in Gelb, Apfel und Smaragd mit Silbereinzug
- Rocailles in Dunkelgrün transparent
- Glasstifte in Dunkelgrün, 7 mm x 2 mm
- Streukügelchen in Gold, ø 0,5 mm
- Kerzen-Gel, 200 ml
- Flachdocht mit Fuß, 6 cm lang
- 2 Schaschlikstäbchen

1 Die Haftfolie mit Cutter und Lineal in insgesamt 16 Streifen von je 8 cm Länge und einer Breite von 6 mm, 1,2 cm und 1,5 cm schneiden. In beliebiger Reihenfolge senkrecht am Windlichtglas ankleben.

2 Für die breiten Streifen alle Perlensorten mischen, die schmalen Streifen werden einfarbig verziert. Die Streifen auswählen, die mit Perlen in einer Farbe belegt werden sollen, deren Schutzfolien abziehen und mit Perlen versehen. Danach alle Streifen in Streukügelchen wälzen.

3 Den Docht in das Glas stellen und oben zwischen zwei über das Glas gelegten Schaschlikstäbchen fixieren, das Kerzen-Gel im Backofen bei 90 °C verflüssigen und vorsichtig eingießen, erstarren lassen.

Serviettentechnik

Papierservietten gibt es mit den tollsten Mustern und Motiven, von witzig bis edel, von frühlingsfrisch bis hin zu weihnachtlich. Warum mit diesen schönen Drucken also nur den Tisch schmücken? Mit einer Schere und Serviettenkleber lassen sich aus ihnen wunderbare Dekorationen schaffen.

1 Vor dem Aufbringen der Motive den Untergrund gestalten. Dieser kann ja nach Material z. B. mit Acrylfarbe bemalt, lasiert oder krakeliert werden (siehe Kapitel „Mit Farbe gestalten“, Seite 74 ff. sowie „Bemalen (Nass-in-Nass-Technik)“, Seite 64). Das gewünschte Motiv mit einer Schere möglichst exakt aus der Serviette ausschneiden. Die obere, bedruckte Schicht vorsichtig von den restlichen Schichten lösen.

2 Mit Serviettenkleber den Untergrund flächig einstreichen. Das Serviettenmotiv auf den Untergrund drücken und mit einem breiten, weichen Pinsel Serviettenkleber auf das Motiv auftragen. Dabei sehr vorsichtig sein, da das Motiv leicht reißen kann. Immer von der Mitte nach außen arbeiten und die Falten glatt streichen.

3 Verblüffende 3D-Effekte lassen sich mit lufttrocknender Modelliermasse erzielen. Hierzu die Modelliermasse etwa 2 mm stark mit einem Wellholz ausrollen und mit Serviettenkleber einstreichen. Das Serviettenmotiv auflegen und mit Serviettenkleber überstreichen. Sobald der Klebstoff etwas angetrocknet ist, die Modelliermasse zurechtschneiden und in Form drücken. Die noch feuchte Masse mit Serviettenkleber auf dem Untergrund anbringen.

Hinweis: Für das Verzieren eignen sich besonders Gegenstände aus Pappmaché, Holz, Glas oder Ton. Soll das Motiv auf dunklem Untergrund angebracht werden, die entsprechende Stelle vor dem Aufkleben mit weißer Acrylfarbe grundieren, damit das Motiv später besser sichtbar ist. Bei manchen Motiven wirkt es auch sehr schön, wenn sie ausgerissen statt ausgeschnitten werden.

ÜBERTOPF MIT BLUME

MATERIAL

- hoher, schmaler Übertopf aus Terrakotta
- Dekor-Lack in Perlmutt-Violett
- Serviette mit Gerbera in Lila
- Serviettenkleber

1 Den Topf gleichmäßig mit dem Lack grundieren (am besten zweimal) und gut trocknen lassen.

2 Gemäß der Anleitung das Blumenmotiv aus der Serviette ausschneiden und mit Serviettenkleber auf den Topf kleben. Das Motiv gut mit Serviettenkleber überstreichen.

HÜBSCH VERPACKTE CD-HÜLLEN

MATERIAL

- CD-Hüllen
- Fotokarton, A3
- Serviettenmotive
- Mattlack

VORLAGE SEITE 243

1 Die Vorlage für die CD-Schachteln auf Fotokarton übertragen und ausschneiden.

2 Das gewünschte Serviettenmotiv ausschneiden und mit Serviettenkleber auf dem Fotokarton anbringen. Den Fotokarton an den gestrichelten Linien falten und zusammenkleben.

3 Die fertigen Hüllen nach dem Trocknen mit Mattlack lackieren.

Découpage und décopatch®

Mit speziellen Découpage- und décopatch®-Papieren können ganze Oberflächen gestaltet oder einzelne, kleine Motive auf einem Gegenstand angebracht werden. Je nach Wunsch werden die Motive dazu sauber mit der Schere ausgeschnitten oder aber das Papier in entsprechende Stücke gerissen.

1 Das Motiv aus dem Découpage- und décopatch®-Papier möglichst exakt ausschneiden. Découpage-Papier kurz in kaltes Wasser legen (große Motive auf der Rückseite mit Wasser einstreichen) und anschließend auf ein saugfähiges Papiertuch legen. décopatch®-Papier kann direkt verarbeitet werden.

2 Mit einem weichen Pinsel den Kleber auf den Untergrund streichen. Das Motiv auflegen. Von innen nach außen mithilfe eines Pinsels glatt streichen und evtl. Luftblasen und Falten ausstreichen. Eine Schicht Kleber darüber streichen. Nach dem Trocknen den Lack auftragen.

3 Soll eine gewölbte Fläche beklebt werden, ein nicht zu großes Motiv wählen. Damit sich keine Falten bilden, das Motiv an unauffälligen Stellen einschneiden (z. B. an Umrisslinien oder Konturen). So lässt sich das Motiv leichter an die Form des Untergrunds anpassen.

4 Für das großflächige Anbringen eignet sich besonders décopatch®-Papier. Dazu das Papier in entsprechend große Stücke reißen. Das Werkstück evtl. weiß grundieren, damit die Farbe des Papiers besser zur Geltung kommt, und flächig mit décopatch®-Kleber einstreichen. Die Papierstücke so anbringen, dass der Untergrund nicht mehr zu sehen ist. Über das Papier nochmals Kleber streichen. Nach dem Trocknen mit Lack überziehen.

Hinweis: Découpage-Papier immer mit Découpage-Kleber und Découpage-Lack aufbringen, décopatch®-Papier entsprechend mit décopatch®-Kleber und décopatch®-Lack.

DEKORATIVE LEUCHTKUGELN

MATERIAL

- teilbare Kunststoffkugeln, ø 15 cm und ø 16 cm
- je 1 Bogen Strohseide in Hellblau und Natur
- je 1 Bogen Découpagepapier mit Muscheln und mit Fischen
- Découpagelack und -kleber
- lufttrocknende Modelliermasse in Weiß
- 2 Lichterketten in Weiß mit 10 Birnchen
- Kordel in Natur

1 Unten aus dem Rand der Kugeln mit dem Cutter ein Stück herausschaben, sodass das Kabel der Lichterkette durchgeführt werden kann. Die Lichterkette in die Kugel geben. Die Strohseide in 3 cm x 3 cm große Stücke reißen, die Kugel mit Découpagekleber bestreichen, die Strohseide anbringen und nochmals überstreichen.

2 Muscheln und Fische ausschneiden. Die Modelliermasse 2 mm stark ausrollen, einige Motive darauf anbringen und ausschneiden (siehe „Serviettentechnik", Seite 118, Schritt 3). Mit Découpagekleber auf den Kugeln anbringen. Nach dem Trocknen alles mit Découpagelack überziehen. An der Kordel aufhängen.

FROSCH IM TARNKLEID

MATERIAL

- Frosch aus Styropor, 13 cm hoch
- Styroporkugel, ø 6 cm
- 1 Bogen décopatch®-Papier mit Armymuster
- Streuglitzer in Gold
- Decor-Glitterkleber
- Acrylfarbe in Gold
- Modelliermasse in Weiß (Mikrowellenhärtung)
- décopatch®-Kleber und -Lack

1 Das Papier in 3 cm x 3 cm große Stücke reißen. Auf den Frosch décopatch®-Kleber streichen und das Papier anbringen. Nochmals mit Kleber überstreichen und gut trocknen lassen.

2 Die Styroporkugel in Gold bemalen. Das Muster mit Decor-Glitterkleber aufmalen, den Glitzer aufstreuen. Die Kugel mit Sekundenkleber gemäß Abbildung am Frosch befestigen.

3 Für die Krone eine Rolle Modelliermasse (ø 2 cm) 2 cm lang ausrollen, dabei zu einem Ende hin etwas dünner rollen. Aus dem anderen Ende mit einer kleinen Schere fünf Zacken (ca. 5 mm lang) schneiden. In der Mikrowelle gemäß Herstellerangaben härten. Nach dem Auskühlen bemalen und auf dem Kopf des Frosches festkleben. Alles mit décopatch®-Lack lackieren.

Dekometall aufbringen

Dekometall ist ein Sammelbegriff für Blattmetalle. Die hauchdünnen Blätter können auf Holz, Metall, Terrakotta, Pappe, Papier, Styropor, Kunststoff, Gips und vieles mehr angebracht werden. Allerdings ist Dekometall nicht wetterfest und sollte nur für Zierobjekte verwendet werden.

1 Das staub- und fettfreie Werkstück dünn mit Anlegemilch einpinseln. Die Anlegemilch einige Minuten einwirken lassen. Ein Dekometall-Blatt aus dem Heftchen nehmen und auf die klebende Fläche legen.

2 Es entstehen neben glatten Stellen auch Falten und Verwerfungen, eventuell auch Risse.

3 Unter leichtem Druck das Metall mit den Fingerkuppen oder einem Borstenpinsel verreiben, bis die unruhige Fläche vollständig geglättet ist.

4 Soll mit dem Dekometall eine Fläche mit Lücken aufgelegt werden, das Metallblatt vor dem Auflegen mit den Fingern in kleine Stücke teilen. Diese vorbereiteten Stücke dann nach Belieben auf die Klebefläche auflegen. Je öfter mit Dekometall über die Klebestellen gegangen wird, desto besser lassen sich die noch offenen Stellen schließen.

5 Bei der Borstenpinseltechnik wird das Dekometall mit der linken Hand gehalten und an die Klebefläche herangeführt. Die rechte Hand zupft mit dem Borstenpinsel Stück für Stück das Metall ab, sobald es am Untergrund hängen bleibt. Es entsteht eine unruhige, sehr rissige Fläche, die durch ein Streichen und Kehren mit dem Pinsel geglättet werden kann.

Hinweis: Dekometall sollte immer mit einem Schutzlack vor Oxidation geschützt werden. Dazu am besten farblose, transparente, auf Wasserbasis basierende Lacke verwenden. Materialien, die Wasser aufsaugen (wie z. B. Terrakotta oder Holz), unbedingt vor dem Bearbeiten versiegeln bzw. imprägnieren.

PAPPSCHACHTELN

MATERIAL

- Pappschachteln in verschiedenen Größen in Dunkelblau
- Dekometall in Gold und Silber
- Borstenpinsel
- Klebeband

1 Die Deckel an den Kanten mit Anlegemilch einstreichen und die Abbindezeit einhalten. Das Dekometall mit der Hand in Stücke reißen und nach und nach anlegen. Überschüssiges Metall mit dem Borstenpinsel abkehren.

2 Nun die Oberseite der Deckel mit Anlegemilch einstreichen. Nach der Abbindezeit ebenfalls Dekometall auflegen und mit dem Pinsel abkehren.

3 Sofort nach dem Anlegen des Dekometalls den Schutzlack aufbringen.

GLANZVOLLE OSTEREIER

MATERIAL

- Plastikeier in Weiß, ca. 6 cm hoch
- Decometall-Flocken in Gold und Kupfer
- Decometall-Anlegemilch
- Deko-Band in Gold, ø 4 mm
- Goldkordel, ø 1 mm
- Goldborte, 6 mm breit (Ei in Gold-Kupfer)
- Schlaufenlitze in Gold, 6 mm breit
- Drahtgimpe mit Glasschliff-Perlen in Creme, Grün und Gold (Kordel: ø 1 mm, Perlen: ø 5 mm)
- Golddraht, ø 0,3 mm
- weicher Lappen (zum Abreiben)

1 Das Plastikei mit der Anlegemilch bestreichen. Die Decometall-Flocken wie abgebildet auflegen, bis das Ei komplett bedeckt ist. Die überschüssigen Flocken mit einem weichen Lappen vorsichtig abreiben, ggf. an freien Stellen noch einige Flocken aufkleben.

2 Die 30 cm lange Goldkordel doppelt legen und als Aufhängung befestigen. Aus der Drahtgimpe sowie den restlichen Borten, Bändern und Litzen eine doppelte Schleife legen, die Mitte mit Golddraht abbinden und vor der Aufhängung festkleben.

MOND UND STERNE

TACKY TAPE

MATERIAL
- matte Weihnachtskugel in Königsblau oder Silber, ø 8 cm
- Rocailles mit Silbereinzug in Silber, ø ca. 2 mm
- Rocailles in Schwarz opak gelüstert, ø ca. 2 mm
- Miniglaskügelchen in Blau und Silbermetallic
- Tacky Tape-Haftfolienrest
- Ringelband in Silber, 4 mm breit, 1 m lang

VORLAGE SEITE 232

1 Nach Vorlage die Motive auf das Tacky Tape übertragen und mit einer Schere exakt ausschneiden.

2 Die Glasperlen und Kügelchen einzeln oder nach Belieben farbig gemischt in eine Schale geben. Das ausgeschnittene Motiv mit der Klebefläche mehrmals in die Perlenmischung drücken, bis die Klebefläche vollständig mit Perlen bedeckt ist. Nun die zweite Schutzschicht entfernen, das Motiv auf der Glaskugel platzieren und vorsichtig andrücken. Zum Verzieren noch ein schmales Silberband als Schleife an der Öse festbinden.

GRÜNE FROSCHKÖNIG-EIER

SERVIETTENTECHNIK

MATERIAL
- ausgeblasene Eier in Weiß
- Servietten mit Froschkönig-Motiv
- Eierfarben in Grün, Türkis und Blau
- Goldstift

1 Die Eier nach Herstellerangabe mit der Eierfarbe färben und trocknen lassen.

2 Das Motiv aus der Serviette ausschneiden und wie beschrieben mit Serviettenkleber auf den Eiern anbringen.

3 Die Krone mit Goldstift nachziehen. Das Motiv nochmals mit einer Schicht Serviettenkleber überziehen.

FÜR VERLIEBTE

DÉCOPATCH®

MATERIAL

- herzförmiger, gewölbter Rahmen aus Pappmaché, 18 cm x 19 cm
- 2 Herzanhänger aus Pappmaché, je 8 cm x 8 cm
- Konturenfarbe in Gold
- décopatch®-Papier mit Herzmuster in Rot
- Rosenstreu in Weiß, ø 2 cm
- Trockenrosen in Rot, ø 2 cm
- Flitter in Gold
- Fotokartonrest in Rot
- Perlonfaden, ø 0,15 mm

VORLAGE SEITE 221

1 Das décopatch®-Papier auf Rahmen und Herzanhänger kleben. Aus dem weißen und roten Papier ein großes und ein kleines Herz gemäß Vorlage ausschneiden und auf den jeweils andersfarbigen Herzanhänger kleben.

2 Zwei kleine Herzen aus Fotokarton ausschneiden und mit Namen beschriften. Die Konturen der Herzen auf den Herzanhängern und den Fotokarton-Herzen mit Konturenfarbe nachziehen und satt mit Flitter bestreuen.

3 Rosenstreu, Trockenrosen und Namensherzen mit Heißkleber am Herzrahmen befestigen. Die Herzanhänger mit Perlonfaden auf der Rückseite des Rahmens befestigen.

FUNKELNDE STERNE

DEKOMETALL AUFBRINGEN

MATERIAL

- Metallsterne am Stab
- Acrylfarbe in Blau irisierend
- Spiritus
- Schmirgelpapier
- Dekometall in Gold, Kupfer und Silber

1 Die Metallsterne mit Spiritus gut entfetten und mit etwas Schmirgelpapier anschleifen. Anschließend mit Acrylfarbe bemalen und trocknen lassen.

2 Die Anlegemilch dünn auftragen. Nach der Abbindezeit nach Belieben Dekometall aufbringen und mit dem Pinsel abkehren.

3 Die Sterne mit Schutzlack überziehen. Nach Belieben den Schutzlack mit etwas Buntlack in Blau einfärben (Stern rechts oben).

- Modellieren
- Arbeiten mit Salzteig
- Mosaiktechnik
- Kerzen gießen
- Gipsformen gießen

Plastisches Gestalten

Egal ob Fimo® oder Salzteig: Die Jahrtausende alte Technik des Modellierens zeigt sich hier mit witzigen Figuren, ansprechenden Verzierungen und dekorativen Schmuckstücken von einer ganz jungen Seite. Dabei können zum Modellieren ebenso Ton, Knete, lufttrocknende Modelliermasse oder sogar Marzipan verwendet werden. Klassische Muster und Formen werden stilecht mit Mosaiksteinen ausgelegt oder mit Gips gegossen. Paraffin dagegen eignet sich hervorragend, um dekorative Kerzen zu gießen.

Modellieren

Grundformen

Das Wichtigste beim Modellieren ist natürlich das Formen von Figuren. Am leichtesten ist dies, wenn man von wenigen Grundformen ausgeht. Daher erfahren Sie hier, wie Kugeln, Rollen, Würfel usw. geformt werden. Aus diesen Formen können dann später vielfältige Varianten modelliert werden.

Kugel

Eine Kugel formt man, indem man ein Stück Modelliermasse in beiden gewölbten Handinnenflächen mit wenig Druck in kreisenden Bewegungen rollt.

Ei

Für ein Ei oder eine Olive zunächst in beiden gewölbten Handinnenflächen eine Kugel formen. Für das Ei dann nur ein Ende hin und her rollen. Für eine Olive reicht es, wenn sie mit der flachen Hand hin und her gerollt wird.

Keule

Zunächst eine Kugel formen. Dann auf einer Hälfte mit einem Finger hin und her rollen, dabei leicht nach außen bewegen.

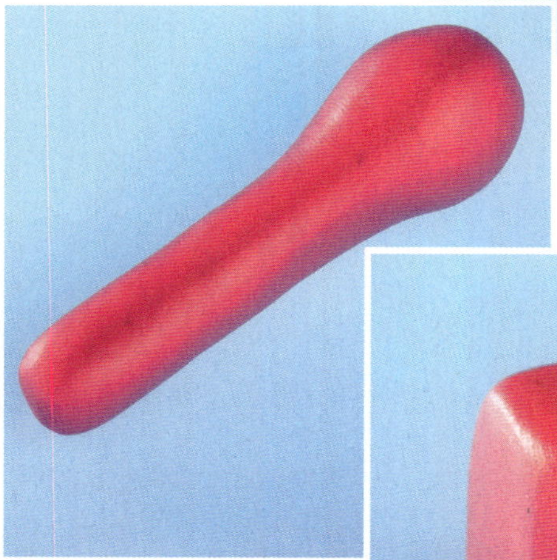

Quader

Für einen Quader von allen sechs Seiten, am besten jeweils gegenüberliegend, Druck auf die Modelliermasse ausüben. Auf der Arbeitsfläche zusätzlich glätten oder mit einem Wellholz vorsichtig darüber rollen, damit sich die anderen Seiten nicht zu stark verformen. Alternativ den Quader mit einem Cutter zurechtschneiden. Am besten ein kariertes Blatt unter die transparente Arbeitsfläche legen und erst an den Seiten, dann auch oben und unten auf das entsprechende Maß zuschneiden.

PAOLO PAPARAZZO

MATERIAL

- FIMO® in Rot, Orange, Blau, Schwarz, Grün, Braun, Hautfarbe, Grau und Weiß
- Permanentmarker in Schwarz
- Lackmalstift in Weiß
- Perlgarn in Schwarz

1 Aus hautfarbener Knetmasse eine Kugel für den Kopf formen. Eine kleine Kugel als Nase aufsetzen. Für den Hals ebenfalls eine kleine Kugel formen und unten in den Kopf eindrücken.

2 Für den Körper in passender Größe eine Eiform modellieren. Die Arme sind zwei Keulen aus orangefarbener Knetmasse, die Hände zwei Kugeln aus hautfarbener Knetmasse. Die Hände und die Arme andrücken und den Kopf aufsetzen.

3 Für die Beine zwei Rollen in Blau formen. Die Schuhe sind zwei platt gedrückte Kugeln in Schwarz. Die Standfläche aus grüner Knetmasse formen. Den Körper auf die Beine setzen, die Schuhe anbringen und die Figur auf die Standfläche stellen. Den Hut aus einer braunen Knetfläche aufsetzen.

4 Für den Fotoapparat einen grauen Quader formen und das Perlgarn einstecken. Als Linse eine kleine weiße Kugel aufsetzen und flach drücken. Nach dem Brennen (siehe Herstellerangaben) das Gesicht aufzeichnen und die Kamera bemalen.

Kegel

Zunächst eine dicke Kugel rollen. Dann auf einer Seite mit zwei Fingern Druck ausüben und leicht bogenförmig hin und her rollen. Dabei außen, an der Spitze, größeren Druck ausüben als innen. Die Standfläche auf der Arbeitsfläche abflachen oder gerade schneiden.

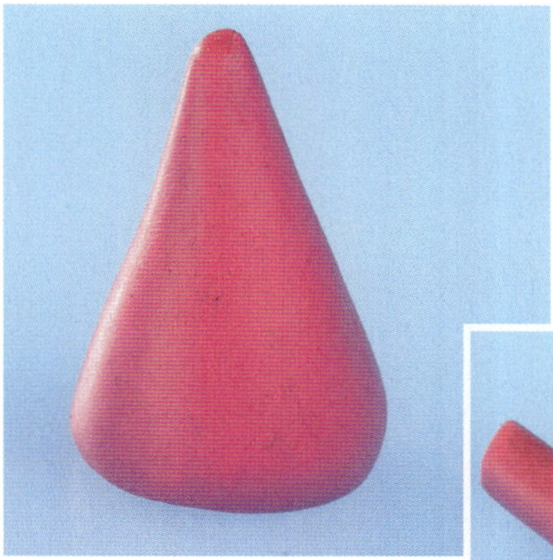

Rolle

Zunächst zwischen den Händen hin und her rollen. Die Modelliermasse auf die Arbeitsfläche legen und mit der flachen Hand auf Höhe der Finger hin und her rollen. Am regelmäßigsten wird die Rolle, wenn Zeige- und Mittelfinger, je nach Länge der Rolle auch der Ringfinger, sich dabei auseinander bewegen. An unregelmäßigen Verdickungen mit einem einzelnen Finger leicht hin und her rollen.

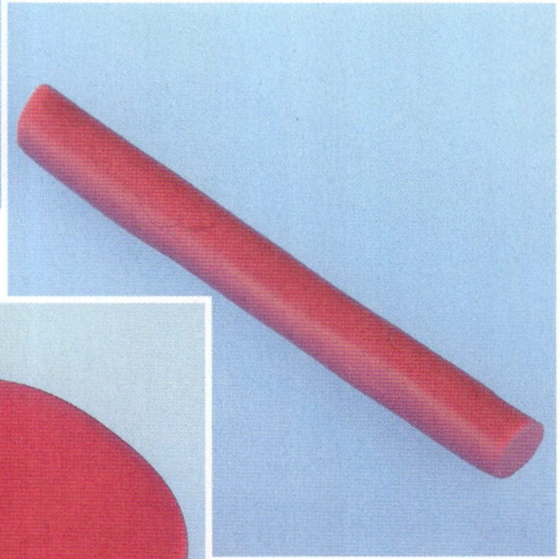

Fläche

Für eine Fläche ein Stück Modelliermasse zunächst mit der Hand flach drücken. Dann ein Wellholz – alternativ ein zylindrisches Glas oder einen runden Stift – mit leichtem Druck darüber führen. Falls die Fläche in einer bestimmten Stärke sein muss, können rechts und links Führungsleisten in dieser Stärke aus Holz gelegt werden. Das Wellholz darauf rollen.

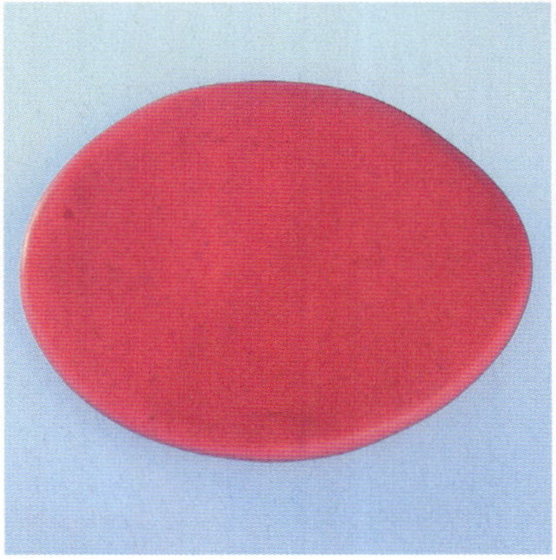

Modellieren

Von der Grundform zur Figur

Die im vorausgehenden Kapitel dargestellten Grundformen sind die Ausgangsformen für vielfältige Figuren. Plastische Figuren lassen sich aber nicht nur aus verschiedenen Grundformen zusammensetzen, sie können, wie hier gezeigt, auch direkt aus diesen modelliert werden.

1 Aus einem Päckchen FIMO® eine Rolle (ø ca. 3,5 cm) formen. An einem Ende die Rolle mit einem Cutter abflachen und am anderen Ende rund modellieren.

2 Laut Abbildung mit einem Messer den Mund einschneiden, den Kopf nach vorne biegen und eine Schnauze ausmodellieren.

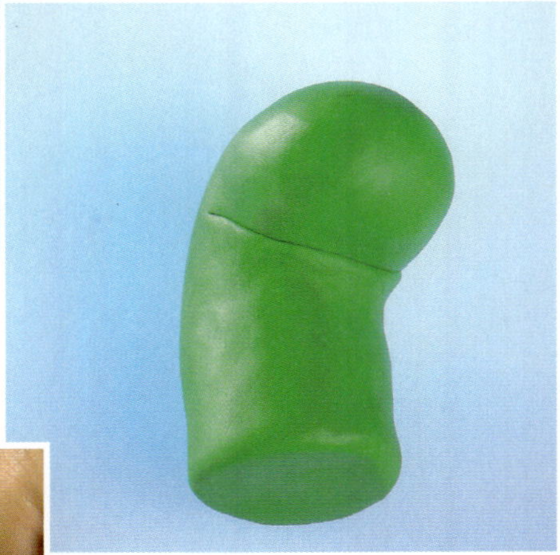

3 Mit dem Modellierwerkzeug den Mund leicht öffnen.

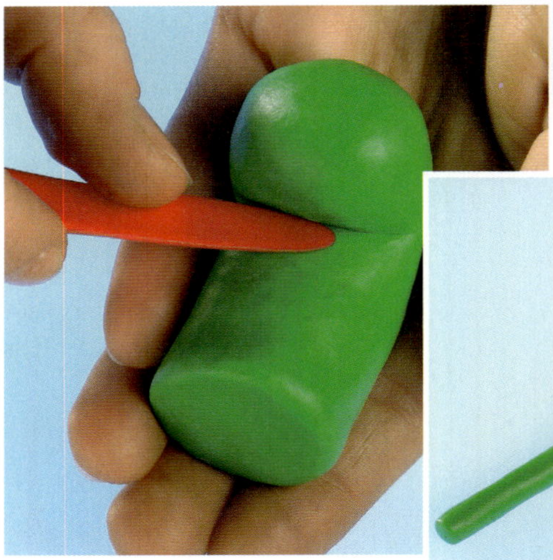

4 Aus je einer Rippe FIMO® eine Rolle für die Beine modellieren (ø 7 mm, 10 cm lang). Am Ende Knetmasse für die Füße lassen. Für die Füße eine Dreiecksform modellieren und für die Zehen je zwei Dreiecke ausschneiden. Diese in drei gleiche Teile teilen und daraus die Kugeln für die Zehen rollen. Die Füße ausmodellieren und die Kugeln vorsichtig festdrücken.

FROSCH EDDI

MATERIAL

- FIMO® soft in Tropischgrün (53) und Weiß (0)
- 2 Glasaugen in Schwarz, ø 3 mm
- Acryllack in Transparent

VORLAGE SEITE 259

1 Den Frosch wie links beschrieben aus einer Rolle formen.

2 Die Figur folgendermaßen beenden: Die Gesamtlänge der Arme beträgt ca. 8 cm. Die Arme am Körper fixieren und den Winkel zwischen Armen und Händen entsprechend anpassen.

3 Im Ofen härten. Gut auskühlen lassen. Mit Acryllack überziehen.

5 Die Beine seitlich am Körper befestigen. Dafür die Ansätze am Körper verstreichen. Die Füße im rechten Winkel zu den Beinen formen und an den Zehen in der Mitte vorsichtig zusammendrücken. Die Arme und Hände wie die Füße modellieren.

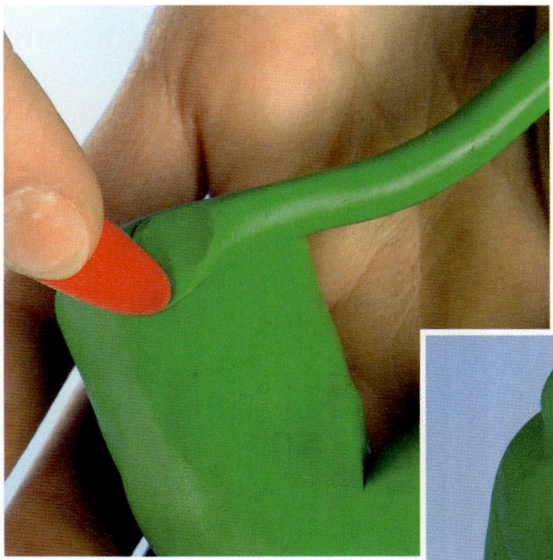

6 Für die Augen aus 1/4 Rippe weißem FIMO® zwei Kugeln rollen. Für die Augendeckel je 1/8 Rippe zu gewölbten Halbkreisen modellieren und diese über die Augen legen. Zusammen auf den Kopf setzen und die Ansätze der Augendeckel mit einem Modellierholz auf dem Kopf verstreichen. Schwarze Glasaugen einsetzen.

Marmorieren

Knetmasse ist in vielen Farben erhältlich, die sich untereinander gut mischen lassen. Dabei muss aber nicht immer ein neuer Farbton entstehen, es kann, wie bei der Marmoriertechnik, auch mit dem Ineinanderfließen der Farben gespielt und experimentiert werden.

1 Aus den zwei oder mehr Farben, die gemischt werden sollen, dünne, gleich lange Schlangen rollen. Die Durchmesser können sich je nach gewünschtem Effekt unterscheiden. Die Schlangen zusammenpressen und verdrehen.

2 Die zusammengedrehte Schlange so rollen, dass sie sich verlängert, dann auf die Hälfte legen, wieder zusammendrehen und nochmals rollen. Diesen Vorgang so lange wiederholen, bis die Rolle schön gemustert ist. Nun kann die marmorierte Knetmasse wie gewünscht weiterverarbeitet werden. Zum Aufbringen auf eine Fläche kann die marmorierte Schlange z. B. durch eine Nudelmaschine gewalzt oder ausgerollt werden.

MARMORIERTE STIFTE

MATERIAL

- FIMO® soft in Weiß (0), Schwarz (9) und Granit (803) (grauer Bleistift und grauer Kugelschreiber)
- FIMO® soft in Weiß (0), Pfefferminz (39) und Apfelgrün (50) (grüner Kugelschreiber)
- FIMO® soft in Lavendel (62), Purpurviolett (61) und Indischrot (24) (roter Bleistift)
- Bleistiftmine, ø 3,15 mm, oder Kugelschreibermine
- Spitzer für dicke Bleistifte

1 Je zwei Rippen der Farben wie beschrieben mischen. Einen Strang in der Dicke des späteren Stiftes formen. Für den Bleistift am Spitzer (große Öffnung) Maß nehmen. Die Mine vorsichtig von vorne in den FIMO®-Strang schieben. Das hintere Ende glatt streichen.

2 Für den Kugelschreiber einen kurzen, dicken Strang formen. Die Kugelschreibermine vom Ende des Stranges her einschieben. Das Ende, an dem die Mine heraus schaut, mit dem Cutter spitz zulaufend anschneiden und mit den Fingern modellieren. Die Stifte im Ofen aushärten und ggf. nach dem Auskühlen anspitzen.

DREIECKS-KETTE

MATERIAL

- FIMO® classic in Blau (37), Weiß (0) und Türkis (32)
- FIMO® soft in Apfelgrün (50)
- Rocailles in Blau, ø 4 mm
- Nylonfaden, ø 0,25 mm
- 2 Biegeringe in Silber, ø 3 mm
- Drehverschluss in Silber, ø 5 mm, 1,7 cm lang
- Rasierklinge
- Stricknadel
- ofenfeste Schüssel

1 Je ein Päckchen FIMO® verwenden und marmorieren.

2 Die Masse zu einem unregelmäßigen Dreieck mit geschwungenen Seiten formen. Mit einer sehr feinen Klinge 2 mm starke Scheiben abschneiden und mithilfe einer dünnen Stricknadel lochen. Die durchstochenen Dreiecke auf eine Stricknadel auffädeln, mit den Enden über eine ofenfeste Schüssel legen, sodass die Dreiecke frei hängen, und im Backofen aushärten.

3 Nach dem Aushärten im Wechsel mit den Rocailles auffädeln und den Verschluss befestigen.

Skinner Blend

Diese Technik des Farbenmischens wurde von der Künstlerin Judith Skinner entwickelt. Der Übergang von einer Farbe zur anderen vollzieht sich hier ganz allmählich und ohne Abstufungen. Die Farbverläufe sind besonders bei Mustern beliebt.

1 Von beiden Farben Flächen in der gleichen Größe ausrollen. Die Flächen diagonal in je zwei Dreiecke teilen. Je zwei verschiedenfarbige Dreiecke zu einem Rechteck zusammensetzen. Die beiden Teile gut zusammendrücken.

2 Die Flächen jeweils so zusammenlegen, dass eine Seitenkante der einen Farbe auf die Seitenkante der anderen Farbe gelegt wird (hier Weiß auf Rot). Nun die Rechtecke mit der Falte voran durch die Nudelmaschine drehen bzw. mit dem Wellholz ausrollen.

3 Die ausgewellte Platte wieder wie in Schritt 2 zur Hälfte legen und nochmals durch die Nudelmaschine drehen bzw. auswellen. Den Vorgang 20 bis 30 Mal wiederholen, bis ein gleichmäßiger Farbübergang entstanden ist.

Hinweis: Beim Skinner Blend entweder nur opake oder nur transparente Farben verwenden. Wenn opake und transparente Knetmassen vermischt werden, überdeckt das Opake das Transparente und der erwünschte Effekt wird nicht erzielt.

ARMBAND MIT SKINNER-BLEND

MATERIAL

- FIMO® soft in Schwarz (9), Weiß (0) und Pfefferminz (39)
- Acryllack in Transparent
- Gummiband in Transparent, ø 0,5 mm
- 30 Perlen in Matt-Schwarz, ø 4,5 mm

1 Einen Skinner Blend im Weiß-Türkis-Verlauf herstellen. Die Schicht sollte ca. 3 mm stark sein. Schwarzes FIMO® auf die gleiche Stärke ausrollen. Beide Schichten zu gleich großen Rechtecken zuschneiden und zu einer Spirale zusammenrollen.

2 Mit einer zusätzlichen Lage Schwarz abschließen. Die Spirale hat einen Durchmesser von ca. 3,5 cm. Die Spirale mit einem Cutter in fünf 6 mm starke Scheiben schneiden. Mit einer Sticknadel auf jeder Seite zwei Löcher im Abstand von 8 mm stechen. Nach dem Aushärten mit Acryllack überziehen. Die Kette auffädeln.

Rolle im Skinner Blend

Für eine Rolle wird die Fläche ohne Lufteinschlüsse zu einer Spirale aufgerollt. Besonders schön sieht das mit einer abschließenden Schicht in einer Kontrastfarbe aus.

Spirale im Skinner Blend

Sie können auch eine Spirale im Skinner Blend gestalten. Dafür eine Fläche im Skinner Blend und eine gleich große Fläche in einer Kontrastfarbe ausrollen. Die rechteckigen Flächen aufeinander legen und dabei Lufteinschlüsse nach außen streichen. Die Kante der unteren Schicht leicht aufrichten und den Anfang der oberen Fläche einschlagen. Vorsichtig andrücken und aufrollen. Den Wulst glatt streichen und leicht rollen.

Quader im Skinner Blend

Für einen Quader im Skinner Blend die Fläche in gleich große Rechtecke teilen und ziehharmonikaartig zu einem Quader zusammensetzen, als würde man die Fläche im Verlauf von rechts nach links und in der nächsten Lage von links nach rechts falten. Zwischendrin immer wieder zur Öffnung hin rollen, damit Lufteinschlüsse nach außen gelangen.

Arbeiten mit Salzteig

Mehl, Salz, Wasser, ein paar gängige Werkzeuge und Utensilien, Farbe und kreative Lust – viel mehr braucht es nicht, um mit Salzteig zu Modellieren. Das Schönste bei dieser Technik aber ist, dass sich mit ihr ganz preiswert schöne Dekorationen oder lustige Figuren fertigen lassen.

Salzteigrezept

- 2 Tassen Mehl
- 1 Tasse Salz
- knapp 1 Tasse Wasser
- einige Tropfen Speiseöl

1 Mehl und Salz mischen und nach und nach das Wasser unterrühren. Ein paar Tropfen Öl hinzugeben und alles gut durchkneten. Etwa 20 Minuten ruhen lassen und nochmals durchkneten.

2 Der fertige Teig sollte elastisch sein. Ist er zu hart bzw. zu weich, vorsichtig etwas Wasser bzw. Mehl einkneten. Den fertigen Teig vor dem Austrocknen schützen und gut verschlossen in einer Schüssel oder einer Plastiktüte aufbewahren. Er kann ca. zwei bis drei Tage lang verarbeitet werden.

Backzeiten

1 Salzteig soll im Prinzip nur trocknen, damit ein Aufgehen des Teigs vermieden wird. Deshalb die modellierten Formen im Backofen (Ober- und Unterhitze) zunächst bei 50 °C auf der untersten Schiene ca. 60 Minuten backen. Dann bei 75 °C ca. 180 Minuten weiterbacken. Die Temperatur auf 100 °C erhöhen und den Teig nochmals mindestens 60 Minuten aushärten. Eventuell noch 60 Minuten bei 125 °C härten und bei 150 °C maximal 30 bis 60 Minuten bräunen.

2 Sobald sich ein Teil wölbt, d. h. eine Luftblase im Innern entwickelt, die Temperatur drosseln! Größere Teile müssen besonders langsam trocknen, damit sie nicht reißen. Verschieden starke Stücke zwischendurch begutachten: Sind die flacheren Teile bereits fertig? Wenn die Teile hohl klingen und unter dem Druck einer Nadel nicht mehr nachgeben, sind sie ausgehärtet.

ELCH UND SCHNEEMANN

MATERIAL
- Salzteig
- Acrylfarbe in Orange, Kirschrot, Englisch-Senf, Olivgrün, Antikgrün, Nugat, Weiß und Schwarz
- Bindedraht, ø 0,35 mm
- Stoffstreifen, 1,5 cm breit, 20 cm lang
- Schaschlikstäbchen
- Reisigzweiglein

VORLAGE SEITE 233

1 Eine Kugel (ø 4 cm) für den Elchkörper formen und etwas flach drücken. Den Kopf mithilfe der Vorlage fertigen. Für das Geweih Salzteig auswellen und mithilfe einer Schablone das Geweih ausschneiden. Alles zusammenfügen.

2 Die einzelnen Teile des Schneemanns formen und zusammenfügen. Aus Reisigzweigen, Bindedraht und dem Schaschlikstäbchen einen Besen fertigen und durch die Hände stecken. Nach dem Backen alles wie abgebildet bemalen und lackieren. Den Schal umbinden.

Arbeiten mit Salzteig

1 Salzteig kann wie im Kapitel „Einfaches Modellieren" (Seite 128 bis 131) verarbeitet und geformt werden. Sollen zwei Teile verbunden bzw. zusammengefügt werden, die betreffende Stellen mit Wasser befeuchten und sanft zusammendrücken. Dadurch verkleben die Teile.

2 Damit höhere Figuren mehr Stabilität erhalten, wird ein Zahnstocher als „Rückgrat" in die Salzteigform gesteckt und als Verbindungsstück benutzt.

3 Die Formen werden in der Hand vorgeformt und sofort auf das Backblech gesetzt. Dort können sie dann in Ruhe fertig modelliert werden. Ansonsten müssen sie nach dem Modellieren vorsichtig mit einem Spachtel auf das Backblech gesetzt werden. Große Teile sollten daher immer gleich auf dem Blech gearbeitet werden.

Bemalen und lackieren

1 Nach dem Backen und Auskühlen das Motiv nach Belieben anmalen. Dazu eignet sich z. B. Acrylfarbe.

2 Die Farben trocknen lassen, evtl. Innenlinien mit wasserfestem Filzstift oder Lackmalstift ergänzen und die Figuren abschließend mit mattem Klarlack einsprühen und vor Feuchtigkeit schützen.

Mosaiktechnik

Bei der hier gezeigten direkten Legemethode werden, wie der Name schon sagt, die Mosaiksteine einzeln und direkt auf das Objekt geklebt. Man kann vorab ein Motiv auf dem Objekt skizzieren oder die Scherben frei Hand, z. B. als abstraktes Muster auflegen.

1 Mit dem Zerkleinern der Fliesen beginnen. Um individuelle Mosaiksteine zu erhalten, die Fliesen oder die Keramik in ein Handtuch wickeln und das Material mit einem Hammer zerschlagen. Die Japanische Zange (Bild 3) eignet sich, um dann z. B. Dreiecke aus größeren Scherben abzuzwicken oder bestimmte Formen und Größen zurecht zu brechen.

2 Für geometrische Formen den Fliesenschneider verwenden. Die Fliese in den Schneider legen, die Breite an der Skala bestimmen und mit dem Diamanträdchen an der Oberfläche der Fliese die Markierung einritzen. Es entsteht eine Perforierung. Mit einer speziellen Vorrichtung am Fliesenschneider wird die Fliese an dieser Stelle in zwei Teile gebrochen.

3 Von den mit Fliesenschneider gefertigten Streifen können mit der Japanischen Zange verschiedenartige Scherbenformen (Rechtecke, Quadrate, Dreiecke, ...) abgezwickt werden.

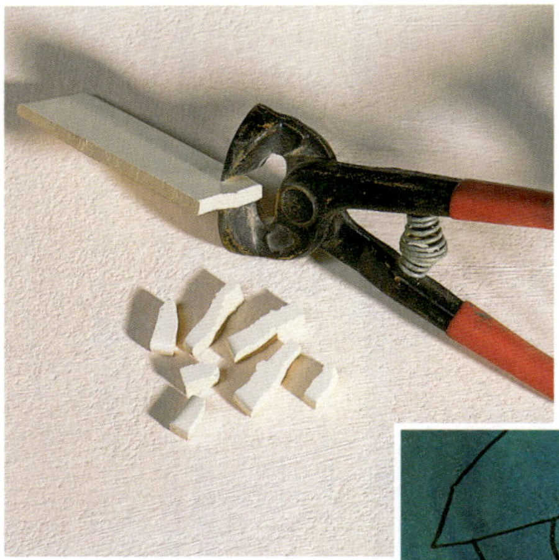

4 Nun das gewünschte Motiv mit Filzstift auf dem Objekt vorzeichnen. Dann Stein für Stein auf der Rückseite mit Fliesenkleber betupfen und auf dem Objekt festkleben. Wichtig hierbei ist, dass zum Rand ein Abstand von ca. 1 cm gelassen wird, der beim Verfugen aufgefüllt bzw. modelliert wird. Das fertig beklebte Objekt zwölf Stunden trocknen lassen.

SCHALE MIT BLÜTE

MATERIAL

- Schale (Obstschale oder großer Teller o. Ä.)
- Wandfliesen in Orange, Weiß und Grün
- Zementfuge
- Acryl-Abtönfarbe in Blau
- Pappe

VORLAGE SEITE 255

1 Die Vorlagenzeichnung mit Schablonen auf die Schale übertragen.

2 Die Scherben zerschlagen, evtl. in Form brechen und geeignete Stücke für das Muster auswählen. In der direkten Methode aufkleben. Dabei in der Mitte beginnen und nach außen arbeiten.

3 Die Schale 24 Stunden trocknen lassen. Die Zementfuge anrühren und mit der Abtönfarbe einfärben. Die Schale verfugen. Nach dem Trocknen den Zementschleier entfernen.

5 Zum Verfugen mit einem Rührholz (z. B. einem alten Kochlöffel) Zementfuge und Wasser in einem Gummibecher zu einem zähen Brei verrühren. Um eine farblich passende Fugenmasse zu erhalten, die Zementfuge mit Acryl-Abtönfarbe oder Farbpigmenten einfärben. Mit einem normalen Haushaltsschwamm die Fugenmasse in die Steinzwischenräume einarbeiten. Dafür etwas Fugenmasse mit dem Schwamm aufnehmen und zwischen den Steinen verteilen. Den Abstand zum Rand ebenfalls mit der Fugenmasse auffüllen. Nach einer Viertelstunde Trockenzeit die restliche Masse mit einem feuchten Tuch abwischen. Das fertig verfugte Objekt muss nun wieder 24 Stunden austrocknen.

6 Nach 24 Stunden hat sich ein weißer Schleier auf den Steinen abgesetzt. Mit einem trockenen, fusselfreien Poliertuch wird der Gegenstand gesäubert. Hartnäckige Zementreste mit einfachem Haushaltsessig oder speziellem Zementschleierentferner beseitigen.

Kerzen gießen

Kerzen sind durch ihr stimmungsvolles Licht eine beliebte Dekoration für Tisch und Wohnung. Sie lassen sich in verschiedensten Farben, Düften und Formen leicht selbst herstellen. Die große Auswahl an Wachsen, Dochten, Farben, Duftölen und Gießformen lädt zum Experimentieren ein.

1 Bei einer Pappdose mit Alubeschichtung zunächst den Boden entfernen und den Kunststoffdeckel als Unterseite der Form verwenden. Den Docht unten verknoten. Ein Loch in den Boden der Gießform stechen und den Docht durchfädeln, sodass der Knoten das Loch verschließt. Evt. zusätzlich mit etwas Knetmasse abdichten.

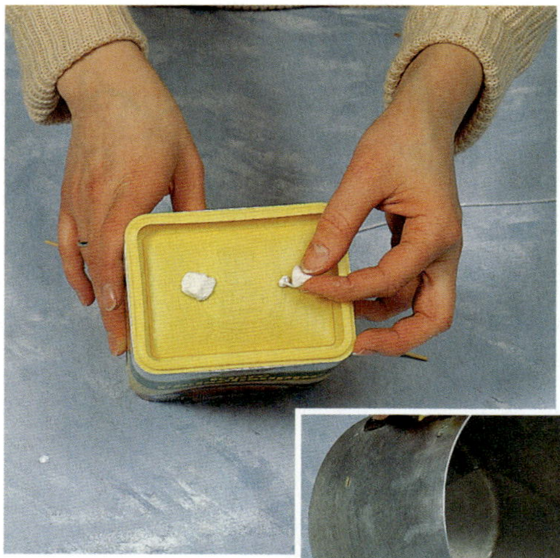

2 In der Randhöhe der Gießform einen Knoten in den Docht machen und ein Schaschlikstäbchen durchstecken. Den Docht im rechten Winkel ausrichten. Bei zwei Dochten beide Dochte auf das Schaschlikstäbchen fädeln und wie abgebildet ausrichten. Bei mehr als zwei Dochten entsprechend mehr Stäbchen zum Fixieren verwenden. Das Kerzenwachs vorbereiten (siehe Seite 141) und die Gießform bis ca. 1 bis 2 cm unter den Rand füllen.

3 Damit die Luftblasen entweichen, mehrmals an den Rand klopfen. Den Krater, der beim Abkühlen entsteht, nochmals mit Wachs füllen. Nach dem vollständigen Abkühlen und Aushärten die Knetmasse und die Knoten auf der Unterseite entfernen. Die Kerze vorsichtig am Schaschlikspieß herausziehen. Bei einer Gießform mit Kunststoffdeckel diesen entfernen und die Kerze herausdrücken. Lässt sich die Kerze nicht lösen, die Form kurz in heißes Wasser tauchen.

Hinweis: **Als Gießformen eignen sich spezielle Formen aus Kunststoff und Latex, aber auch Pappdosen mit Alubeschichtung, Milchtüten oder Pappmachédosen.**

KERZEN MIT NATUREINSCHLÜSSEN

MATERIAL

- Paraffin
- Dochte
- getrocknete Früchte, Muscheln oder Blüten zum Einschließen
- pro Kerze 2 Gießformen mit verschiedenen Durchmessern

1 Mit der kleineren Gießform eine Stumpenkerze gießen. Die fertige Kerze in eine Gießform stellen, die einen ca. 3 cm größeren Durchmesser hat und einige Zentimeter höher ist.

2 Die Form zunächst etwa 2 cm hoch mit Wachs füllen. Warten, bis das Wachs etwas gehärtet ist, dann die ausgewählten Objekte einlegen und etwas andrücken. Getrocknete Blüten mit etwas Nylonfaden (ø 0,15 mm) an der Stumpenkerze fixieren.

3 Nun wieder Kerzenwachs in die Form gießen, bis die Stumpenkerze etwa 1 cm hoch bedeckt ist. Nach dem Abkühlen den Krater nochmals ausgießen.

Kerzenwachs vorbereiten

- Topf
- Schmelzgefäß (z. B. alter Topf oder Blechdose)
- Stearin und Paraffinwachs (im Verhältnis 1:9)
- Färbestäbchen
- evtl. Kerzenduftöle
- Thermometer

1 Das Schmelzgefäß in einen mit Wasser gefüllten Topf stellen und im Wasserbad erhitzen. Zuerst das Stearin darin schmelzen (es hat den höheren Schmelzpunkt), dann die Farbpigmente zugeben und so lange rühren, bis sie sich gleichmäßig verteilt haben.

2 Nun das Paraffinwachs hinzufügen und die Schmelzmasse auf 80 °C erhitzen. Anschließend das Wachs fünf bis zehn Minuten abkühlen lassen. Evtl. Duftöl hinzufügen. Vor dem Eingießen in die Form das Wachs nochmals gut durchrühren, damit das Duftöl und die Farbpigmente gleichmäßig verteilt sind.

Hinweise: Das Wachs niemals unbeaufsichtigt oder im Topf direkt auf der Herdplatte schmelzen, da sich das Wachs bei zu hoher Temperatur selbst entzündet. Wenn das Wachs dennoch einmal zu heiß wird und zu rauchen beginnt, den Topf auf keinen Fall bewegen. Flammen mit einem feuchten Tuch ersticken, auf keinen Fall mit Wasser löschen.

Paraffin ist leicht transparent, eine Eigenschaft, die man bei Kerzen mit Einschlüssen gut nutzen kann. Stearin verbessert die Brenndauer der Kerze und hat ein milchig-weißes Aussehen. Dies ist besonders beim Einfärben von Kerzen von Vorteil. Bienenwachs hat sehr gute Brenneigenschaften und einen angenehmen Duft. Es kann z. B. zur Veredelung zugegeben werden (Verhältnis 2:8).

Wachsreste lassen sich am besten mit sehr heißem Wasser von den Werkzeugen und Utensilien ablösen. Die Wachsreste oder flüssiges Wachs aber auf keinen Fall in den Ausguss gelangen lassen. Es verstopft ansonsten die Rohre.

Gipsformen gießen

Büsten, Torsi, edle Konsolen oder Gipsbordüren sind beliebte Deko-Objekte. Wenn man sie fertig kauft, sind sie aber meist sehr kostspielig. Dabei lassen sie sich mit dem richtigen Know-how ganz einfach selbst fertigen. Im Handel gibt es dafür ein breites Sortiment an Gießformen.

1 Einen Kasten oder flachen Karton mit Sand füllen und die Form so hineinlegen, dass sie gerade liegt und nicht wackelt. So schließt der Gips nachher rundherum eben mit dem Rand der Form ab. Die Gipsmasse nach Anleitung anrühren und eingießen. Bei dreidimensionalen Objekten werden meist zwei Hälften aus Gips gegossen und später zusammengesetzt. Die Gipsmasse ca. 2 Tage aushärten lassen. Soll das Gipsobjekt später aufgehängt werden, in die leicht angestockte Masse einen Aufhänger legen.

2 Nach dem Trocknen die Objekte vorsichtig aus der Form herauslösen. Dreidimensionale Objekte, die zusammengesetzt werden müssen, mit den flachen Rückseiten auf Sandpapier legen und glatt schleifen. Dann die Hälften mit Kraftkleber zusammenkleben.

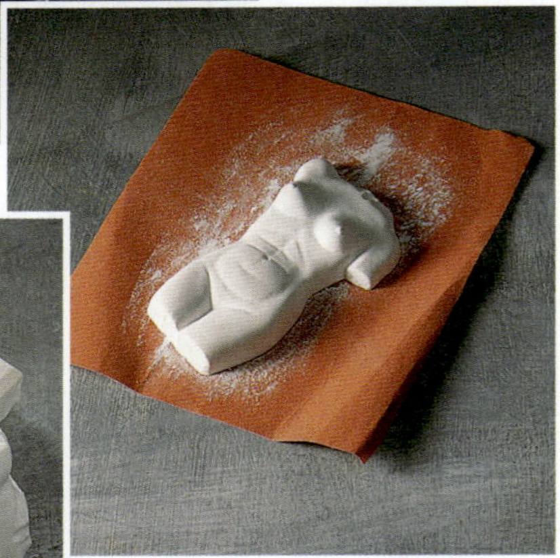

3 Nun etwas Gießmasse mit viel Wasser anrühren und die Ränder und Rillen damit glätten. Dazu einen weichen Pinsel verwenden. Die Figur nochmals drei bis vier Stunden trocknen lassen. Die Figur anschließend mit Sandpapier bearbeiten.

4 Es gibt auch dreidimensionale Gießformen, bei denen die Formen später nicht zusammengesetzt werden müssen. Diese Formen mit dem oberen Ende nach unten in einen passenden Topf hängen, sodass die Form nicht wegrutschen kann. Beim Einfüllen der Gießmasse darauf achten, dass keine Luftblasen entstehen. Nach dem Aushärten die Form aus dem Topf nehmen und die Standfläche mit Sandpapier schleifen.

TORSO

MATERIAL

- weiße Gießmasse
- Gießform „Weiblicher Torso"
- Gießform „Sockel"
- Kraftkleber
- Rundeisen, 10 cm lang
- Bohrmaschine
- Acrylfarbe in Creme
- Serviettenkleber
- Serviette mit Blättermotiv

1 Den Torso wie auf Seite 142 beschrieben mit weißer Gießmasse anfertigen und zusammensetzen.

2 In den Sockel und in den Torso entsprechend dem Durchmesser des Rundeisens vorsichtig ein kleines Loch bohren und das Rundeisen einkleben. Anschließend den Sockel und den Torso mit cremefarbener Acrylfarbe bemalen.

3 Nach dem Trocknen Serviettenkleber auftragen und die Blättermotive in der Serviettentechnik (siehe Anleitung auf Seite 118) auf dem Torso aufbringen.

WANDKONSOLE UND BÜSTE

MATERIAL

- weiße Gießmasse
- Gießform „Konsole"
- Gießform „Wagner"
- Aufhänger
- Acrylfarbe in Gold und Creme
- Krakelierlack

WANDKONSOLE

1 Die Konsole wie links beschrieben gießen und den Aufhänger in die leicht angestockte Gießmasse legen. Nach dem Trocknen die Rückseite und die obere Auflagefläche mit Sandpapier schleifen.

2 Die Konsole mit goldener Acrylfarbe bemalen und trocknen lassen. Krakelierlack auftragen (siehe Seite 90). Nach erneutem Trocknen die cremefarbene Acrylfarbe auftragen. Soll die Konsole als Regalauflage benutzt werden, eine zweite Konsole anfertigen, beide mit dem Haken an der Wand befestigen und eine Glasplatte auflegen.

BÜSTE

Die Büste wie auf Seite 142 beschrieben ausgießen und mit Sandpapier schleifen. Mit cremefarbener Acrylfarbe bemalen.

DRACHENMÄDCHEN

MODELLIEREN

MATERIAL

- FIMO® soft in Kirschrot (26), Gelb (16), Himbeere (22), Tropischgrün (53), Pfefferminz (39) und Weiß (0)
- Steckdraht
- Lackstift in Schwarz
- Zahnstocher
- Stecknadel

VORLAGE SEITE 223

1 Den Körper aus 4 Rippen, den Kopf aus 1½ Rippen, die Füße aus ¼ Rippe und den Schwanz aus 1 Rippe Smaragd formen. Kopf und Körper mit dem Zahnstocher verbinden, den Schwanz und die Füße andrücken. Auf den Bauch Schuppen aus Tropischgrün auflegen. Die Ohren formen und am Hinterkopf andrücken. Als Nasenlöcher zwei Ringe auflegen. Die Augen aufsetzen und Steckdrahtstücke als Wimpern eindrücken.

2 Die Flügel aus 1/3 Rippe Tropischgrün formen. Für die Zacken eine ca. 3 cm lange Rolle in Gelb in zwei ca. 3 cm x 5 cm breite Flächen aus Tropischgrün und Pfefferminz einrollen. Fünf Scheiben abschneiden, halbieren, zu unterschiedlich großen Dreiecken formen und als Zacken anbringen. Die Stecknadel mit Tropischgrün umhüllen, aus Kirschrot und Himbeere die Blüte formen und die fertige Blume mit dem Stiel in den Drachenkopf stecken. Nach dem Aushärten die Pupillen aufmalen.

KATZ UND MAUS

MODELLIEREN

MATERIAL MÄUSE

- extraleichte Modelliermasse in Weiß
- Schaschlikstäbchen
- Paketband, je Maus 10 cm lang
- Partypicker
- Acrylfarbe in Weiß, Schwarz und Rot

KATZE

- lufttrocknender Terrakottaton in Braun
- 10 Handfegerhaare
- Schaschlikstäbchen
- Heißkleber
- Tontopf, ø 10 cm

VORLAGE SEITE 222

1 Die Mäuse mithilfe der Vorlage modellieren, die Löcher für die Schwänze einstechen und die Schaschlikstäbchen bzw. Partypicker unten einstecken.

2 Nach dem Trocknen (ca. 2 Tage) die Mäuse anmalen und den Schwanz einkleben.

3 Das Gesicht der Katze mithilfe der Vorlage modellieren, die Schnurbarthaare auflegen und die Nase darüber andrücken. Die Ohren anfertigen, einritzen und ebenfalls andrücken.

4 Die Pfoten mithilfe der Vorlage formen und zum Trocknen am Blumentopf anbringen. Nach dem Trocknen (ca. 3 Tage) Kopf und Pfoten mit Heißkleber am Topf befestigen.

HÄSCHEN

MODELLIEREN

MATERIAL
- Modelliermasse in Terrakotta und Weiß
- gewachste Baumwollkordel in Beige, ø 1 mm, 10 cm und 15 cm lang
- geglühter Blumendraht in Schwarz, ø 0,35 mm, 6 x 1,5 cm lang
- Schaschlikstäbchen, 3 x 2 cm lang

VORLAGE SEITE 222

1 Den Körper aus einer Kugel in Terrakotta (ø 3 cm), das Schwänzchen aus einer kleinen Kugeln in Weiß (ø 1 cm) und die Pfoten aus vier kleinen Kugeln in Terrakotta (ø 1 cm) formen. Die Pfoten mit einem Schaschlikstäbchen durchbohren.

2 Die Ohren formen und jeweils mit den Schaschlikstäbchen und etwas mit Wasser verdünntem Ton (Schlicker) am Kopf befestigen. Das Schwänzchen am Hinterteil mit Schlicker ankleben. Die Körper für die Arm- und Beinkordeln zweimal seitlich durchbohren.

3 Augen und Nasen eindrücken, Barthaare aus Bindedraht einstecken, nach dem Trocknen die Kordeln durchziehen und die Tonperlen anknoten.

BLUMENTÖPFE

MOSAIKTECHNIK

MATERIAL
- Fliesen in unterschiedlichen Farben
- Zementfuge in Hellgrau
- Fliesenkleber
- Fliesenschneider
- Japanische Zange

VORLAGE SEITE 224

1 Einen oder mehrere Fische nach Vorlage oder frei Hand mit dem Filzstift auf dem Blumentopf skizzieren.

2 Mit dem Fliesenschneider und der Japanischen Zange eine ausreichende Menge an Fliesenbruchstücken herstellen.

3 Die Stücke in der direkten Methode auf dem Blumentopf fixieren. Die Mosaikarbeit Stein für Stein zusammensetzen.

4 Nach dem Trocknen wie auf Seite 139 beschrieben verfugen und reinigen.

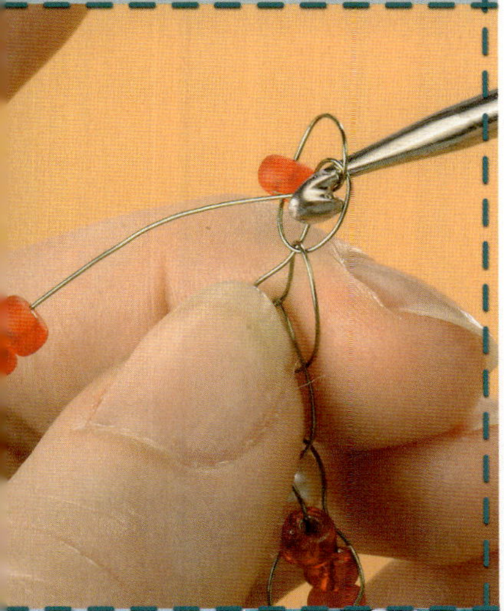

- Perlentiere
- Swarovski®-Schmuck fädeln
- Mit Perlen häkeln
- Perlen weben
- Perlensterne

Mit Perlen gestalten

Perlen gibt es in vielen Farben, Formen, Größen und Materialien. Ob kleine Rocailles oder Swarovski®-Perlen, schimmernde Wachsperlen oder geschliffene Glasperlen – bei der Auswahl sind kaum Grenzen gesetzt. Kreieren Sie ganz einfach selbst die tollsten Schmuckstücke oder fertigen Sie kleine Perlentiere oder dekorative Sterne. In diesem Kapitel wird gezeigt, wie Perlen elegant und dekorativ aufgefädelt, miteinander verwebt oder in Schmuckstücke eingehäkelt werden.

Perlentiere

Grundformen

Kleine Rocailles sind vermutlich die am vielseitigsten verwendbaren Perlen. Mit etwas Draht und der richtigen Fädeltechnik lassen sich aus ihnen fast alle nur erdenklichen Formen arbeiten – so auch faszinierende Perlentiere, die nach dem Vorbild der Natur gefädelt sind.

1 Flache Formen und Körperteile werden gefädelt, indem die Perlenreihen flach hintereinander gearbeitet werden. Dazu die erste Perlenreihe auffädeln und die Drahtenden Reihe für Reihe von beiden Seiten durch die nächste Perlenreihe führen, wobei sie sich jeweils kreuzen.

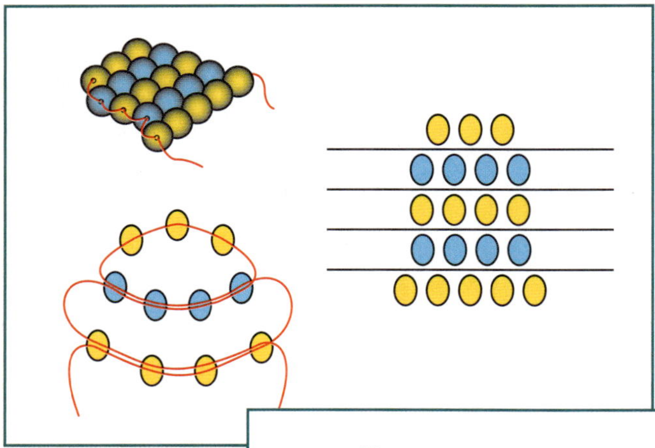

2 Bei plastischen Körperteilen werden die Perlenreihen im Unterschied zu den flachen Formen nach dem Fädeln im Wechsel nach oben und unten gelegt, sodass ein dreidimensionaler Körper entsteht. Die erste Perlenreihe in die Mitte des Drahts schieben, Reihe für Reihe weitere Perlen auffädeln und anschließend nach oben bzw. nach unten legen. In der Fädelskizze (rechts) ist nach jeder unteren Reihe eine Trennlinie eingezeichnet.

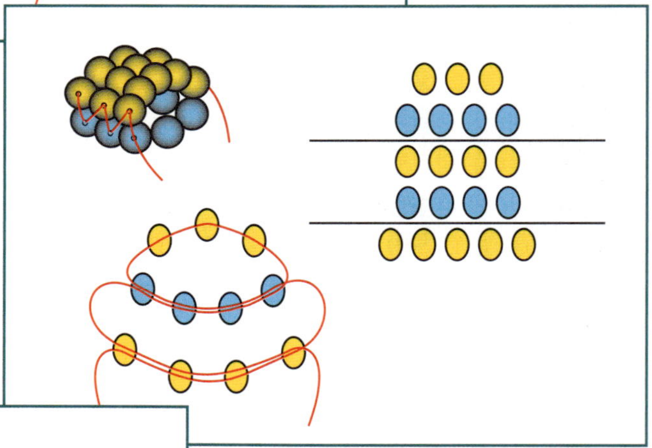

Hinweis: Beim Arbeiten immer darauf achten, dass keine Schlaufen im Fädeldraht entstehen, da diese zum Drahtbruch führen können.

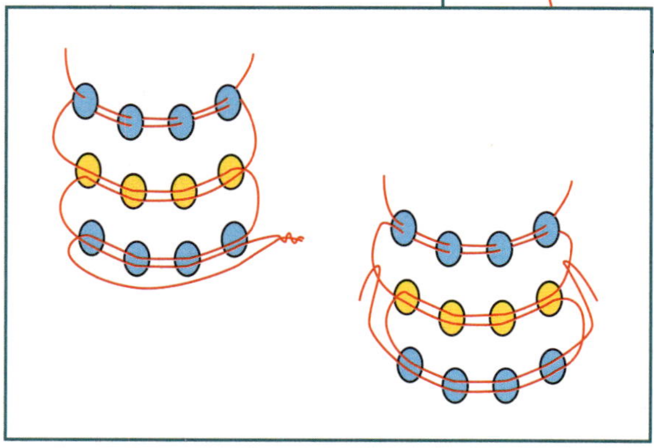

3 Für den Abschluss der Fädelarbeit gibt es zwei Möglichkeiten. Links wurden beide Drahtenden fest miteinander verdreht. Dazu eines der Drahtenden durch die vorletzte Perlenreihe ziehen und mit dem anderen verdrehen. Den restlichen Draht abschneiden und das Ende so biegen, dass es sich an den Körper des Tieres anschmiegt. Rechts wurde das Ende versteckt gearbeitet. Dazu beide Enden einzeln durch die in der vorletzten Runde entstandene Schlaufe fädeln und wieder in Richtung letzter Perlenreihe ziehen. Die Drahtreste abschneiden.

ORCA

MATERIAL

- Messingdraht, ø 0,3 mm
- Rocailles in Schwarz und Weiß, ø 2,5 mm

VORLAGE SEITE 224

1 Mit dem Kopf des Orcas beginnen und die Perlen gemäß Vorlage aufziehen. In der 14. und 20. Reihe jeweils einen Extradraht für die Brustflossen einfädeln. Unterhalb der 19. und der 27. Reihe den Extradraht für die Rückenflosse einarbeiten. Die Drähte zunächst unberücksichtigt lassen und den Körper fertig stellen.

2 In der 44. Reihe einen Extradraht einfädeln. Zusammen mit dem Restdraht vom Orca hieraus eine Schwanzflosse basteln. Hinter der ersten und zweiten Reihe eine Extraperle einfädeln, um die gewünschte Flossenform zu erhalten.

3 Zum Schluss die Rücken- und Brustflossen fertig stellen.

KOBRA

MATERIAL

- Messingdraht, ø 0,3 mm
- Rocailles in Schwarz, Grün und Beige

VORLAGE SEITE 224

1 Mit dem Kopf der Schlange beginnen und die Perlen gemäß Vorlage aufziehen. In der achten Reihe einen Extradraht für das Halsschild einfädeln.

2 Nach der 30. Reihe die Drahtenden vom Halsschild in die Seitenlinien der Schlange einarbeiten und abschneiden.

Besondere Details

Aufbauend auf der Körpergrundform für einfachere Tiere lassen sich mit weiteren Details, wie hervorgehobenen Perlen, eingeschobenen Reihen oder zusätzlichen Gliedmaßen, komplexere Tiere arbeiten. Die Details werden dabei schon während der Arbeit am Grundkörper eingearbeitet.

1 Augen und Ohren lassen sich plastisch gestalten, indem einzelne Perlen hervorgehoben werden. Dazu ist eine spezielle Drahtführung erforderlich. Mit dem rechten Drahtstück alle Perlen einer Reihe auffädeln, mit dem linken Drahtstück hingegen nur die unbetonten Perlen (gelbe Perlen). Beim Festziehen zuerst das rechte Drahtstück festziehen. In der Fädelskizze (rechts) werden betonte Perlen außerhalb der Reihe gezeichnet.

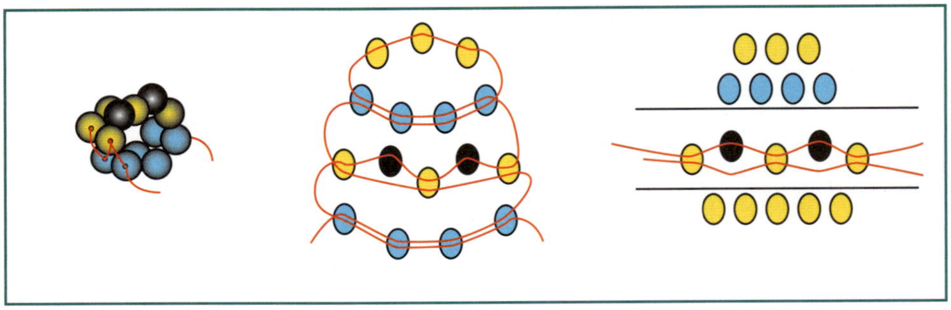

2 Komplexe Formen lassen sich durch eingeschobene Reihen (hier grün) erreichen. Dazu an der entsprechenden Stelle die Perlen für die eingeschobene Reihe auf eines der Drahtenden fädeln. Das Drahtende auf der gegenüberliegenden Seite in die vorherige Reihe einfädeln und durchziehen. Die hierbei entstandene Reihe auf dieselbe Seite wie die vorherige Reihe biegen. Anschließend wie gewohnt weiterarbeiten.

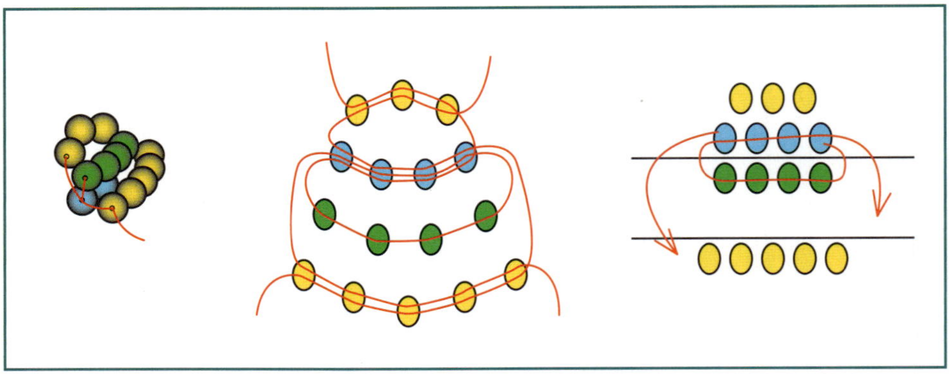

3 Für Gliedmaßen wie Arme und Beine müssen während der Arbeit am Körper Drahtstücke eingezogen werden. Dazu für jedes Bein- bzw. Armpaar an der entsprechenden Stelle zwei Drahtstücke mittig durch den Körper ziehen. Die Körperteile nach Beendigung des Körpers mit je zwei Drahtstücken auf einer Seite arbeiten. Die erste Reihe liegt dabei auf der Außenseite.

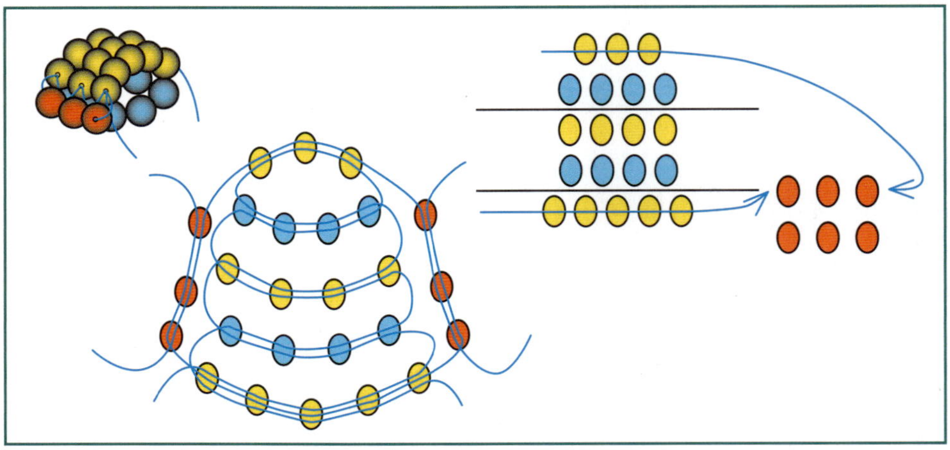

STORCH UND FRÖSCHE

MATERIAL FROSCH

- Messingdraht, ø 0,3 mm
- Rocailles in Hellgrün, Dunkelgrün, Grau und Schwarz, ø 2,5 mm

STORCH

- Messingdraht, ø 0,3 mm
- Rocailles in Schwarz, Weiß und Rot, ø 2,5 mm

VORLAGE SEITE 225

FROSCH

1 Mit dem Kopf des Frosches beginnen und die Perlen gemäß Vorlage aufziehen. Die Augen hervorheben.

2 In der dritten und vierten Unterreihe jeweils einen Extradraht für die Vorderbeine einziehen. Die Beine arbeiten.

3 Den Körper zu Ende arbeiten. Für die Hinterbeine einen Extradraht in die letzte Oberreihe einziehen und die Beine zusammen mit den Drahtenden aus dem Körper auffädeln. Die Beine in Form biegen.

STORCH

Mit dem Schnabel des Storchs beginnen und die Perlen gemäß Vorlage aufziehen. Die Reihen 22, 25, 28, 37 und 40 sind eingeschobene Reihen. In der 54. und 56. Reihe die Drahtstücke für die Beine einfädeln. Diese nach Fertigstellung des Körpers arbeiten.

ELCH

MATERIAL

- Messingdraht, ø 0,3 mm
- Rocailles in Schwarz, Anthrazit, Braun und Beige, ø 2,5 mm

VORLAGE SEITE 227

1 Mit dem Kopf des Elches beginnen und die Perlen gemäß Vorlage aufziehen. In der fünften und siebten Reihe den Bart fertigen.

2 In der zehnten Reihe zwei Extradrähte für das Geweih, in der zwölften Reihe zwei Extradrähte für die Ohren einarbeiten und die Körperteile ausarbeiten. Die 14. Reihe einschieben.

3 In der 20. und 22. Reihe Extradrähte für die Vorderbeine, in Reihe 36 und 40 Extradrähte für die Hinterbeine einfädeln. Nach Fertigstellung des Rumpfes die Beine ausarbeiten.

Swarovski®-Schmuck fädeln

Glitzernde Perlenkugeln, prunkvolle Ringe oder trendige Anhänger zu fädeln hört sich schwierig an, ist aber im Grunde ganz einfach. Das Beispiel zeigt, wie aus nur 12 Swarovski®-Perlen und etwas Nylonfaden recht schnell eine dekorative und vielseitig verwendbare Kugel gemacht wird.

1 Auf den Nylonfaden drei Swarovski®-Perlen aufnehmen und die Fadenenden durch eine vierte Perle (mit Pfeil markiert) kreuzen. Das Arbeitsstück in die Mitte des Fadens ziehen, damit beide Fadenenden gleich lang sind.

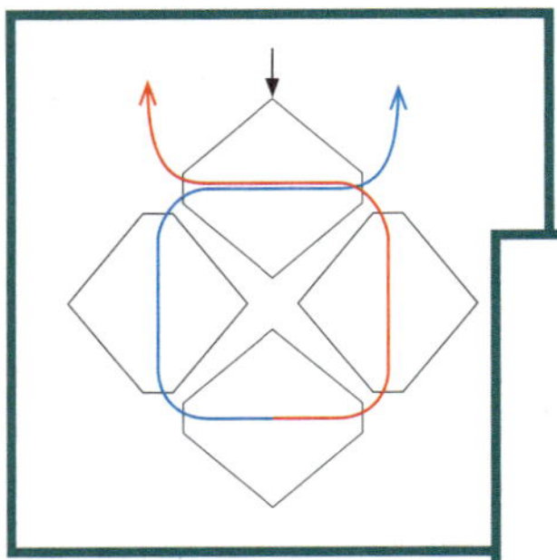

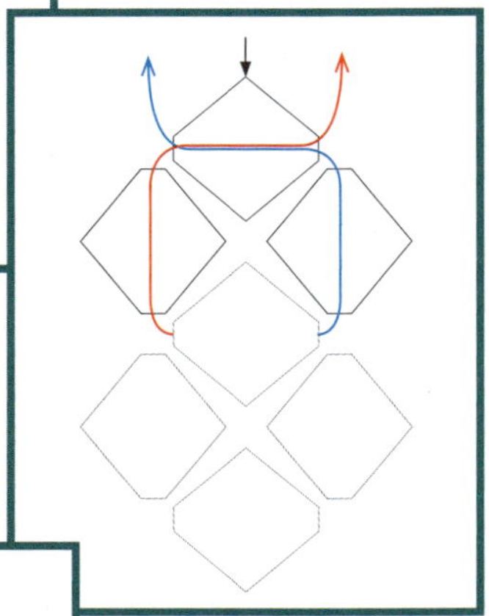

2 Auf jedes Fadenende eine Swarovski®-Perle fädeln und die Fadenenden durch eine weitere Perle (mit Pfeil markiert) kreuzen.

3 Wieder auf jedes Fadenende eine Swarovski®-Perle auffädeln und die Fadenenden durch eine weitere Perle (mit Pfeil markiert) kreuzen.

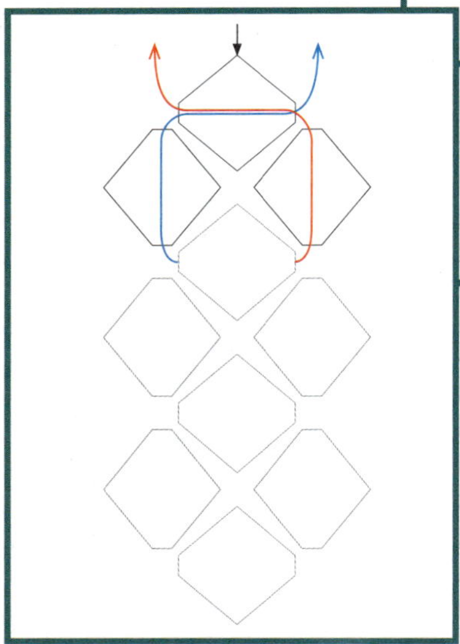

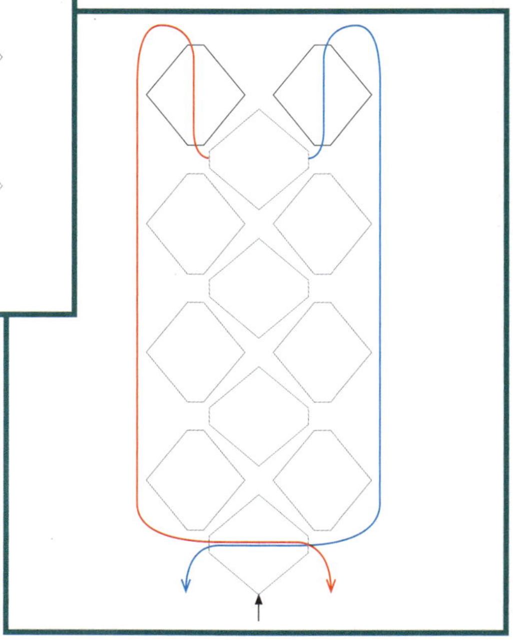

4 Nochmals auf jedes Fadenende eine Swarovski®-Perle auffädeln. Die Fadenenden zum Schließen der Kugel durch die mit Pfeil markierte Swarovski®-Perle kreuzen. Um die Kugel zu stabilisieren beide Fadenenden möglichst lange und sorgfältig im Arbeitsstück verweben. Dann die Fäden an einer unauffälligen Stelle miteinander verknoten. Mithilfe eines Zahnstochers Alleskleber auf den Knoten geben, dann nochmals verknoten. Den Knoten möglichst in eine Perle ziehen, dann die überstehenden Fadenenden abschneiden.

Hinweis: Achten Sie beim Fädeln unbedingt auf eine gute Fadenspannung. Nur wenn die Perlen dicht an dicht sitzen, ist gewährleistet, dass Ihre Fädelarbeit am Schluss auch die gewünschte Form erhält.

LEDERBAND MIT PERLENKUGELN

MATERIAL

- 24 Swarovski®-Perlen in Klassikrot, ø 6 mm
- 12 Swarovski®-Perlen in Azurblau, ø 6 mm
- Micro-Wildlederband in Mittelblau, 3 mm breit, 40 cm lang
- Nylonfaden, ø 0,25 mm, 3 x ca. 40 cm lang
- Federring mit Spaltring in Platin, ø 7 mm
- 2 Verbinder für Lederriemen in Platin, ø 1,5 mm

VORLAGE SEITE 255

1 Wie links beschrieben aus den 12 Swarovski-Perlen eine Kugel fäden. Dazu auch an der Farbskizze auf der Vorlagenseite orientieren. Anschließend die Fäden vernähen und abschneiden.

2 Drei Kugeln arbeiten und auf den Wildlederriemen schieben. An jedem Lederbandende einen Verbinder mithilfe einer Zange anbringen, daran den Federring sowie den Spaltring anbringen.

MODISCHER ANHÄNGER

MATERIAL

- 12 runde Swarovski®-Perlen in Indisch Türkis, ø 6 mm
- 24 Swarovski®-Perlen in „Star" Türkis, ø 4 mm
- Rocailles in Silber, ø 2 mm
- Nylonfaden, ø 0,25 mm, ca. 1 m lang
- Ringel in Silber, ø 8 mm
- Schlüsselkarabiner mit Kettchen in Silber

VORLAGE SEITE 253

1 Wie links beschrieben aus den 12 Swarovski®-Perlen eine Kugel fädeln. Für die aufgesetzte Blüte auf die Fadenenden jeweils eine Rocaille und eine kleine Swarovski®-Perle auffädeln, beide Fäden durch eine Rocaille kreuzen, nochmals jeweils eine Swarovski®-Perle und eine Rocaille aufnehmen und beide Fäden durch die mit Pfeil markierte Perle der Kugel kreuzen (Abb. 1 und 2 auf der Vorlagenseite).

2 Die nächsten drei Blüten ebenso arbeiten, bis die Runde geschlossen ist. Dann die Fädelrichtung wechseln und die zwei noch fehlenden Blüten arbeiten. Dazu die Fäden durch die runden Swarovski®-Perlen der Kugel führen und kreuzen (Abb. 3).

3 Die Fäden verweben, verknoten und abschneiden. Den Ringel an einer beliebigen Blütenmitte einhängen und die Kugel damit am Kettchen des Karabiners befestigen.

Mit Perlen häkeln

Das ist die richtige Technik für opulenten Schmuck und glanzvolle Ketten. Häkeln Sie sich einfach mit Schmuckdraht und einer bunten Mischung verschiedenster Perlen echte Unikate. Die Technik ist ganz einfach und führt zu beeindruckenden Ergebnissen.

1 Die Perlen in willkürlicher Reihenfolge komplett auf den Draht auffädeln. Den Draht auf keinen Fall abschneiden, er wird während des Häkelns immer wieder von der Rolle nachgezogen! Die Perlen auf dem Draht etwas nach hinten schieben.

2 Mit zwei Luftmaschen beginnen und in die zweite Luftmasche eine Sicherheitsnadel einhängen. Anschließend die erste Perle mit einhäkeln, dabei diese sozusagen „in die Masche fallen lassen". Darauf achten, locker zu häkeln. Kleinere Perlen können zu mehreren in eine Luftmasche eingearbeitet werden, große Perlen werden am besten einzeln eingearbeitet und manche Luftmaschen werden ohne Perlen gehäkelt. So lange arbeiten, bis die gewünschte Länge erreicht ist.

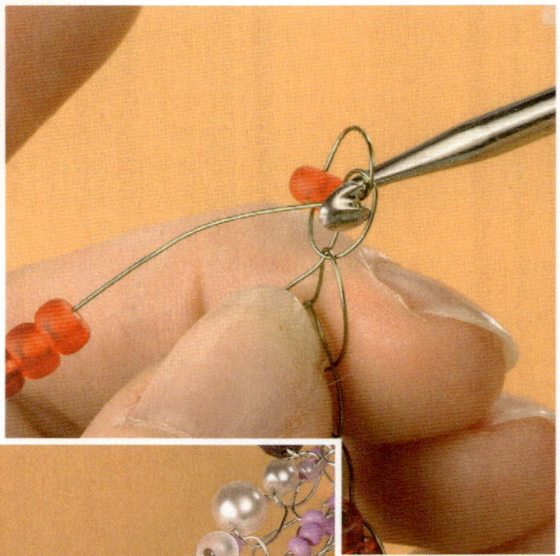

3 Noch eine Luftmasche häkeln und eine zweite Sicherheitsnadel einhängen. Nun den zweiten Strang genauso wie den ersten arbeiten, am Ende eine Luftmasche häkeln und diese in die erste Sicherheitsnadel einhängen. Die beiden Luftmaschen mit den Sicherheitsnadeln bilden das jeweilige Ende der Kette. So oft zwischen den Sicherheitsnadeln hin und her häkeln, bis die gewünschte Anzahl der Stränge erreicht ist. Zum Abschluss zwei Luftmaschen häkeln, den Draht abkneifen, zweimal durch die letzte Masche führen und festziehen. Auch die erste Luftmasche durch Verknoten festigen.

4 Zum Anbringen des Verschlusses an jedem Ende der Kette die Sicherheitsnadeln öffnen und die Luftmaschen in einen Biegering einhängen. Die Sicherheitsnadeln entfernen und den Karabinerverschluss mit einem zweiten Biegering einhängen.

„KORALLEN"-KETTE

MATERIAL

- 14 Glasschliffperlen in Hyazinth, ø 8 mm
- 15 Frischwasserperlen in Rosé, ø 8 mm
- Glaswachsperlen in Karmesin, 15 x ø 8 mm und 100 x ø 4 mm
- je 55 Glaswachsperlen in Hellgelb und in Puder, ø 4 mm
- je 35 Rocailles in Orange satiniert und transparent, ø 5 mm
- Schmuckdraht in Mandarine, ø 0,3 mm
- 2 Biegeringe
- 2 Quetschkalotten in Gold, ø 5 mm
- Karabinerverschluss in Gold, 13 mm lang

1 Wie beschrieben die Perlen einhäkeln und vier Stränge arbeiten. Die fertigen vier Stränge sollten je 45 cm lang sein. Bei den kleineren Perlen können auch zwei bis drei in eine Masche eingearbeitet werden.

2 Die fertigen Stränge locker miteinander verschlingen, dann die überstehende Drähte an beiden Enden zusammendrehen, evtl. kürzen und das letzte Stück zu einem Knoten verzwirbeln. In eine Quetschkalotte etwas Klebstoff geben, den Knoten hineinlegen und die Kalotte mit der Zange schließen. Jeweils einen Ring einhängen und in diesen den Verschluss einhängen.

KETTE IN GRÜN-TÜRKIS

MATERIAL

- Glasschliffperlen in Kristall (3 x ø 10 mm), Schwarz irisierend (4 x ø 8 mm, 12 x ø 4 mm), Aquamarin (7 x ø 6 mm), Smaragd (7 x ø 6 mm) und Hellgrün (3 x ø 6 mm)
- 10 Facettenrandsteine in Hellgrün, ø 8 mm
- 4 runde Swarovski®-Perlen in Kristall, ø 6 mm
- Glastropfen in Hellblau (5 x 5 mm lang, 40 x 4 mm lang) und Dunkelgrün (50 x 4 mm lang)
- Rocailles in Türkis mit Silbereinzug, ø 2 mm
- Schmuckdraht in Apfelgrün, ø 0,3 mm
- 4 Biegeringe und Karabinerverschluss in Silber

1 Gemäß der Anleitung die Perlen einhäkeln. Die fertigen vier Stränge sollten zwischen 40 und 50 cm lang sein.

2 Die großen Perlen einzeln einhäkeln, bei den kleineren Perlen können mehrere zusammen eingearbeitet werden.

3 Die Kette gemäß der Anleitung fertig stellen und den Verschluss anbringen.

4 Die großen Tropfen so drehen, dass sie nach außen zeigen und frei schaukeln können.

Perlen weben

Wer kennt sie nicht: Gewebte Perlenarmbänder sind echte Klassiker! Mit ein wenig Übung, einem Perlenwebrahmen, etwas Faden und bunten Perlen kann man Muster, Ornamente oder sogar Schriftzüge herstellen und damit Schmuckstücke schaffen, die sonst niemand hat.

1 Den Webrahmen mit den Kettfäden bespannen. Dazu Nähgarn am Querholz festknoten und durch die Kerben von einer Seite zur gegenüberliegenden spannen. Den Faden um ein Holzknöpfchen wickeln und durch die nächste Einkerbung zurück führen. So viele Fäden aufspannen, wie benötigt werden (Zahl der Perlen pro Reihe plus 1). Den letzten Faden am Querholz festknoten.

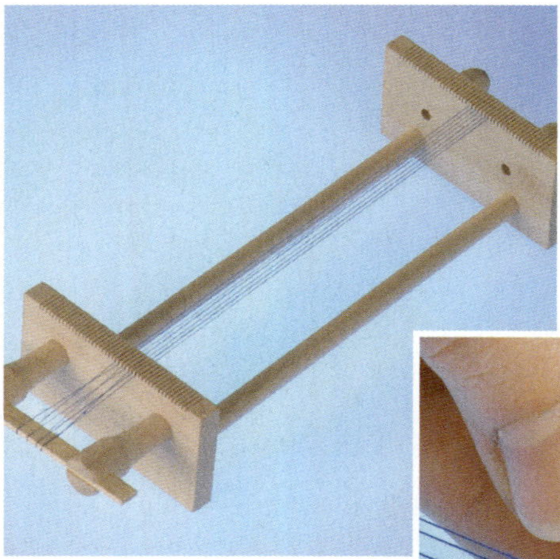

2 Einen ca. 75 cm langen Schussfaden (Nähgarn oder Nylonschnur) am äußeren linken Kettfaden festknoten. Das andere Ende in eine feine Perlenwebnadel fädeln. Die Perlen für die erste Reihe entsprechend dem Muster auffädeln und von links nach rechts unter die Kettfäden legen. Die Perlen einzeln zwischen die Kettfäden drücken.

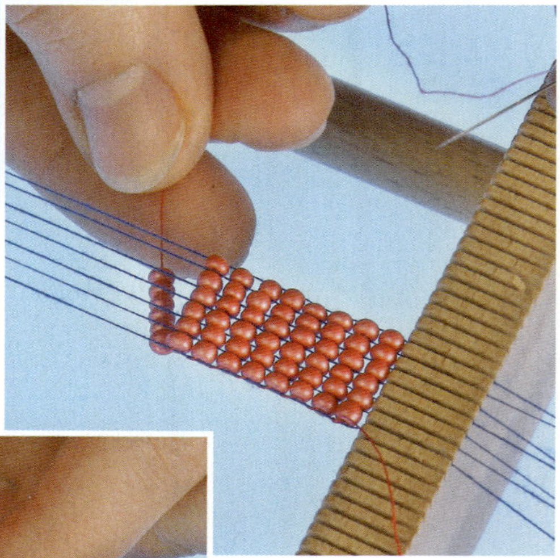

3 Nun die Nadel von rechts nach links oberhalb der Kettfäden durch die Perlen führen und den Faden gut festziehen. Die weiteren Reihen ebenso arbeiten. Am Ende der Arbeit den Schussfaden vernähen, indem er durch einige Perlenreihen zurückgefädelt wird. Die Kettfäden vom Rahmen ablösen und immer zwei benachbarte Fäden miteinander verknoten. Anschließend die Fadenenden mit Perlen verzieren und die Verschlüsse festknoten. Alle Knoten mit einem Tropfen Klebstoff fixieren.

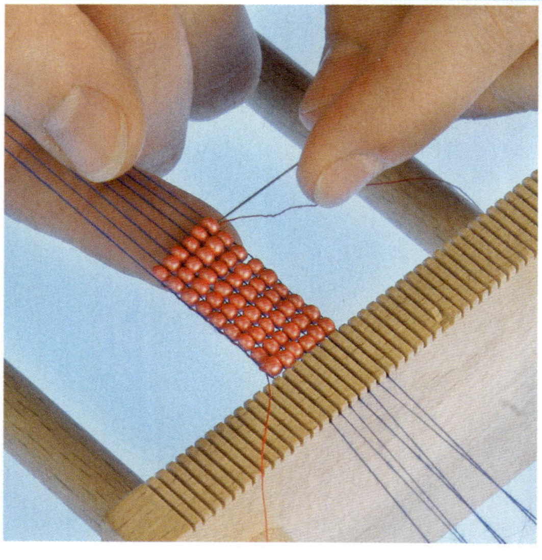

Hinweis: **Geht der Schussfaden während der Webarbeit zu Ende, den Faden durch die vorherigen Reihen zurückweben und abschneiden. Der neue Schussfaden wird am äußeren linken Kettfaden angeknotet. Bei Ketten oder längeren Perlenbändern werden einzelne Kettfäden am Querholz festgeknotet und auf der gegenüberliegenden Seite mehrmals um die Holzknöpfchen gewickelt. Ist der Rahmen voll gewebt, können die Fäden gelöst und das Gewebte auf dem Querholz aufgerollt werden, sodass oben wieder Kettfäden zum Weben bereit stehen.**

KETTE UND ARMBAND IN SILBER-BLAU

MATERIAL

- Rocailles in Blau opak, ø 2 mm
- Rocailles in Silber, ø 2 mm
- 2 Drehverschlüsse in Silber
- Nähgarn in Blau

VORLAGE SEITE 224

1 Für die Kette sieben blaue Fäden, je 1,5 m lang, auf den Rahmen spannen (siehe Hinweis Seite 156). Für das Armband den Rahmen wie in Schritt 1 auf Seite 156 mit sieben Kettfäden bespannen. Das Muster mithilfe der Zählvorlage wie beschrieben weben.

2 Bei der Kette mehrmals die Fäden lösen und das gewebte Band auf dem Querholz aufrollen, damit oben wieder freie Kettfäden zur Verfügung stehen.

3 Die fertigen Perlenbänder vom Rahmen lösen, auf jeder Seite die sieben Fäden in zwei Stränge teilen und mit je 5 silbernen Rocailles bestücken. Zum Schluss den Drehverschluss festknoten.

GEOMETRISCHE MUSTER

MATERIAL
LINKES BAND

- Rocailles in Rot, Blau, Gelb und Grün (opak)
- je 4 Holzperlen in Blau, Grün und Gelb, ø 3 mm
- 2 Holzperlen in Rot, ø 6 mm
- Nähgarn in Schwarz
- Drehverschluss in Silber

RECHTES BAND

- Rocailles in Orange und Blau (transparent) und Gold (opak)
- Nähgarn in Weiß
- Drehverschluss in Gold

VORLAGE SEITE 247

1 Für das linke Armband 10, für das rechte 7 Kettfäden aufspannen. Das Muster mithilfe der Zählvorlage weben. Nach Abschluss der Webarbeit die Bänder vom Rahmen lösen.

2 Beim linken Band auf jeder Seite jeweils 5 Fäden zusammennehmen und mit einer blauen, einer grünen und einer gelben Holzperle bestücken. Eine rote Holzperle auffädeln und den Drehverschluss befestigen.

3 Beim rechten Band die Fäden in zwei Stränge teilen. Auf jeden Strang vier goldene Rocailles auffädeln, dann die Stränge zusammennehmen und nochmals zwei goldene Rocailles auffädeln. Den Verschluss festknoten.

Perlensterne

Fädelsterne

Funkelnde und glitzernde Sterne aus bunten Perlen und Draht bringen Glanz in die Weihnachtszeit. Individuell gestaltet und selbst gefädelt lässt sich eine Vielzahl ganz unterschiedlicher Sterne arbeiten – mit zwei Drähten oder mit einem, mit Zackenspitze oder ohne.

1 Die Fädelarbeit in der Mitte des Drahtes beginnen. Auf ein Drahtende die Perlen bis zur Spitzenperle auffädeln (blau markiert), dann gegenläufig zurückfädeln (rot markiert). Die Drähte überkreuzen sich innerhalb von bestimmten, aus der Fädelskizze ersichtlichen Perlen. Die weiteren Sternspitzen ebenso arbeiten. Da die Sterne symmetrisch sind, zeigen die Fädelskizzen meist nur eine der zu arbeitenden Zacken. Zum Schluss die Drahtenden miteinander verdrehen, abschneiden und den Überstand mit einer Perle verdecken.

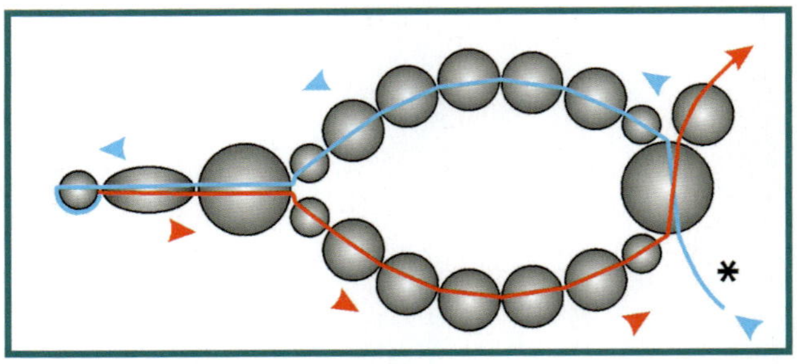

2 Größere und kompliziertere Sterne kann man in zwei Schritten arbeiten. Zunächst mit einem Draht einen Innenring bzw. Innenstern fädeln. Dann den zweiten Draht durch die an den Spitzen liegenden Perlen fädeln und dekorative Bögen und/oder Zacken herstellen. Hier entstehen meist zwei oder mehr Verbindungsstellen, an denen Drähte neu angesetzt und verzwirbelt werden müssen.

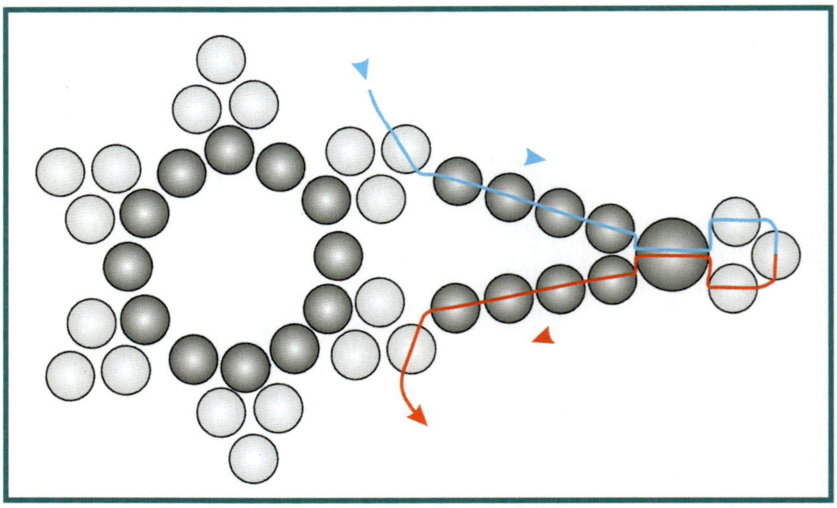

3 Die Zackenspitzen der Fädelsterne sollten besonders sorgfältig gearbeitet werden. Es gibt drei Grundformen (siehe Abbildung). Für Grundform A eine Olivenperle und eine Rundperle aufnehmen und den Draht durch die Olivenperle zurückführen. Für Grundform B eine große und drei kleinere Rundperlen aufnehmen und den Draht durch die große Rundperle zurückführen. Für Grundform C vier Rundperlen aufnehmen und den Draht nochmals durch die erste Rundperle kreuzen.

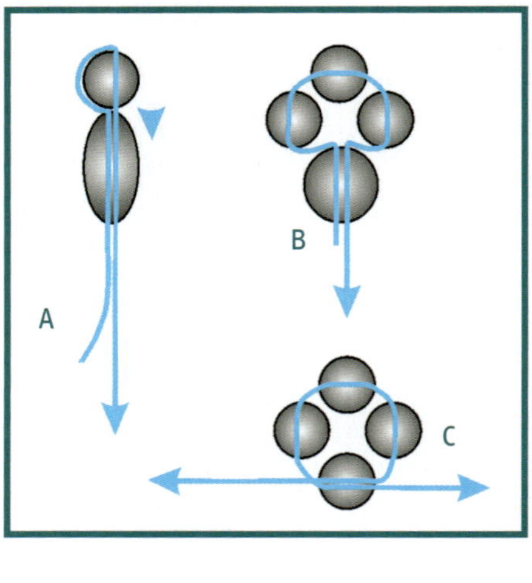

ELEGANZ IN AMETHYST UND WEISS

MATERIAL
- 20 Swarovski®-Perlen in Amethyst, ø 6 mm
- 65 Swarovski®-Perlen in Amethyst, ø 4 mm
- 65 Wachsperlen in Weiß irisierend, ø 3 mm
- Messingdraht, ø 0,3 mm, ca. 1,20 m lang

VORLAGE SEITE 226

1 Die Fädelarbeit in der Drahtmitte mit zwei großen Swarovski®-Perlen beginnen. Dabei den Draht nach der ersten Swarovski®-Perle gemäß Skizze anwinkeln. Anschließend die fünf Wachsperlen für die kleinen Ringe auffädeln und eine weitere Swarovski®-Perle aufnehmen (Abb. 1). Auf diese Weise den kompletten Innenring fertig stellen. Den Draht nochmals durch die zu Beginn aufgezogene Swarovski®-Perle fädeln (Abb. 2).

2 Mit diesem Draht nun gemäß Skizze 3 erst eine kleine Zacke fädeln, dann eine große. Beim Zurückfädeln jeweils durch eine große Swarovski®-Perle kreuzen.

3 Auf diese Weise alle Zacken fädeln, die Drahtenden miteinander verdrehen und abschneiden.

SERVIETTENRING

MATERIAL
- je 16 Glasschliffperlen in Grün, ø 6 mm und ø 4 mm
- Silberperle, ø 8 mm
- 6 Silberperlen, ø 4 mm
- 24 Silberperlen, ø 3 mm
- Schmuck-Häkeldraht in Silber, ø 0,3 mm, ca. 50 cm lang
- Elastikfaden, ca. 20 cm lang
- Perlenaufreihnadel

VORLAGE SEITE 225

1 Eine kleine Silberperle, dann die große Silberperle auffädeln. Sechs kleine Perlen aufnehmen. Nochmals durch die erste Perle fädeln, fünf weitere Perlen aufnehmen und nochmals durch eine kleine Perle fädeln (Abb. 1).

2 Die Zacken einarbeiten (Abb. 2). Nach drei Zacken den Draht zurück durch die Mittelperle führen. Die restlichen drei Zacken arbeiten.

3 Für den Ring den Elastikfaden auf der Rückseite des Sterns durch die große Mittelperle ziehen. Mithilfe der Perlenaufreihnadel abwechselnd große und kleine grüne Glasschliffperlen aufziehen und den Faden am Schluss mehrfach gut verknoten.

Perlensterne

Stecksterne

Mit dieser Technik können glitzernde Sterne und Schneeflocken im Handumdrehen gefertigt werden: einfach Perlen auswählen, auf einen Drahtstern stecken, mit Klebstoff fixieren, fertig. Wer möchte, kann aber auch feine Details wie Querverbindungen oder attraktive Sternmitten einarbeiten.

1 Die gelöteten Strahlen von innen nach außen mit Perlen befüllen. Jeweils die letzte Perle nochmals vom Strahl entfernen und den Draht so abschneiden, dass die Perle noch zur Hälfte aufgesteckt werden kann (siehe Abb. 2, rot markiert). Die Perle mit einem Tropfen Klebstoff fixieren.

2 Für Querverbindungen ein Stück Schmuckdraht an einem Strahl verknoten. Die Hälfte der Perlen auffädeln, den Draht außen um die letzte Perle legen und durch die zweitletzte Perle zurückführen. Die restlichen Perlen auffädeln und den Draht einmal um den nächsten Strahl winden. Die restlichen Verbindungen ebenso fädeln. Zuletzt die Drahtenden miteinander verdrehen und abschneiden.

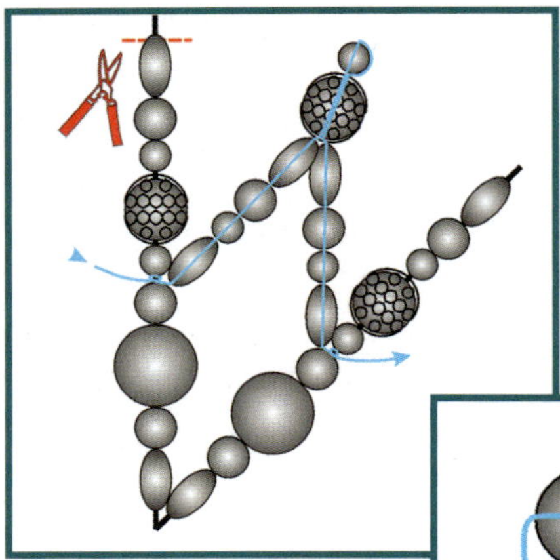

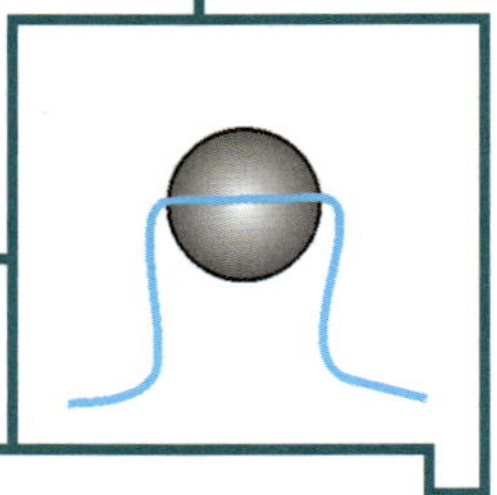

3 Um unschöne Lötstellen in der Mitte der Drahtsterne zu verdecken, eine Perle mittig auf einen etwa 10 cm langen Draht auffädeln und die beiden Drahtenden um die Lötstelle legen, sodass die Perle mittig obenauf sitzt. Die Drahtenden auf der Rückseite verdrehen und abschneiden.

4 Die Mitte kann auch mit einem Perlenkranz verziert werden. Dazu eine große und acht bis zwölf kleine Perlen (je nach Größe der Perlen) auf einen etwa 20 cm langen Draht auffädeln. Den Draht nochmals durch die erste kleine Perle führen (A). Das andere Ende durch die gegenüberliegende Perle (hier Nr. 5) fädeln (B). Den Draht festziehen und um die Mitte des Stecksterns herum auf der Rückseite fest verdrehen.

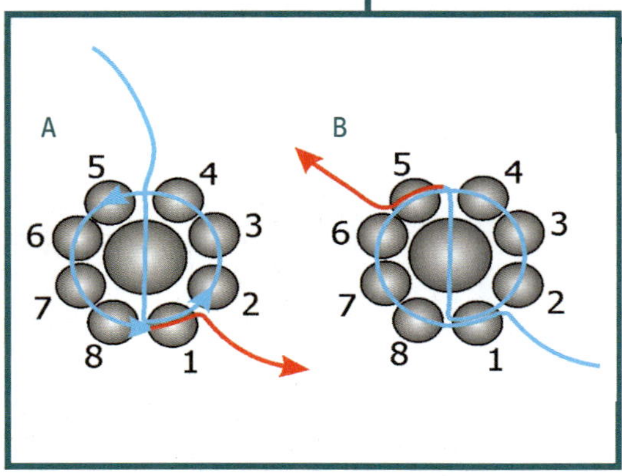

Hinweis: Gelötete Drahtsterne gibt es in den Durchmessern 5 cm, 8 cm und 10 cm zu kaufen, Zwischengrößen können durch gleichmäßiges Abkneifen der Drahtenden hergestellt werden.

ZARTE ELEGANZ

MATERIAL

- 8-strahliger Drahtstern, ø 8 cm
- 8 Swarovski®-Perlen in Amethyst, ø 6 mm
- 9 Swarovski®-Perlen in Amethyst, ø 4 mm
- 8 Wachsperlen in Weiß irisierend opak, ø 4 mm
- 8 Alu-Filigranperlen, ø 6 mm
- 8 Glasstifte in Silber, ø 2 mm, 6 mm lang
- 40 Silberperlen, ø 2,5 mm
- Schmuckdraht in Silber, ø 0,3 mm, ca. 10 cm lang

1 Den Steckstern gemäß der Abbildung mit den Perlen bestücken. Evtl. die Strahlen kürzen und die letzte Perle der Strahlen mit Klebstoff fixieren.

2 Eine kleine Swarovski®-Perle mit Draht auf der Lötstelle anbringen (siehe Seite 160, Schritt 3).

PRUNKVOLLER STERN

MATERIAL

- 8-strahliger Drahtstern, ø 10 cm
- 17 Glaswachsperlen in Dunkelrot, ø 6 mm
- 40 Glaswachsperlen in Dunkelrot, ø 4 mm
- 8 Plastik-Rundperlen in Gold, ø 8 mm
- 49 Goldperlen, ø 3 mm
- 48 Wachsoliven in Gold, 3 mm x 6 mm
- 32 Filigrankappen in Gold, ø 6 mm
- Schmuckdraht in Silber, ø 0,3 mm, ca. 30 cm und 15 cm lang

1 Den Drahtstern gemäß der Abbildung bestücken. Dabei jeweils eine große rote Glasperle zwischen zwei Filigrankappen auffädeln.

2 Für die dazwischen liegenden Spitzen den Fädeldraht an einem Strahl zwischen der kleinen Goldperle und der dunkelroten Perle fixieren, dann die Perlen wie abgebildet bis zur kleinen goldenen Spitzenperle auffädeln. Den Draht außen um die Perle herumführen und durch die Perle mit Filigrankappen zurückführen. Die zweite Perlenserie auffädeln und den Draht um den nächsten Strahl des Drahtsterns schlingen. So fortfahren, bis alle Strahlen fertig sind. Den Perlenkranz für die Sternmitte entsprechend der Anleitung auf Seite 160, Schritt 4, herstellen.

STERNRING

SWAROVSKI®-SCHMUCK FÄDELN

MATERIAL

- 11 Swarovski®-Perlen in Granat, ø 4 mm
- Swarovski®-Perle in Granat, ø 8 mm
- 26-30 Glasschliff-Oliven in Saphir, 6 mm x 4 mm
- Silberdraht, ø 0,35 mm, 50 cm lang
- Nylonfaden, ø 0,25 mm, ca. 50 cm lang

VORLAGE SEITE 259

1 Die ersten drei Perlen gemäß Abb. 1 auf Nylonfaden aufnehmen, in der dritten Perle kreuzen und in die Mitte des Fadens schieben. Dann weitere zwei Perlen aufnehmen. Diesen Vorgang noch neunmal wiederholen, bis ein Kreis entstanden ist (Abb. 2).

2 Auf den blau dargestellten Faden die mittlere, große Perle aufnehmen (Abb. 3), durch drei Perlen auf der gegenüber liegenden Seite ziehen und zurückführen. Die Fäden verknoten, vernähen und knapp abschneiden.

3 Den Draht für die Ringschiene durch die Mittelperle ziehen, mittig legen, eine Olive aufnehmen und den Draht durch diese kreuzen. Die Ringschiene gemäß Abb. 4 entsprechend des Fingerumfangs arbeiten. Ein Drahtende wieder durch die mittlere Perle ziehen, verdrehen und knapp abschneiden.

STERN IN ROT-GOLD

FÄDELSTERNE

MATERIAL

- 10 Swarovski®-Perlen in Rot, ø 6 mm
- 35 Swarovski®-Perlen in Rot, ø 4 mm
- 50 Goldperlen matt (mit feiner Struktur), ø 3 mm
- Messingdraht, ø 0,3 mm, ca. 1 m lang

VORLAGE SEITE 226

1 Mit einer kleinen Goldperle und einer Swarovski®-Perle beginnend den Innenring zusammen mit den Außenbögen arbeiten (Abb. 1). Diesen Schritt noch viermal wiederholen. Den letzten Bogen dabei mit beiden Drahthälften arbeiten, beide Drähte in der obersten Swarovski®-Perle kreuzen und die Drähte nach außen führen (Abb. 2).

2 Mit beiden Drahtenden gemäß Skizze die Spitzen des Sterns fädeln (Abb. 3). Die Enden am Schluss miteinander verdrehen, den Überstand knapp abschneiden.

KETTE UND ARMBAND IN PASTELL

PERLEN WEBEN

MATERIAL

- Rocailles „Porzellan“ in Mint und Lila, ø 2,6 mm
- Holzperlen in Violett und Lila oder Weiß, ø 4 mm
- Nähgarn in Lila
- Drehverschluss in Silber

VORLAGE SEITE 224

1 Für die Kette neun Kettfäden (je 1,5 m lang), für das Armband ebenfalls neun Kettfäden aufspannen (siehe Schritt 1 und Hinweis auf Seite 156).

2 Entsprechend der Webvorlage die ersten neun Reihen weben. Die Fäden von den Holzknöpfen lösen und zu vier Fadensträngen bündeln. Auf den linken Strang 12 Rocailles in Mint, eine Holzperle und 3 Rocailles in Lila fädeln, auf den zweiten Strang 9 Rocailles in Mint und 6 in Lila, auf die restlichen Stränge 6 in Mint und 9 in Lila bzw. 3 in Mint und 12 in Lila.

3 Die Fäden wieder spannen. Das Muster für die Kette dreimal und für das Armband zweimal wiederholen. Mit neun gewebten Reihen abschließen. Die Fäden vom Rahmen lösen und auf jeder Seite in zwei Stränge teilen. Auf jeden Strang drei Holzperlen ziehen, anschließend die Stränge mit drei Holzperlen zusammenfassen. Die Enden verknoten und den Verschluss anbringen.

KETTE IN ROTTÖNEN

MIT PERLEN HÄKELN

MATERIAL

- 14 Glasschliffperlen in Gelb, irisierend, ø 6 mm
- 60 Rocailles in Rot, matt, mit Silbereinzug, ø 4,5 mm
- 45 Rocailles in Rot, transparent, mit Silbereinzug, ø 4 mm
- 60 Rocailles in Orange, matt, ø 2,6 mm
- ½ Teel. Rocailles in Rot, matt, ø 2 mm
- 25 Glas-Tropfen in Rot, 4 mm x 3 mm
- Schmuckdraht in Mandarine, ø 0,3 mm (2 Rollen)
- 2 Biegeringe in Gold
- Karabinerverschluss in Gold
- 2 Quetschkalotten in Gold, ø 5 mm

1 Für diese Kette parallel mit zwei Drahtrollen arbeiten. Auf einen Draht Perlen aufziehen und einhäkeln, den zweiten Draht ohne Perlen mithäkeln. Die fertigen vier Stränge sollten zwischen 35 und 46 cm lang sein.

2 Wie auf Seite 155 oben, Schritt 2 beschrieben die Kette fertig stellen und den Verschluss anbringen.

3 An der fertigen Kette die doppelt gearbeiteten Stränge etwas auseinander ziehen, damit die Kette ihre luftige Anmutung erhält.

- Strickliesel
- Pompons
- Mexikanische Wickelarbeit
- Weben
- Freundschaftsbänder
- Makramee
- Traumfänger
- Fadengrafik
- Fadenspannbilder
- Nassfilzen
- Nadelfilzen

Textiles Gestalten

Wickeln, weben, spannen, filzen, knüpfen ... Es ist erstaunlich, wie vielfältig die Möglichkeiten mit Wolle, Filz, Fäden, Bändern und Kordeln sind. Dieses Kapitel zeigt eine Auswahl an textilen Basteltechniken, mit denen ganz leicht einzigartige Ergebnisse erzielt werden können – von modisch geknüpften Gürteln bis hin zu klassischen Pompontieren. Das Schönste dabei: Sie müssen weder stricken noch häkeln, sticken oder mit der Maschine nähen können.

Strickliesel

Wer hat nicht schon einmal Kordeln mit der Strickliesel gefertigt und sich gefragt, was er mit den bunten Schnüren machen soll? Mit effektvollen Garnen können zum Beispiel einzigartige Schmückstücke gefertigt werden. So bekommt eine kinderleichte Technik einen ganz neuen Dreh.

1 Das Fadenende mithilfe einer Häkelnadel von oben nach unten durch die Strickliesel ziehen und etwa 10 cm heraushängen lassen. Die Strickliesel in die Hand nehmen und das Fadenende mit dem kleinen Finger und dem Ringfinger festhalten. Mit der anderen Hand den Faden im Uhrzeigersinn um den ersten Haken wickeln, dann um den rechts davon liegenden usw., bis alle Haken umwickelt sind. Die Strickliesel dabei immer ein bisschen drehen. Nun den Faden so vor dem ersten Haken vorbeiführen, dass er oberhalb des Schlaufenfadens liegt. Der Faden wird mit den Fingern der Hand gespannt, die die Strickliesel hält. Mit der Nadel der Strickliesel von oben nach unten die Schlaufe fassen und über den gespannten Querfaden und den Haken ziehen. Die erste Masche ist fertig. Die Strickliesel ein wenig nach links drehen, damit der gespannte Faden vor dem nächsten Haken liegt. Im Uhrzeigersinn vorgehen und die Schlaufen über den gespannten Faden ziehen. Die Kordel wird während des Arbeitens nach und nach am Fadenende aus der unteren Öffnung gezogen.

2 Wenn die gewünschte Länge der Kordel erreicht ist, werden die Maschen abgekettet. Den Faden dafür nicht zu kurz abschneiden und in eine Wollnadel einfädeln. Den Faden nacheinander durch alle Schlaufenmaschen ziehen.

3 Den Faden hochziehen und die Kordel aus der Strickliesel ziehen. Den Faden anschließend gut vernähen.

Hinweis: Im Fachhandel gibt es Strickliesel mit vier, sechs oder acht Zacken. Je nach Anzahl der Zacken können Sie damit schmalere und dickere Strickschnüre fertigen.

BLÜTENBROSCHE

MATERIAL

- Wolle in Gold, 25 g
- ummantelter Schmuckdraht in Gold, ø 1,3 mm, ca. 1 m lang
- transparenter Nähfaden
- 18 Swarovski®-Kristallschliffperlen in Oliv, ø 4 mm
- Anstecknadel zum Annähen, 3 cm lang
- Strickliesel mit 4 Zacken
- Nähnadel

1 Eine Strickkordel von ca. 1 m Länge anfertigen, Fäden vernähen. In die Kordel den ummantelten Schmuckdraht einziehen. Es empfiehlt sich, einen passenden Farbton zu wählen, da der Draht durchscheinen kann.

2 Die Kordel in Schlingen zu einer Blüte legen, am besten mit einer „8“ beginnen. Mit größeren Schlingen von ca. 4 cm bis 5 cm Durchmesser beginnen und zur Blütenmitte die Schlingen kleiner werden lassen. Dabei immer über die Mitte kreuzen und die Schlingen beim Kreuzen mit dem transparenten Nähfaden mit einigen Stichen fixieren.

3 Das Reststück der Strickkordel in der Mitte zu einer Schnecke drehen. Die Kristallperlen auf den transparenten Nähfaden auffädeln und in der Blütenmitte befestigen. Die Anstecknadel annähen.

ROTE HALSKETTE

MATERIAL

- Effektgarn in Rot und Rosa, je 50 g
- Kettenverschluss in Silber, ø 1,2 cm
- Anhänger mit 2 gezogenen Glasperlen in Rottönen, ø ca. 3 cm
- Strickliesel mit 4 Zacken

1 Mit der Strickliesel in jeder Farbe eine Strickkordel von 45 cm Länge anfertigen.

2 Die beiden Kordeln zusammenfassen und mit Heißkleber in die Verschlusshülsen kleben. Den Anhänger auffädeln.

Pompons

Pompons sind nicht nur kinderleicht und blitzschnell gemacht, sondern auch erstaunlich vielseitig: Vom frechen Monster bis hin zum dekorativen Modeaccessoire – alles ist denkbar. Kein Wunder also, dass Pompons besonders bei Kindern hoch im Kurs stehen!

1 Zunächst müssen für jeden Pompon zwei Pappringe hergestellt werden. Dazu auf dünner Pappe mit dem Zirkel um den selben Mittelpunkt zwei Kreise mit unterschiedlichem Durchmesser ziehen (z. B. ø 8 cm und ø 3 cm) und den Pappring ausschneiden. Den zweiten Pappring identisch herstellen.

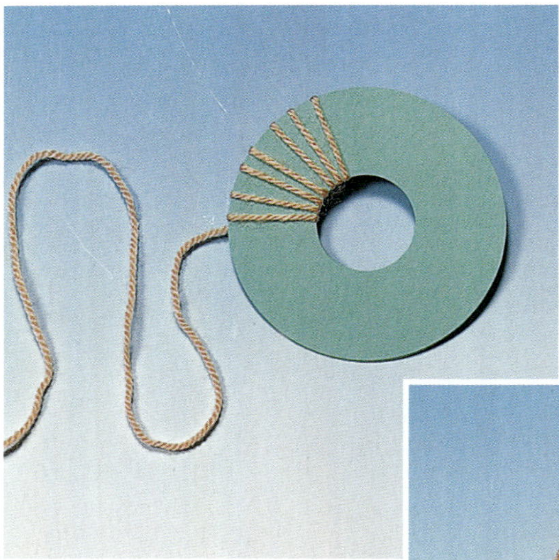

2 Die Pappringe aufeinander legen und mit Wolle umwickeln. Dazu den Faden am besten in eine grobe Stopfnadel fädeln. So lässt er sich leichter durch die Mitte führen. So lange die Ringe umwickeln, bis sich kein Faden mehr durchziehen lässt.

3 Die Wolle am äußeren Rand entlang mit einer spitzen Schere aufschneiden. Einen Faden zwischen die Pappscheiben ziehen und fest um die Wollfäden verknoten. Die Pappscheiben an einer beliebigen Stelle bis zur Mitte einschneiden und entfernen. Den Pompon in Form schneiden.

Hinweis: Der Faden, mit dem die Pompons zusammengebunden werden, kann später zum Verbinden mehrerer Pompons oder als Aufhängeschnur benutzt werden.

MUNTERE KÜKENSCHAR

MATERIAL PRO KÜKEN

- Wolle in Gelb
- Bastelfilzrest in Orange, 2 mm stark
- 2 Wackelaugen, ø 4 mm
- 2 Pappringe, ø 4,5 cm (außen) und ø 2 cm (innen)

VORLAGE SEITE 224

1 Einen Pompon aus gelber Wolle wie in der allgemeinen Anleitung beschrieben anfertigen. Den fertigen Pompon rundum um ca. 1 cm stutzen. So wird er dichter und fester.

2 Filzschnabel und Filzfüße gemäß Vorlage ausschneiden und zusammen mit den Wackelaugen mit etwas Klebstoff fixieren.

FROGGY FROSCH

MATERIAL

- 2 Pappringe, ø 8,5 cm (außen) und ø 3 cm (innen)
- 2 Pappringe, ø 6 cm (außen) und ø 2,5 cm (innen)
- Wolle in Hellgrün
- 2 Wackelaugen, ø 2 cm
- Chenilledraht in 4 x Hellgrün und 1 x Rot
- 2 Wattekugeln in Hellgrün, ø 2 cm

1 Wie beschrieben zwei grüne Pompons fertigen und den kleinen Pompon auf dem größeren befestigen. Dazu entweder die Fäden, mit denen die beiden Pompons verknotet wurden, oder etwas Klebstoff verwenden.

2 Die Wackelaugen auf die Wattekugeln kleben und auf dem Kopf fixieren. Ein 6 cm langes Stück roten Chenilledraht als Mund ankleben. Für jeden Arm einen grünen Chenilledraht in der Mitte knicken. Für die Finger den Knick zu einer 3 cm langen Schlaufe formen und gleichmäßig verteilt noch weitere drei Schlaufen hinzufügen. Jede Schlaufe zu einem Finger verzwirbeln, den Rest des Chenilledrahts zum Arm verzwirbeln. Den Draht auf 5 cm Armlänge kürzen und in den Körper kleben.

3 Für jedes Bein einen grünen Chenilledraht in der Mitte knicken und je drei 5 cm lange Schlaufen formen. Den Rest des Drahtes verzwirbeln, auf 10 cm Beinlänge kürzen und in den Körper kleben.

Mexikanische Wickelarbeit

Weben und Flechten gehören seit Urzeiten in vielen Gegenden der Welt zu Brauchtum und Handwerk. Eine typisch mexikanische Variante sind die bunten Wickelarbeiten, bei denen kleine Holzstäbchen mit Wollfäden umwickelt werden.

1 Die Holzstäbe kreuzweise übereinander legen und im Schnittpunkt fest zusammenhalten. Die Wolle in Form einer Acht stramm um den Schnittpunkt legen und festbinden.

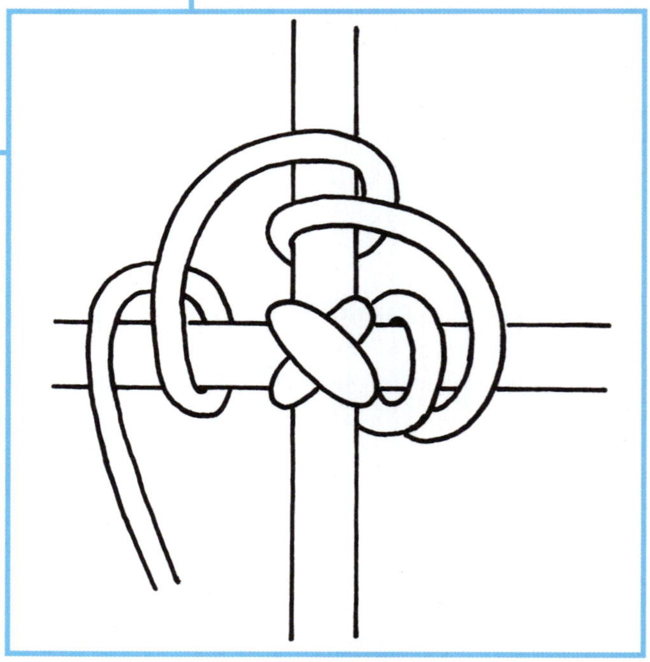

2 Die Wolle nun im Kreis immer von oben um die Holstäbe wickeln und solange arbeiten, bis die Holzstäbchen alle vollständig bedeckt sind. Dabei darauf achten, dass der rechte Winkel erhalten bleibt und die Fäden nicht übereinander, sondern nebeneinander liegen. Beim Farbwechsel die Fadenenden zusammenknoten. Den Endfaden an einem Holzstäbchen anknoten. Zuletzt die Enden der Stäbchen anspitzen und Holzperlen mit etwas Klebstoff darauf fixieren.

Hinweis: Als Holzstäbchen sind Schaschlikstäbchen sehr gut geeignet, alternativ können aber auch dünne Trinkhalme verwendet werden. Anstatt zwei Holzstäbchen können auch vier Stäbchen verwendet werden.

BUNTE DRACHEN

MATERIAL
- 4 Schaschlikstäbchen oder Trinkhalme
- Wollreste in Rot oder Blau sowie in verschiedenen Farben
- Moosgummi in Weiß und Rot oder Blau
- Geschenkband in verschiedenen Farben
- Klebstoff
- Permanentmarker in Schwarz

VORLAGE SEITE 243

1 Je zwei Schaschlikstäbchen oder Trinkhalme kreuzweise zusammenlegen und wie beschrieben mit einem Wollfaden fixieren.

2 Die Stäbchen bzw. Trinkhalme mit Wolle umwickeln. Das Ende festknoten.

3 Das Gesicht aus Moosgummi zuschneiden, mit schwarzem Filzstift die Augen aufmalen. Augen und Mund mit Klebstoff auf dem Drachen fixieren. Am unteren Stabpaar einen langen Wollfaden befestigen. Den Faden sowie drei der Stäbchenpaare mit Bändern bzw. Fäden schmücken.

SCHILDKRÖTE

MATERIAL
- 3 Chenilledrähte in Weiß
- Wollreste in Dunkelblau und Weiß
- 2 Perlen für die Augen, ø 5 mm
- Klebstoff

VORLAGE SEITE 255

1 Einen Chenilledraht zur Hälfte legen, zwei weitere in der Mitte auseinander schneiden und wie auf der Vorlagenzeichnung anordnen.

2 Aus der blauen und weißen Wolle eine ca. 1,5 m lange Kordel fertigen. Die fertige Kordel in der Mitte der Chenilledrähte anknoten und wie beschrieben um die Drähte wickeln, bis die Kordel aufgebraucht ist. Das Ende festknoten und abschneiden.

3 Wie auf der Vorlagenzeichnung den Chenilledraht zu Füßen eindrehen. Die Enden des doppelten Chenilledrahts zu einem Schwänzchen verdrehen. Das geschlossene Ende zum Kopf eindrehen. Die Augen mit Klebstoff fixieren. Zuletzt den Körper in der Mitte nach oben wölben.

Weben

Weben ist eine der ältesten textilen Techniken der Menschheit. Besonders handgefertigte Webwaren haben einen einzigartigen und ursprünglichen Charme, aber auch für Kinder ist das Weben eine ideale Beschäftigung, bei der sie ihrer Kreativität freien Lauf lassen können.

1 Beim Weben über Karton ein Stück Karton mit entsprechender Höhe und Breit zuschneiden. Die obere und untere Kante, über die man die Fäden spannt, mit einer Zackenschere abschneiden. Den Karton mit Garn bespannen. Dazu das Garn in die Vertiefungen rund um den Karton spannen. Fadenanfang und -ende mit Klebestreifen auf dem Karton fixieren.

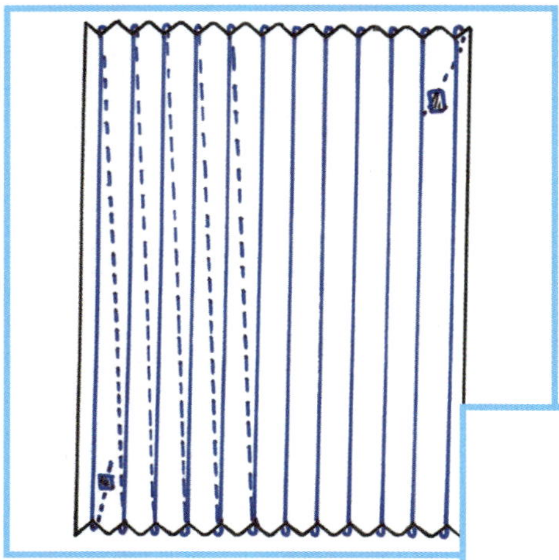

2 Beim Weben mit dem Webbrett ein Holzbrett in gewünschter Größe nehmen und an der oberen und unteren Kante in gleichmäßigen Abständen von 5 mm bis 7 mm Nägel einschlagen. Das Garn für die Kettfäden an einem Nagel anknoten und straff um die Nägel führen. Das Ende ebenfalls fest verknoten.

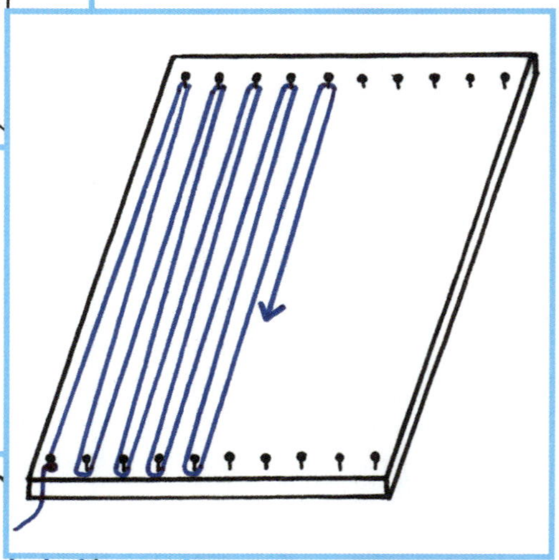

3 Nun mit der Webnadel die Schussfäden oben – unten – oben usw. durch die Kettfäden weben. Darauf achten, dass das Drüber und Drunter in jeder Reihe abwechselt. Beim Weben über Karton wird auf der Vorder- und der Rückseite in Runden gewebt. Beim Weben mit dem Webbrett wird hin- und hergewebt. Nach jeder Reihe die Schussfäden dicht zusammenschieben. Wird das Gewebe vom Brett bzw. vom Karton genommen, immer zwei nebeneinander liegende Kettfäden miteinander verknoten.

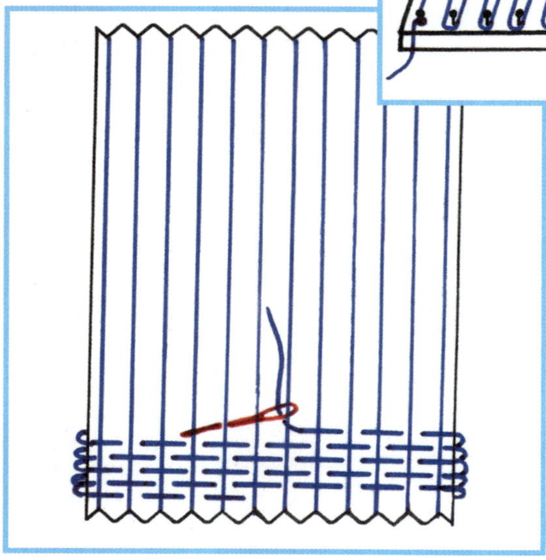

Hinweis: Beim Hin- und Herweben die Schussfäden nicht zu fest anziehen, da sich ansonsten die Arbeit zusammenzieht. Ist der Schussfaden zu Ende oder wird mit mehreren Farben gewebt, die Enden am Rand ca. 15 cm überstehen lassen und mit einer Nadel im Gewebe vernähen.

GEWEBTE EULE

MATERIAL
- fester Karton, 11 cm x 9 cm
- Wollrest in Blau
- 2 Wackelaugen, ø 1,5 cm
- Moosgummireste in Pink und Wollweiß
- Zackenschere
- Webnadel
- Klebstoff
- spitze Stopfnadel

VORLAGE SEITE 244

1 Die obere und untere Kante des Kartons mit der Zackenschere beschneiden. Den Anfangsfaden für die Kettfäden auf der Rückseite fixieren und wie beschrieben den Karton bespannen. Das Ende fixieren.

2 Rund um den Karton weben, das heißt, sowohl auf der Rückseite als auch auf der Vorderseite die Schussfäden einarbeiten. Das gesamte Rechteck von unten nach oben voll weben, dabei jede Reihe fest an die vorherige Reihe schieben, damit der Karton nicht mehr sichtbar ist.

3 Den Endfaden in das Gewebe zurück stechen und abschneiden. Den Schnabel, die Flügel und die Füße aus Moosgummi ausschneiden und ankleben. Die Augen mit Klebstoff anbringen. Einen Faden als Aufhängung mit einer spitzen Stopfnadel durch den Karton fädeln.

GEWEBTER WANDSCHMUCK

MATERIAL
- Wollreste in verschiedenen Farben
- Holzperlen in verschiedenen Farben, großlochig
- Rundholzstab (etwas länger als das Webbrett)
- Webbrett aus Karton
- Webnadel

1 Die Kettfäden rund um das Webbrett spannen. Die Schussfäden einweben. Dazu mit jedem Faden auf der Vorderseite eine Hin- und Rückreihe arbeiten und die Fadenenden jeweils auf der gleichen Seite hängen lassen. Die Fäden nicht abschneiden. Das Webbrett von unten bis oben voll weben.

2 Auf der Rückseite die Kettfäden mittig durchschneiden. Die Fäden dicht an der Webarbeit miteinander verknoten und auf die gewünschte Länge schneiden. An der geschlossenen Längskante den Rundholzstab mit groben Stichen umwinden und festnähen. Eine Kordel als Aufhängung anbringen. An der offenen Längskante in der Mitte einen dicken Zopf flechten und die Fadenenden mit Perlen schmücken. Rechts und links die Seiten spiegelbildlich mit Zöpfen und Perlenketten gestalten.

Freundschafts-bänder

Ob zu Hause, unterwegs oder beim Warten auf den nächsten Bus – Freundschaftsbänder lassen sich beinahe überall arbeiten. Dabei werden bunte Schnüre und Kordeln aus Viskose, Baumwolle, Leder, Alcantara oder Bast mit einfachen Makramee-Knoten zu attraktiven Bändern verknüpft.

1 Die Fäden zusammenlegen und nach ca. 15 cm einen Überhandknoten machen. Die geknoteten Fäden zum Arbeiten feststecken, z. B. mit Stecknadeln in einem Stück Styropor, das mit einer Schraubzwinge am Tisch befestigt ist, oder einfach mit einer Sicherheitsnadel in Kniehöhe am Hosenbein.

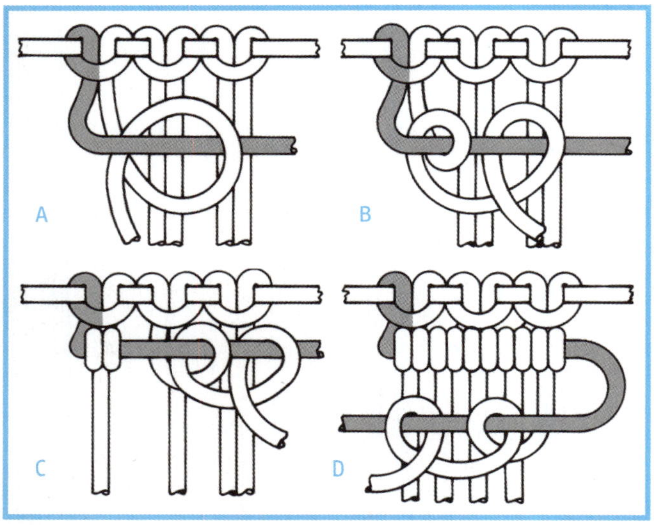

2 Für ein längsgestreiftes Muster die Fäden in entsprechender Reihenfolge nebeneinander anordnen. Den äußeren linken Faden (Leitfaden) über die restlichen Fäden legen (Knüpffäden) und von links nach rechts mit diesen verknoten. Dazu den ersten Knüpffaden unter den Leitfaden legen und pro Knoten zweimal um diesen schlingen (A und B). Den Knoten festziehen. Den Knoten so oft wiederholen, bis alle Knüpffäden verknotet sind (C). Nun den Leitfaden nach links legen und die Knoten in umgekehrter Richtung arbeiten (D). So oft hin und her knüpfen, bis das Band lang genug ist.

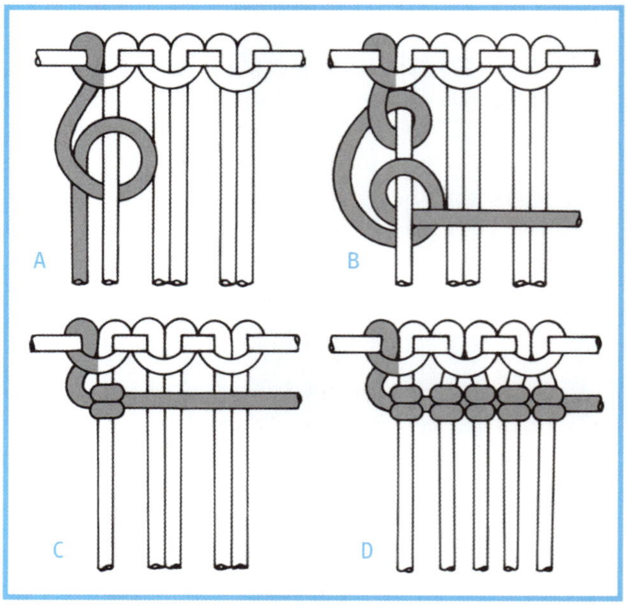

3 Für ein waagerechtes Streifenmuster die Fäden in entsprechender Reihenfolge anordnen. Den äußeren linken Faden (Knüpffaden) unter seinen rechten Nachbarn legen (Leitfaden) und pro Knoten zweimal um diesen schlingen (A und B). Den Knoten festziehen (C). Von links nach rechts den Knüpffaden um alle Leitfäden schlingen (D). Nun den neuen äußeren linken Faden nehmen und wieder von vorn beginnen. So oft die Fäden verknoten, bis das Band lang genug ist.

ZICKZACK-BAND MIT LÄNGSSTREIFEN

MATERIAL

- Perlgarn, je 1 Faden in Gelb, Beige, Rost, Hellgrün, Schwarz und Dunkelgrün

1 Die Fäden nach 12 cm mit einem Überhandknoten zusammenfassen und die Arbeit zum Knüpfen fixieren. Die Fäden von links nach rechts anordnen: schwarz – dunkelgrün – hellgrün – gelb – beige – rost.

2 Den schwarzen Faden über die anderen Fäden nach rechts legen und wie beschrieben (längsgestreiftes Muster) von links nach rechts die Knoten knüpfen. Am Ende der ersten Reihe nicht wenden und zurückknüpfen, stattdessen den dunkelgrünen Faden von links nach rechts umknüpfen, dann den hellgrünen und zuletzt den gelben. Nun mit dem gelben Faden beginnend die Leitfäden in umgekehrter Reihenfolge von rechts nach links legen und umknüpfen. Es entsteht ein Zickzackmuster.

3 Das Muster sechsmal wiederholen. Den Überhandknoten lösen und beidseitig aus je drei Fäden ein Band flechten und mit einem Überhandknoten abschließen.

RINGEL-BÄNDER

MATERIAL

- gewachste Schnur in Weiß, Lila, Gelb und Pink

1 Für das linke Band je zwei Fäden in Lila und Weiß, für das mittlere Band je einen Faden in Lila, Gelb und Pink, für das rechte Band einen Faden in Gelb und drei Fäden in Pink nehmen und nach ca. 15 cm mit einem Überhandknoten verbinden. Die Fäden von links nach rechts anordnen: weiß – lila – weiß – lila bzw. lila – gelb – pink bzw. gelb – pink – pink – pink.

2 Von links nach rechts knüpfen. Dazu den äußeren linken Faden unter seinen rechten Nachbarn legen und pro Knoten zweimal um diesen schlingen. Wie beschrieben (waagerechtes Streifenmuster) die Reihe zu Ende knoten und mit dem neuen äußeren linken Faden die nächste Reihe beginnen. Das Muster beliebig oft wiederholen, bis die gewünschte Länge erreicht ist.

3 Den Überhandknoten lösen. Die Fäden flechten und mit einem Überhandknoten am Ende sichern oder die Bänder mit den Fadenenden am Armgelenk festknoten.

Makramee

Bei Makramee denk man sofort an Blumenampeln und aufwändig geknüpfte Einkaufstaschen. Dabei lassen sich schon mit wenigen Knoten überraschende Ergebnisse erzielen und sogar richtig trendige Accessoires anfertigen.

Schlingenknoten

Für den Schlingenknoten werden eine Knüpf- und eine Leitschnur benötigt. Die Leitschnur spannen. Die Knüpfschnur um die Leitschnur legen und über sich selbst zum Ausgangspunkt zurückführen. Der Schlingenknoten kann entweder nach rechts oder nach links gelegt werden, je nachdem, auf welcher Seite die Knüpfschnur hängt. Nach mehreren Knoten entsteht eine Knotenspirale, die auch flach gezogen werden kann.

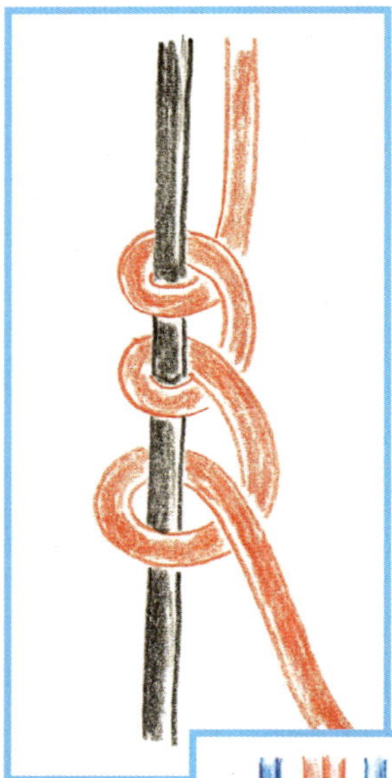

Weberknoten

Der Weberknoten besteht aus zwei Teilen und kann aus beliebig vielen Schnüren geknüpft werden. Für die erste Knotenhälfte den rechten Faden über die Leitschnüre nach links legen und den linken Faden hinter den Leitfäden nach rechts durch die Schlaufe führen. Den zweiten Teil gegengleich ausführen. Wichtig: Immer mit dem ersten Teil des Knotens auf der selben Seite beginnen. Gezählt wird an den Bögen, die sich am Rand bilden (ein Bogen = ein Knoten). Wenn rechts begonnen wird, werden die Bögen auf der rechten Seite gezählt.

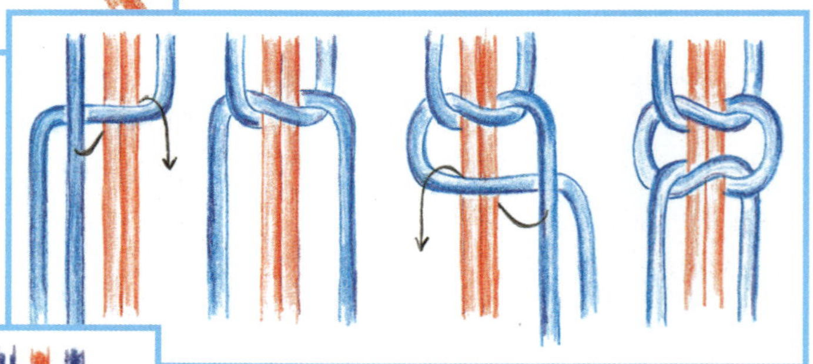

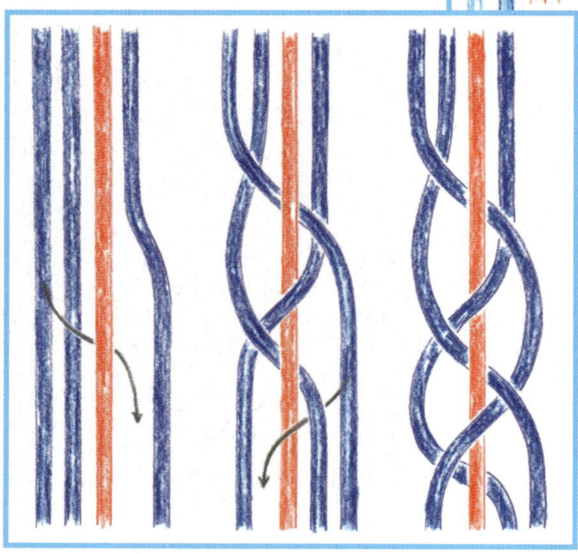

Flachkordel aus vier Fäden

Vier Fäden zusammenknoten und parallel legen. Die linke Schnur nach rechts über die nächste und unter die übernächste (hier rot = Leitfaden) legen. Dann die rechte Schnur nach links unter die nächste und über die übernächste (= Leitfaden) legen. So immer im Wechsel weiterarbeiten. Der Leitfaden muss dabei immer ganz gerade im Zopf liegen.

ROSA GÜRTEL

MATERIAL

- Veloursband in Rosa, 3 mm breit, 6 x 3 m lang
- 4 Glasschliffwürfel in Transparent, 5 mm x 5 mm

1 An den Veloursbändern 25 cm abmessen und einen Knoten machen. Den Knoten an der Unterlage fixieren.

2 Die Bänder zu drei Strängen à zwei Bänder bündeln und 2½ Weberknoten knüpfen, 2 cm Platz lassen und wieder 2½ Weberknoten knüpfen. Dieses Muster so lange wiederholen, bis die äußeren Schnüre nur noch ca. 25 cm lang sind. Wieder einen Knoten machen.

3 An jedem Ende von den sechs Veloursbändern vier Bänder dicht am Knoten abschneiden. Jeweils einen Glasschliffwürfel an die Enden der verbleibenden vier Lederschnüre nähen und den Gürtel in Form ziehen.

WILDLEDER-ARMBÄNDER

MATERIAL

- Micro-Wildleder in zwei Farben, 3 mm breit, 1 x ca. 21 cm (= Armumfang, für den Leitfaden, in einer Farbe) und 3 x ca. 30 cm lang (für die 3 Knüpffäden, in einer anderen Farbe)
- evtl. Verschlusskappen in Silber oder Gold, ø 3 mm (für die einfachen Bänder) oder 5 mm (für das Doppelband)
- Kraftkleber oder Heißkleber

1 Alle 4 Bänder (8 Bänder für das Doppelband) mit Heiß- oder Kraftkleber in eine Verschlusskappe kleben. Gut trocknen lassen.

2 Dann die Bänder von links nach rechts folgendermaßen ordnen: 2 lange Knüpffäden, 1 kurzes Leitband, 1 langer Knüpffaden. Das Band bis zur gewünschten Länge als Flachkordel flechten. Wichtig ist, dass sich das Band während des Flechtens nicht verdreht und das Leitband immer straff gespannt liegt.

3 Zuletzt alle 4 (8) Bänder in das Verschluss-Gegenstück kleben.

Traumfänger

Ursprünglich ein spirituelles Mandala der Indianer sind Träumfänger längst auch bei uns zu einer beliebten Dekoration geworden. Die Technik des Fadenspannens ist relativ einfach und ermöglicht vielfältige Variationen – von rustikal bis filigran, von kunterbunt bis ganz natürlich.

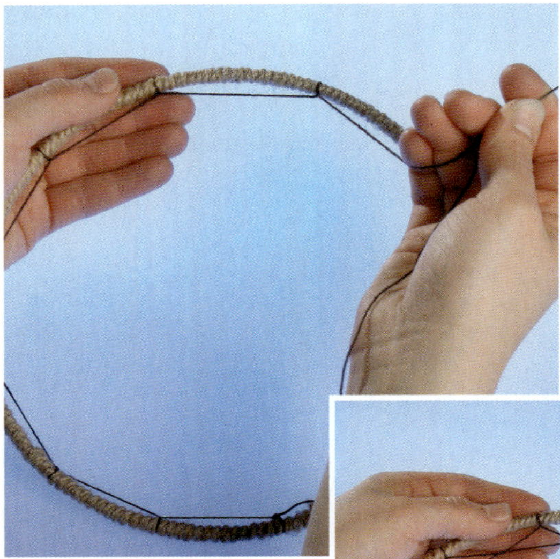

1 Den Metallring mit Kordel, Lederband, Bast oder Band umwickeln. Anfang und Ende verknoten und abschneiden oder als Aufhänger arbeiten. Für das Netz an beliebiger Stelle Garn anknoten. Das andere Ende in eine Nadel fädeln. In regelmäßigen Abständen das Garn mit einem halben Knoten am Ring anknoten, indem es um den Reifen herumgelegt und durch die entstandene Schlaufe zurückgezogen wird.

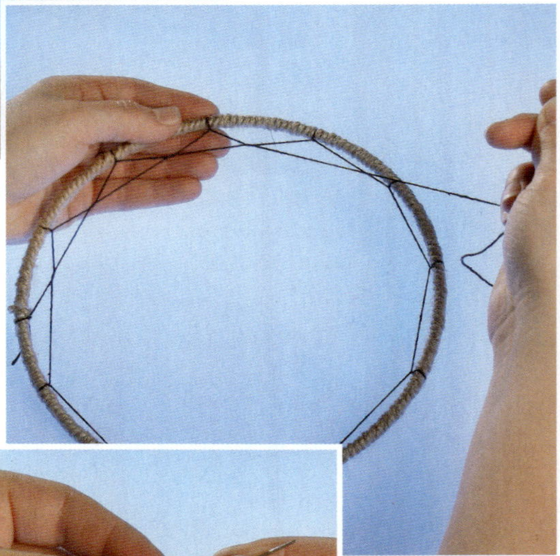

2 Den Faden von vorn nach hinten durch die Schlaufen der ersten Reihe ziehen, dabei den Faden leicht gespannt halten, damit er sich nicht verknotet. So weiterarbeiten und den Faden immer durch die nächste Schlaufe der vorangegangenen Runde ziehen, bis das Netz fast geschlossen ist. Am Ende das Netz gespannt halten, den Faden an der letzten Schlaufe zweimal verknoten und je nach Modell abschneiden oder Perlen und Glöckchen auffädeln.

3 Sollen Perlen eingearbeitet werden, diese nach Belieben oder in gleichmäßigen Abständen auffädeln. Den Aufhänger anknoten und eventuell mit Perlen oder anderen Materialien schmücken. Dabei darauf achten, dass der Aufhänger so angebracht wird, dass sich in der Mitte des unteren Kreisrandes ein Knotenpunkt befindet. Die Ketten anknoten und den Traumfänger ausschmücken.

TRAUMFÄNGER MIT HOLZSCHEIBEN

MATERIAL

- Metallring, ø 20 cm
- Jutekordel in Natur, ø 3 mm, 4,50 m lang
- Sticktwist in Dunkelbraun
- Holzperlen in Gelb (5 x ø 1,2 cm, 9 x ø 8 mm) und Rot (2 x ø 1,2 cm, 13 x ø 1 cm, 7 x ø 8 mm)
- Holzscheiben mit Loch, 4 x ø 2,5 cm und 6 x ø 1,5 cm
- 10 Marabufedern in Dunkelbraun
- Holzstifte in 2 x Rot und 1 x Gelb, 2 cm lang
- Rollenglöckchen in 2 x Rot und 1 x Gelb, ø 1,5 cm

1 Den Metallring umwickeln und ein Netz mit 14 Knotenpunkten spannen. In der 5. Reihe 7 gelbe und 7 rote Perlen (ø 8 mm) einarbeiten. Nach drei weiteren Reihen das Ende anknoten.

2 Den Traumfänger wie abgebildet mit Perlen, Holzscheiben, Federn, Glöckchen und Holzstiften schmücken. Die Schmuckketten am unteren Rand spiegelbildlich arbeiten. Einen Faden als Aufhängung anbringen.

TRAUMFÄNGER ALS HALSKETTE

MATERIAL PRO KETTE

- Mattstickgarn in Weiß oder Gelb, 1 x 2 m (Ring) und 1 x 65 cm lang (Aufhängung)
- Perlgarn in Weiß
- Ring, ø 4 cm
- 6 Marabufedern in Weiß
- Indianerperlen in 3 x Rot und 9 x Weiß, ø 4,5 cm, oder Swarovski®-Kristallschliffperlen in Gelb (7 x ø 4 mm) und Mondstein (5 x 6 mm)
- Sternenperle in Rot, ø 1,5 cm, oder Glasperle in Orange, ø 8 mm

1 Den Ring mit Mattstickgarn umwickeln und ein Netz mit 7 Knotenpunkten spannen. Nach der 2. Runde die Stern- bzw. Glasperle auffädeln und den Faden an der gegenüberliegenden Seite festknoten.

2 Das Aufhängeband am Ring einhängen und nach der gewünschten Länge zusammenknoten. Für die Ketten je zwei Federn anknoten, Perlen auffädeln, sodass der Ansatz der Federn verdeckt wird, und die Ketten unten am Ring festknoten.

Fadengrafik

Geometrische Formen, Sterne, Herzen, Blumen – es ist beeindruckend, was für überraschende Motive aus einem gespannten Faden entstehen können! Dabei geht diese Technik ganz einfach: Mit einer Nadel Löcher in bunten Karton stechen und die einzelnen Punkte mit Faden verbinden.

1 Die Vorlage entweder auf Transparentpapier abpausen oder eine Fotokopie davon anfertigen. Die abgepauste Vorlage bzw. die Fotokopie mit Klebeband auf dem Fotokarton fixieren und auf eine Schneideunterlage oder Pappe legen. Mit der Vorstechnadel die Löcher der Vorlage in den darunter liegenden Karton eindrücken. Dabei darauf achten, dass die Löcher möglichst klein bleiben.

2 Die Vorlage entfernen. Einen ca. 1,50 m langen Faden etwa zu einem Viertel durch das Nadelöhr ziehen. Die Nadel von hinten an dem mit einem kleinen Kreuz markierten Loch durch den Karton nach vorne ziehen, durch Loch Nr. 2 nach hinten, durch Loch Nr. 3 wieder nach vorne und durch Loch Nr. 4 wieder nach hinten ziehen. Fadenanfang und -ende liegen jetzt ca. 5 mm nebeneinander und können miteinander verknotet werden. Die Nadel durch das nächste Loch nach vorne und das übernächste Loch wieder nach hinten ziehen etc.

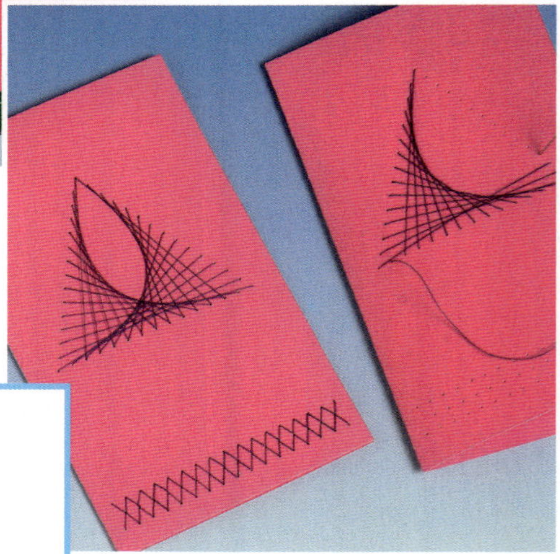

3 Ist der Faden bis auf einen ca. 10 cm langen Rest verbraucht, wird ein zweiter Faden mit einem Weberknoten angeknüpft

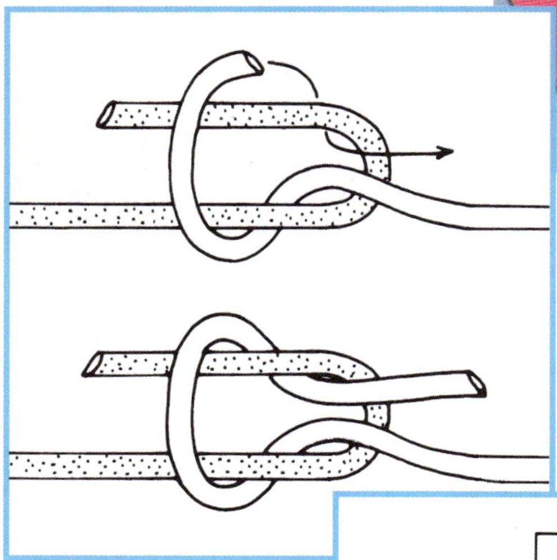

4 Um die Kontur eines Motivs oder eines Motivteils nachzuziehen, die Nadel von hinten durch das erste Loch nach vorne, durch das nächste Loch nach hinten, durch das übernächste Loch wieder nach vorne ziehen usw. (a). Den Faden nach dem letzten Loch umgekehrt wieder durch dieselben Löcher zurück fädeln, so entsteht eine durchgängige Fadenlinie (b).

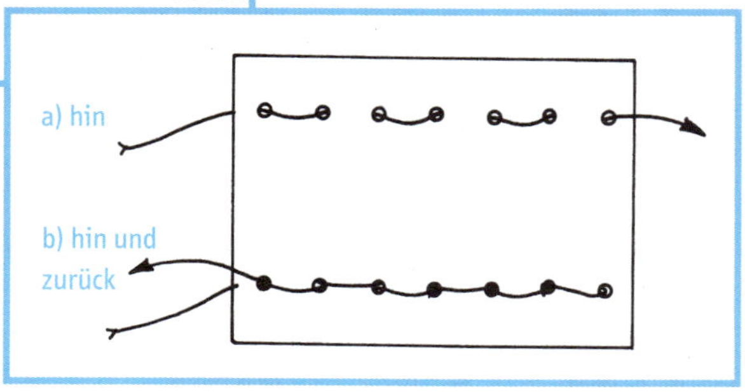

DREIECKE IN LILA UND PINK

MATERIAL

- Fotokarton in Pink, 18 cm x 15,5 cm und 20 cm x 16,5 cm
- Fotokarton in Lila, 12 cm x 12 cm
- Faden in Lila oder Pink
- Nadel mit kleinem Öhr

VORLAGE SEITE 227

1 Das jeweilige Kartonrechteck zu einer Doppelkarte falten. Die Karte öffnen, die jeweilige Schablone auflegen und die Löcher durch die Schablone in die Karte stechen.

2 Die Nadel von hinten durch Punkt 1 (mit Kreuz markiert) stechen, den Faden durch P2 nach hinten führen und durch P3 wieder nach vorne ziehen. Die Nadel bei P4 nach hinten, bei P5 nach vorne, bei P6 nach hinten, bei P7 nach vorne usw. führen. Die Bespannung so fortsetzen, bis das abgebildete Muster entstanden ist. Zuletzt ggf. wie links unten beschrieben die Borte aufsticken.

SCHMETTERLING

MATERIAL

- Fotokarton in Weiß, 30 cm x 14 cm, mittig gefaltet
- Faden in Hellblau, Mittelblau und Schwarz
- Nadel mit kleinem Öhr

VORLAGE SEITE 252

1 Die Vorlage wie beschrieben auf die Vorderseite der Karte übertragen. Für die Vorderflügel den mittelblauen Faden von hinten durch Punkt A nach vorn ziehen, durch Punkt 1 nach hinten, durch A wieder nach vorn, durch 2 nach hinten, durch A wieder nach vorn etc. So bis zu Punkt 16 fortfahren und alles mit den Punkten C und E wiederholen.

2 Für den Hinterflügel den Faden von Punkt G und I aus zu den Punkten 16 bis 23 führen. Nun den hellblauen Faden einfädeln und am Vorderflügel von den Punkten B und D die Punkte 1 bis 16 anfahren. Für den Hinterflügel von den Punkten F und H die Punkte 16 bis 28 anfahren.

3 Den rechten Flügel ebenso arbeiten. Für den Rumpf den schwarzen Faden an Punkt a nach vorn führen, dann zu e, wieder durch a nach vorn, durch f, wieder durch a nach vorn, durch g, wieder durch a nach vorn und durch h nach hinten. Dann von b, c und d aus die Punkte e bis h anfahren. Abschließend von f bzw. g aus die Fühler spannen.

Fadenspannbilder

Fadenspannbilder sind im wahrsten Sinne des Wortes eine spannende Angelegenheit, denn durch das Spannen von Fäden lassen sich überraschende und reizvolle Bilder zaubern – von einfachen geometrischen Formen bis hin zu graphischen Designs.

1 Die Vorlage auf die vorbereitete Holz- oder Spanplatte legen (siehe „Sägen und Schleifen“, S. 62) und mit der Vorstechnadel die aufgezeichneten bzw. aufgedruckten Löcher in die Holz- oder Spanplatte drücken.

2 Mit einer kleinen Flachzange den Nagel beim Einschlagen halten. Die Nägel werden ca. 7 mm oder 8 mm tief eingeschlagen. Mit der Flachzange werden leicht schiefe Nägel wieder auf Linie gebracht. Am Anfang kann wegen der Einschlagtiefe eine Holzleiste oder Ähnliches, das 7 mm hoch ist, zur Kontrolle neben den eingeschlagenen Nagel gelegt werden.

3 Für die Bespannung eignen sich neben Faden und Zwirn auch 0,3 mm starke Messing-, Kupfer- oder Silberdrähte. Der Faden- oder Drahtanfang wird zweimal um den ersten Nagel geschlungen und dann mit drei Knoten fixiert. Die Reihenfolge der Nägel, die umschlungen werden, ist auf der Vorlage festgelegt. Den Draht oder den Faden direkt von der Rolle oder Spule arbeiten und erst abschneiden, wenn das Motiv bzw. ein bestimmter Abschnitt des Motivs komplett bespannt ist.

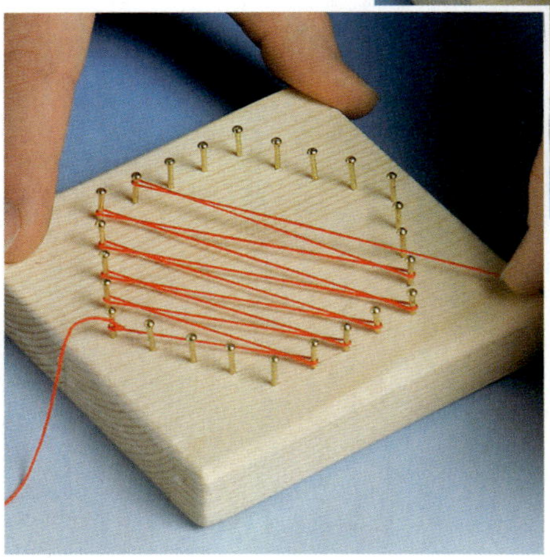

4 Es gibt zwei Möglichkeiten, den Faden um die Nägel zu spannen:

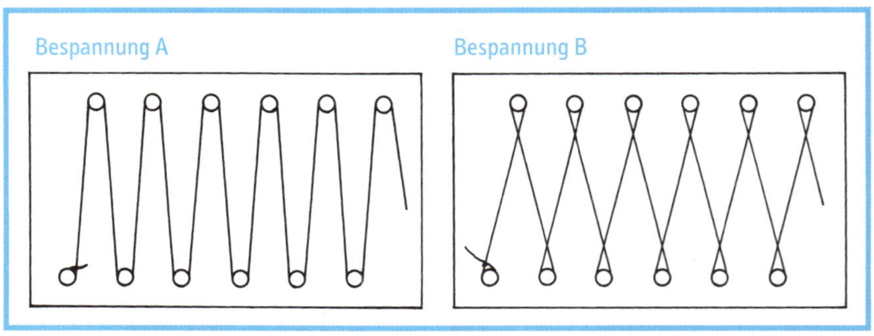

QUADRATISCHE SPANNBILDER

MATERIAL

- 4 Leimholzplatten, 1,8 cm stark, 10 cm x 10 cm
- Acrylfarbe in Rot, Gelb und Orange
- Messingnägel, 1,8 cm bis 2 cm lang
- Baumwollkordel in Weiß, ø 1 mm

VORLAGE SEITE 253

1 Die Holzplatten an den Ecken abrunden und bemalen. Die Nägel einschlagen.

2 Beim Dreieck den Faden an Nagel 1 (Kreuz) anknoten und bei der Bespannung einfach den Zahlen folgen.

3 Beim Quadrat den Faden an Nagel 1 (Kreuz) anknoten und bei der Bespannung ebenso einfach den Zahlen folgen.

4 Beim Sechseck den Faden an Nagel 1 (Kreuz) anknoten und bei der Bespannung den Zahlen folgen. Abschließend beim Drei-, Vier- und Sechseck den Faden rundum von einer Ecke zur nächsten spannen und anknoten.

5 Beim Kreis den Faden an Nagel 1 (Kreuz) anknoten und bei der Bespannung den Zahlen folgen. Es bleiben also immer vier Nägel frei. Sind sämtliche Nägel einmal umschlungen, ist der Kreis geschlossen und der Faden wird angeknotet.

SECHSECK IN BLAU

MATERIAL

- Leimholzplatte, 1,8 cm stark, 17 cm x 19,5 cm
- Lasur- oder Acrylfarbe in Blau
- 54 Stahlnägel, 1,5 cm bis 1,8 cm lang
- Faden in Weiß

VORLAGE SEITE 251

1 Die vorbereitete Holzplatte mit der Lasurfarbe bzw. mit verdünnter Acrylfarbe (1 Teil Farbe auf 2 Teile Wasser) bemalen. Die Löcher einstechen und die Nägel einschlagen.

2 Den Faden an Nagel 1 (kleines Kreuz) anknoten und mit der senkrechten Bespannung (Typ B, Seite 182) beginnen, also von N1 zu N2, zu N3, zu N4, usw. bis zu N54.

3 Für die schräge Bespannung nach links (Typ B) den Faden von N54 weiter zu N27 spannen. Die schräge Bespannung fortsetzen von N27 zu N52, zu N25, zu N50, zu N23, usw. bis zu N1 auf N28.

4 Es folgt die schräge Bespannung nach rechts, d. h. von N28 auf N53, zu N26, zu N51, zu N24, zu N49, usw., bis abschließend der Faden an N2 angeknotet wird.

Nassfilzen

Einfache Formen

Das Rohmaterial für das Nassfilzen ist Schafwolle. Am besten ist kardierte Vlies- oder Strangwolle geeignet. Ansonsten brauchen Sie für diese Technik nur Ihre Hände, heiße Seifenlauge, eine Schüssel, eine Unterlage und ein paar Handtücher.

1 Für eine Filzkugel etwa ein Drittel der Wolle an einem trockenen Platz zupfen. Den Rest der Wolle zu einem festen Knäuel wickeln. Das Knäuel in Seifenlauge tauchen. Alternativ kann für das Kugelinnere auch günstigere naturfarbene Wolle verwendet werden.

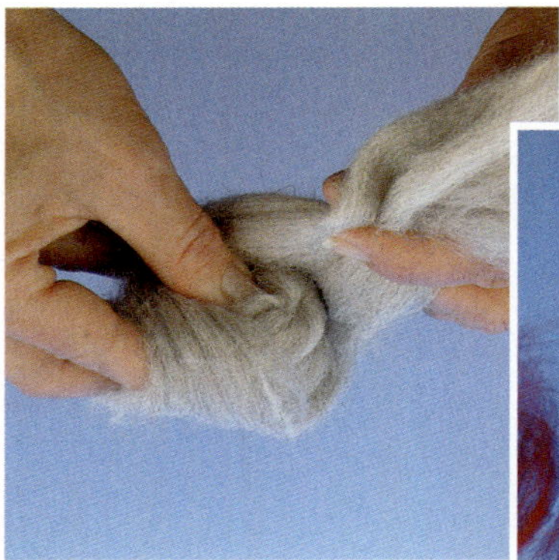

2 Die gezupfte Wolle schichtweise um das Knäuel legen. Zwischendurch immer wieder mit Seifenlauge befeuchten, dafür mit der Hand Wasser über den Ball schöpfen.

3 Nun wird die Wolle angefilzt. Dafür die Kugel zwischen den seifig-nassen Handflächen mit leichtem Druck kreisförmig bewegen. Dabei darauf achten, dass die Wollfasern nicht verrutschen und die Kugelform erhalten bleibt. Den Druck mit der Zeit erhöhen. Können keine einzelnen Fasern mehr aus der Oberfläche gezogen werden, ist die Kugel angefilzt und das Durchfilzen kann beginnen.

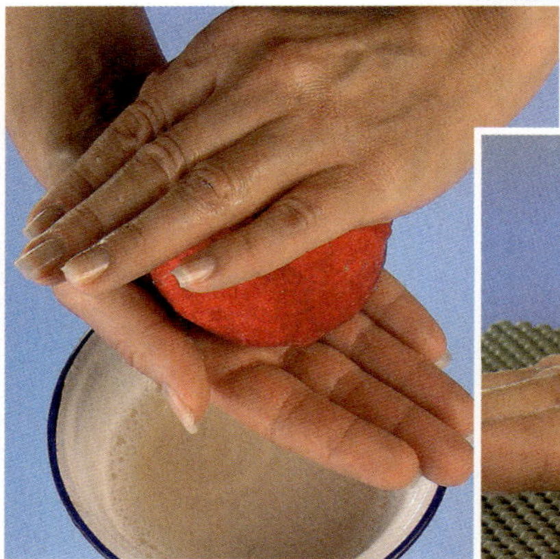

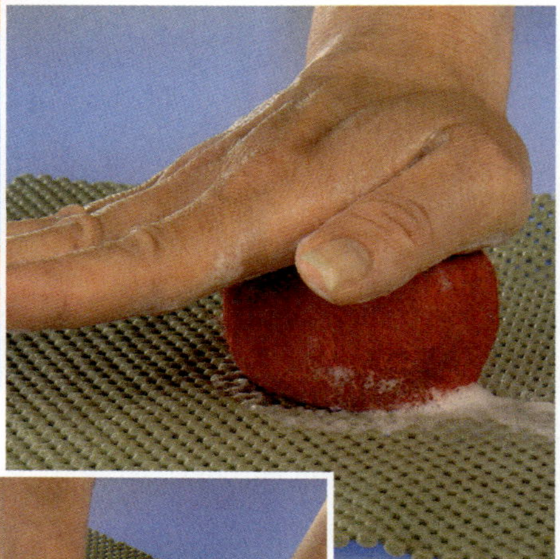

4 Zum Durchfilzen, dieser Vorgang wird auch Walken genannt, die Kugel auf einer Antirutschmatte oder einem Waschlappen (auf ein Tablett oder eine andere Unterlage gelegt) mit großem Druck so lange rollen und drücken, bis sie ganz fest ist. Dabei beachten, dass die runde Form erhalten bleibt. Die fertige Kugel auswaschen und auf einem Handtuch trocknen.

5 Zum Filzen von Schnüren eignet sich am besten Wolle im Kammzug. Je nach Stärke der gewünschten Schnur einen kompletten Wollstrang verwenden oder längs einen dünneren Strang abtrennen. Zum Vorformen die Wolle auf dem Oberschenkel oder einer trockenen Unterlage hin- und herrollen, dabei wird die Luft herausgedrückt. Dann warmes Seifenwasser auf die Antirutschmatte geben. Die vorgeformte Schnur mit wenig Druck mit beiden Händen auf der Unterlage hin- und herrollen. Mit der Zeit den Druck stetig erhöhen.

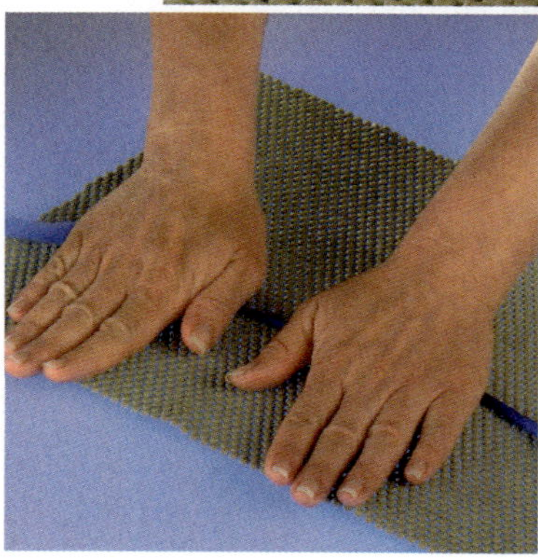

Hinweis: Wer viel filzt, kann statt Schmierseife auch Olivenölseife verwenden, die hautfreundlicher ist. Nach dem Filzen unbedingt die Hände gut eincremen.

DEKO-HALBKUGELN

MATERIAL PRO KUGEL

- Merinowolle in verschiedenen Farben, insgesamt ca. 35 g

1 Die Kugel wie beschrieben filzen, allerdings in mehreren verschiedenfarbigen Schichten aufbauen. Dazu zuerst alle Wollreste komplett farblich sortiert zupfen. Aus ein paar Fasern eine kleine Kugel wickeln, in Seifenlauge eintauchen und die Kugel mit unterschiedlich dünnen Farbschichten aufbauen. Die einzelnen Schichten nicht anfilzen, sondern nur mit seifigen Händen glatt streichen, da sich ansonsten die nächste Wollschicht nicht mit der darunter liegenden verbindet. Die äußere Wollschicht sollte ca. 5 mm stark aufgebaut sein, das ergibt ein schöneres Endresultat.

2 Alles zu einer sehr festen Kugel filzen. Die Kugel nach dem Trocknen mit einem scharfen Messer halbieren. Die Schnittkante mit seifigen Fingern nachfilzen.

HAARGUMMIS

MATERIAL PRO GUMMI

- melierte Strangwolle in Pink-Orange oder Hellgrün-Dunkelgrün, ca. 34 g
- Nadel und Gummiband in Rot oder Grün, 30 cm lang

1 Für jedes Haargummi wie beschrieben ca. elf 24 cm lange Schnüre nass filzen.

2 Die Schnüre nach dem Trocknen in der Mitte knicken und auf ein farblich passendes Haargummiband aufziehen.

Nassfilzen

Flächen

Nass gefilzte Flächen sind als Tischset oder kleine Läufer sehr dekorativ, sie können aber auch Ausgangspunkt für viele weitere Filzarbeiten sein, so zum Beispiel für Hohlkörper wie Taschen, Hüte oder Schuhe. Umso wichtiger ist es, diese zentrale Grundtechnik des Filzens richtig zu beherrschen.

1 Die Wolle für die Fläche auslegen. Dabei den Schrumpffaktor (je nach Wolle 30 bis 50 Prozent) berücksichtigen. Aus der Strangwolle einzelne Strähnen auszupfen und gleichmäßig in eine Reihe legen, die nächste Reihe dachziegelartig auflegen. Die nächste Lage wird um 90 Grad versetzt aufgelegt. Ansonsten wie bei der ersten Schicht verfahren. Je dicker der Filz werden soll, umso mehr Lagen auslegen.

2 Nun die Wolle mit heißem Seifenwasser von außen nach innen befeuchten. Dazu am besten eine Ballbrause oder einen Wäschesprenkler verwenden. Dann die Filzarbeit in das Leintuch einschlagen. Dieses bleibt oben offen, so entstehen beim Einrollen weniger Falten in der Fläche.

3 Das Leintuch zusammen mit der Bambusmatte und einem Kern, hier wird eine Rohrisolierung verwendet, einrollen. Der Kern sorgt dafür, dass keine Falten entstehen und sich die einzelnen Fasern besser verschlingen können.

4 Nun die Rolle drei bis vier Minuten mit den Unterarmen vor- und zurückrollen, dabei zu Beginn nur wenig Druck ausüben. Die Rolle öffnen und die Fläche glätten und gerade ziehen. Die Filzarbeit im Uhrzeigersinn um 90 Grad drehen, wieder in das Leintuch einschlagen und ca. drei bis vier Minuten rollen. Viermal wiederholen, dann die Fläche wenden und ebenso verfahren. Den Arbeitsschritt so oft wiederholen, bis die Wollfasern sich nicht mehr lösen.

5 Wenn sich keine einzelnen Fasern mehr aus dem Arbeitsstück ziehen lassen, beginnt das Walken. Hierfür das Filzstück mit heißem Wasser besprenkeln, in ein Handtuch wickeln und kraftvoll rollen. Nach zwei bis drei Minuten das Handtuch öffnen. Das Filzstück in Form ziehen und drehen, anschließend wieder aufrollen und erneut mit Druck walken. Dies so lange wiederholen, bis die Filzarbeit auf die gewünschte Größe geschrumpft ist. Anschließend ausspülen und auf einem Handtuch trocknen. Zuletzt dämpfen.

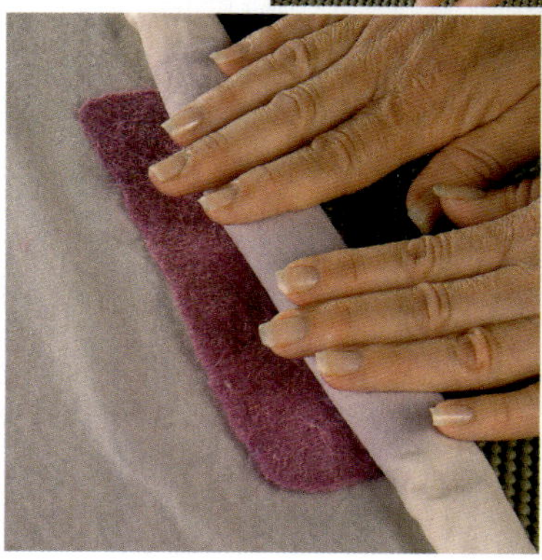

TOPFLAPPEN

MATERIAL
- Vlieswolle in Rot, ca. 40 g, sowie in Orange und Gelb, je ca. 6 g

1 Die rote Filzwolle ca. 35 cm x 35 cm groß auslegen und darauf gitterartig das Muster auflegen. Dann wie beschrieben nass filzen. Die Fläche sollte nach dem Walken noch 24 cm groß sein, damit man den Henkel noch herausschneiden kann.

2 Sollen sich die Streifen stärker vom Untergrund abheben, zuerst die gelben Streifen anfeuchten und auslegen, dann die rote Filzwolle darüber auslegen.

TEEGLAS-UMHÜLLUNGEN

MATERIAL
- Merinowolle im Kammzug in Orange, Rot und Lila, je ca. 3 g
- Teegläser

1 Die Teeglasumhüllungen werden je nach Glasmaß angefertigt, hier sind sie 20 cm lang und 7,5 cm hoch. Sie werden mit der langen Schnur am Glas befestigt.

2 Zuerst eine ca. 65 cm lange Schnur mit einem ungefilzten Ende herstellen (siehe Seite 184). Dann mit dem Schrumpffaktor die Größe für die Hülle berechnen. Die Außenmaße auf ein Tuch aufzeichnen und mit der ersten Wollfarbe zwei dünne Schichten auslegen.

3 Das ungefilzte Ende der Schnur auflegen und mit der zweiten Wollfarbe zwei weitere Schichten kreuzweise darauf legen. In der Rolltechnik fertig filzen und walken.

4 Gegebenenfalls die Kanten gerade schneiden und nachfilzen.

Nassfilzen

Hohlkörper

Das Grundprinzip zum Herstellen von Hohlkörpern beim Nassfilzen ist immer gleich, egal, was gefertigt werden soll: Die Wollschichten werden um eine Schablone herum gelegt, die das Zusammenfilzen verhindert und so einen Hohlraum schafft.

1 Aus PVC-Belag eine Schablone fertigen. Die Höhe ergibt sich aus der gewünschten Höhe plus dem Radius des Bodens, die Breite aus dem halben benötigten Umfang. Zu jedem Wert die Schrumpfung der Wolle addieren. Mithilfe der Schablone vier Teile aus Wollvlies fertigen – zwei etwas größer, zwei etwas kleiner. Ein großes Teil bis auf die äußeren 10 cm mit heißem Wasser begießen, die Schablone auflegen, die trockenen Ränder darüber klappen und mit feuchten Fingern etwas fixieren. Seifenlauge über die Ränder gießen und gut andrücken. Ein kleines Vliesteil auf die Schablone auflegen und leicht angießen. Das zweite große Vliesteil darüber legen.

2 Das Werkstück wieder bis auf die Ränder mit Seifenwasser angießen und wenden. Die Ränder umschlagen, etwas mit den Fingern andrücken und das zweite kleine Vliesteil auflegen und gut anfeuchten. Soll die Arbeit ein Muster bekommen, mit trockenen Händen nun entsprechend leicht angefilzte Wolle auflegen.

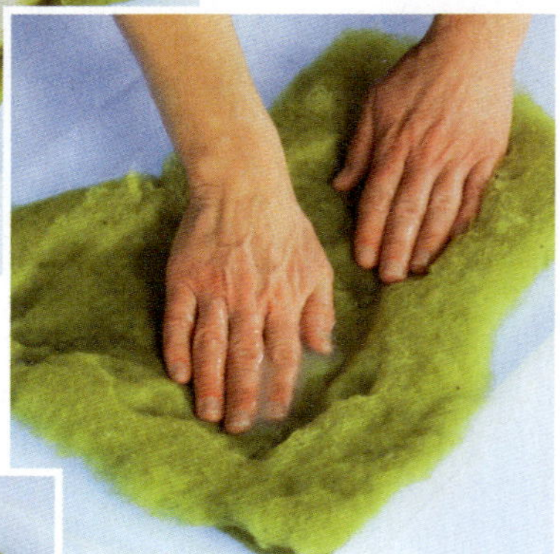

3 Die Oberfläche mit leicht kreisenden Bewegungen und wenig Druck anfilzen. Dabei zunächst länger an einer kleineren Fläche verweilen. Mit der Zeit den Druck und den Radius erhöhen. Den Rand immer wieder von allen Seiten eng an die Schablone heran schieben, damit keine Wülste entstehen. Falten immer wieder glätten. Ist die Oberfläche geschlossen, die andere Seite ebenso arbeiten.

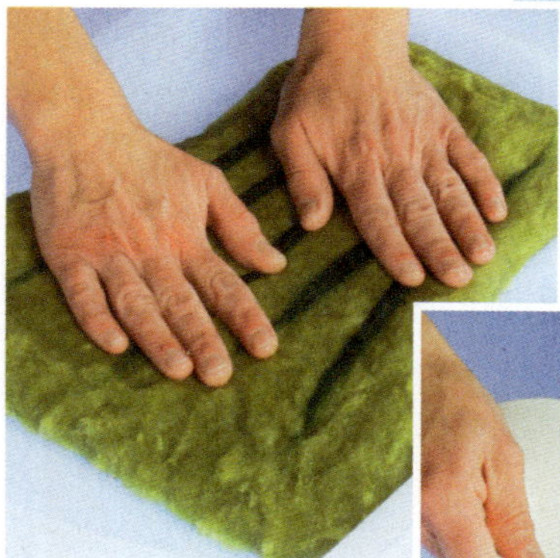

4 Wenn sich der Filz eng um die Schablone legt, die obere Kante aufschneiden und die Schablone herausnehmen. Nun mit dem Walken des Vlies beginnen. Dabei darauf achten, dass der Hohlkörper innen nicht zusammenfilzt. Bestehende Ecken beim Walken herausarbeiten. So lange walken, bis die gewünschte Größe erreicht ist. Die Kanten nachfilzen.

5 Nach dem Walken die Hülle über das zu umhüllende Gefäß stülpen und mit Seifenlauge in kreisenden Bewegungen der Form anpassen. Die Hülle wieder abziehen und so lange ausspülen, bis das Wasser ganz klar ist. Die Hülle zum Trocknen wieder auf das Glas ziehen, später ohne Inhalt stehend auf einem Handtuch weiter trocknen.

FILZVASEN

MATERIAL PRO VASE
- Vlieswolle in Hell- bzw. Dunkelgrün, ca. 70 g
- Strangwolle in Hell- bzw. Dunkelgrün, ca. 2 g (Streifen)
- Glasvase
- PVC-Folie für Schablone

1 Eine Glasvase nehmen und die Höhe, den oberen und unteren Umfang sowie den Durchmesser des Bodens ausmessen. Wie beschrieben eine Vorlage anfertigen.

2 Die Vasenhüllen wie in der Schritt-für-Schritt-Anleitung links erklärt nass filzen.

ZIPFEL-EIERWÄRMER

MATERIAL
- Vlieswolle in Rot- oder Gelbton, ca. 25 g
- Wolle im Kammzug in Rot- oder Gelbtönen, ca. 10 g
- PVC-Bodenbelag (für die Schablone), 12 cm x 19 cm

VORLAGE SEITE 250

1 Die Eierwärmer wie beschrieben mit Schablone filzen. Es werden zwei 1 cm größere sowie zwei 1 cm kleinere Vliesstücke benötigt. Außerdem für den Zipfel ein ca. 20 cm langes und ca. 6 cm breites, spitz zulaufendes Vliesstück zurechtlegen.

2 Das spitz zulaufende Wollstück der Länge nach aufrollen und bis auf die letzten 4 cm filzen. Die ungefilzten 4 cm teilen und über die obere Spitze der Schablone stülpen.

3 Ein großes Stück Filzwolle auf die Unterlage legen. Die Spitze mittig teilen und die Schablone mit dem Zipfel darauf legen. Die Ränder gemäß Grundanleitung umklappen, mit Seifenlauge fixieren und wie beschrieben die anderen Vliesstücke auflegen.

4 Das Muster auflegen. Nun alles vorsichtig anfilzen, dabei beim Muster beginnen. Nach dem Entfernen der Schablone und dem Walken die unteren Ränder evtl. gerade abschneiden, alles ausspülen und den Eierwärmer trocknen lassen.

Nadelfilzen

Figuren mit Styroporform

Als Einstieg in die Technik des Nadelfilzens ist das Umfilzen von Styroporformen ideal. Sie benötigen dazu lediglich Filznadeln in verschiedenen Stärken und eine Styroporform, die mit bunter Schafwolle – am besten eignen sich Vlies- oder Märchenwolle – umfilzt werden soll.

1 Das Muster mit einem Filzstift frei Hand auf die Kugel malen.

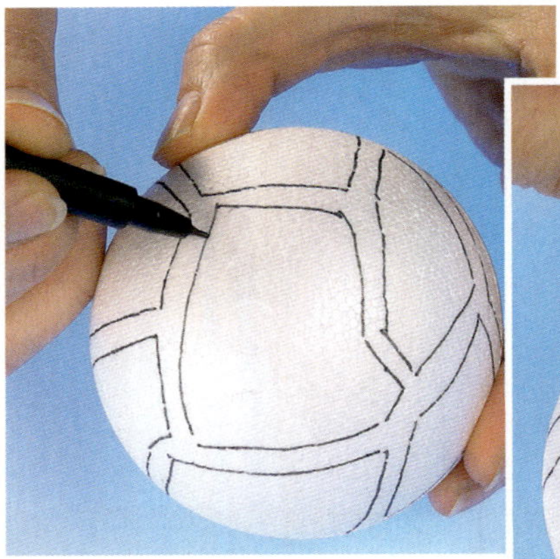

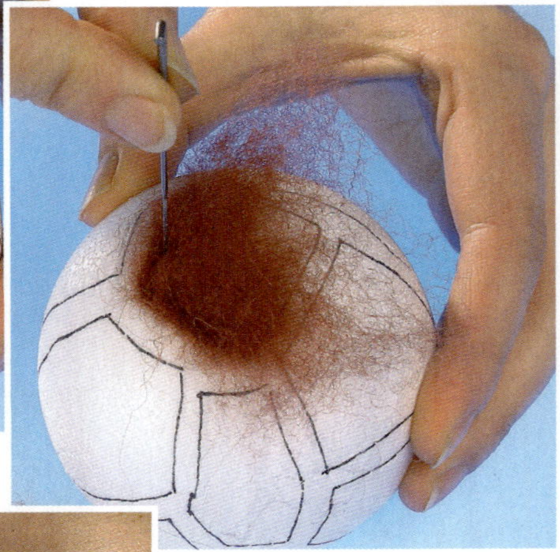

2 Die Kugel mit einer Hand festhalten und die erste Fläche mit reichlich Wolle auslegen. Die Wolle durch mehrmaliges Einstechen mit der mittleren Filznadel an den Rändern entlang zunächst grob fixieren.

3 An den Stellen, an denen das Styropor noch durchscheint, etwas Wolle nachlegen. Vom äußeren Rand aus nach und nach die ganze Fläche nadeln. Bei Bedarf kann jederzeit noch weitere Wolle aufgelegt werden. Zum Abschluss den Rand exakt entlang der Kontur feststechen.

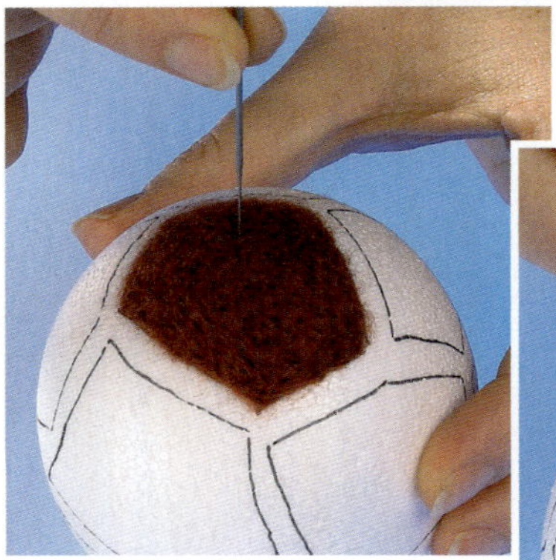

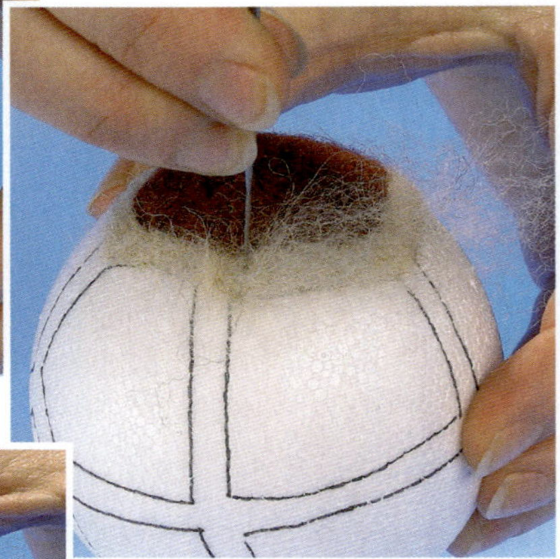

4 Angrenzende Stege mit Wolle auslegen und wie in Schritt 2 und 3 beschrieben bearbeiten. Auch hier einen gleichmäßigen Rand nadeln und auf einen exakten Übergang zur braunen Fläche achten.

5 Nacheinander auf diese Weise alle Felder nadeln. Die komplette Kugel zum Abschluss mit der feinen Nadel überarbeiten, damit die Einstichstellen verschwinden.

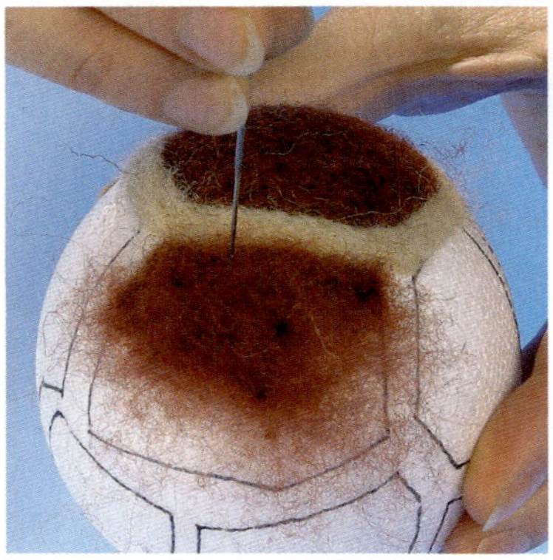

Hinweise: Nicht zu oft an der gleichen Stelle mit der Nadel in das Styropor stechen, da es sonst brüchig werden kann oder eine Verformung entsteht. Styroporformen können auch zuerst mit einer Farbe vollständig ummantelt und durch Auflegen weiterer Wolle beliebig verziert werden.

TIERISCH RUNDE KUGELN

MATERIAL

ZEBRAKUGEL
- Wollvlies in Schwarz (ca. 4 g) und Naturweiß (ca. 3 g)
- Styroporkugel, ø 8 cm

LEOPARDENKUGEL
- Wollvlies in Ocker (ca. 7,5 g) und Dunkelbraun (ca. 0,5 g)
- Styroporkugel, ø 8 cm

GIRAFFENKUGEL
- Wollvlies in Mittelbraun (ca. 7 g) und Creme (ca. 3 g)
- Styroporkugel, ø 8 cm

1 Für die Zebra- und die Giraffenkugel die Konturen des Musters wie beschrieben aufmalen. Die Flächen nacheinander mit Wollvlies auslegen und dieses annadeln.

2 Bei der Leopardenkugel wird zunächst die gesamte Kugel in Ocker ummantelt und anschließend das Fleckenmuster in Dunkelbraun aufgenadelt. Für eine natürliche Optik unregelmäßige Formen mit unterbrochenen Linien auffilzen.

SCHNEEMANN

MATERIAL
- Styroporkugel, ø 3 cm
- Styroporkugel, ø 5 cm
- Wolle in Weiß (10 g), Dunkelorange (1 g) und Schwarz (Rest)
- 2 Perlen in Schwarz, ø 2,5 mm
- Besen, 10 cm lang
- Zylinder in Schwarz, ø 3,5 cm (an der Krempe)
- Zahnstocher

VORLAGE SEITE 228

1 Von der großen Kugel für die Standfläche unten 1,5 cm abschneiden. Die kleine Kugel mit 2 g, die große Kugel mit 3 g Wolle in Weiß umfilzen. Auf die große Kugel laut Vorlage schwarze Punkte auffilzen.

2 Aus 5 g weißer Wolle laut Vorlage eine 1 cm dicke Schnee-Grundplatte für den Schneemann filzen (siehe Seite 192).

3 Beide Kugeln mit einem Zahnstocher zum Schneemann verbinden. Dafür den Zahnstocher auf 4 cm kürzen und beidseitig anspitzen. Jeweils zur Hälfte in den Kopf und in den Körper einkleben.

4 Die Nase aus Wolle in Dunkelorange filzen (siehe Seite 192) und auf dem Gesicht annadeln, die Perlen als Augen annähen und den Mund auffilzen. Den Hut aufkleben, den Schneemann auf seine Schnee-Grundplatte stellen und mit dem Besen dekorieren.

Nadelfilzen

Freie Formen filzen

Mit etwas Filz und einer Filznadel lassen sich plastische und flache Motive jeglicher Form arbeiten – ganz ohne Seife und Wasser wie etwa bei der Nassfilztechnik. Das Filzen mit der Nadel ist eine sehr saubere Beschäftigung – Sie brauchen nur noch ein Stück Schaumstoff oder Styropor als Unterlage.

1 Zwei gleich große Wollstränge, je ca. 2 g schwer, zu zwei Herzhälften formen und auf der Unterlage zu einem Herz anordnen.

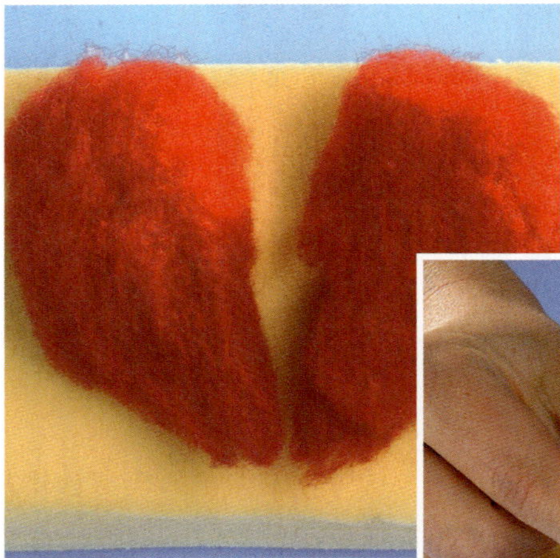

2 Vom äußeren Rand aus die beiden Hälften mit einer groben Filznadel zusammennadeln und noch etwas nachformen. Das Herz von der Unterlage lösen und wenden, dann die Rückseite filzen.

3 Durch Auflegen weiterer Wolle das Herz beidseitig aufbauen. In der Mitte für eine schöne Form mehr Wolle auflegen, zum Rand hin immer weniger Wolle auffilzen.

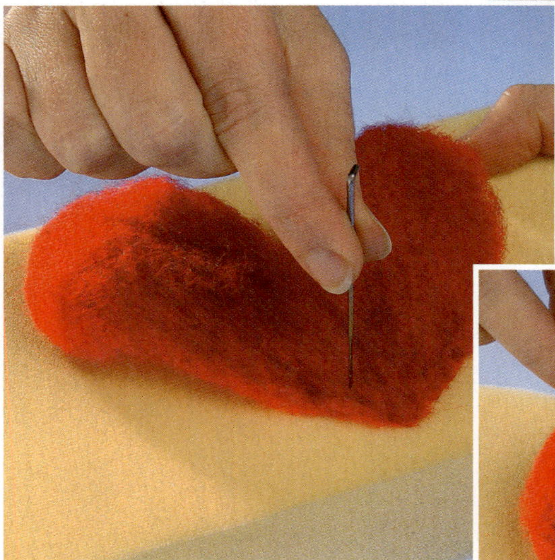

4 Mit der mittleren Nadel einen schönen Rand arbeiten und das Herz mit der feinen Filznadel überarbeiten, damit die Einstichstellen verschwinden.

Hinweis: Um ein Verbiegen oder Abbrechen der Nadel zu verhindern, sollten Sie die Nadel immer gerade führen. Zwischendurch das Motiv immer wieder von der Unterlage lösen, wenden und von der anderen Seite arbeiten.

SCHLÜSSELANHÄNGER

MATERIAL

- Wollvlies in Hellrot, ca. 2 g
- Rocailles in Dunkelrot transparent, ø 2 mm
- Schlüsselring
- Nähgarn in Rot
- dünne Nähnadel
- Ausstechform: Herz, ø 5 cm

1 Mithilfe der Ausstechform aus dem roten Filz ein Herz formen und in der Form wie links beschrieben mit der Nadel verfilzen.

2 Den Schlüsselring an das Herz nähen. Am Herzrand die Rocailles aufnähen, dabei den Faden durch jede Perle zweimal führen.

NIKOLAUSANHÄNGER

MATERIAL

- Wolle, 2 g in Rot, 1 g in Hautfarbe, 1 g in Weiß und 2 g in Beige
- 2 Perlen in Schwarz, ø 2,5 mm
- Faden in Rot (zum Aufhängen)

VORLAGE SEITE 236

1 Das Gesicht aus Wolle in Hautfarbe filzen. Dann die Mütze direkt anfilzen. Diese nach der Fertigstellung an der Markierung nach unten knicken und so anfilzen, dass sie in der Position bleibt. Die Mützenkrempe und den Bommel in Weiß aufnadeln.

2 Den Bart aus Wolle in Beige flauschig filzen und auf dem Gesicht annadeln. Für die Nase eine Kugel mit ø 1 cm filzen und im Gesicht annadeln. Die Bäckchen auffilzen und die Perlen als Augen annähen. Der Nikolaus sollte zum Schluss ca. 7 mm dick sein. Den Faden zum Aufhängen mit einer Nadel durch die Mütze ziehen und verknoten.

Nadelfilzen

Applikationen

Mit der Filznadel können ganze Flächen mit Ornamenten oder mit dreidimensionalen Gebilden gestaltet werden. Dies ist hervorragend geeignet, um schlichte Filzarbeiten aufzupeppen, modische Verzierungen anzubringen oder fertig gekauften Filzobjekten einen individuellen Touch zu geben.

1 Das Muster mit Phantomstift aufzeichnen (eventuell zuvor mit Schneiderkopierpapier von der Vorlage auf das Werkstück übertragen).

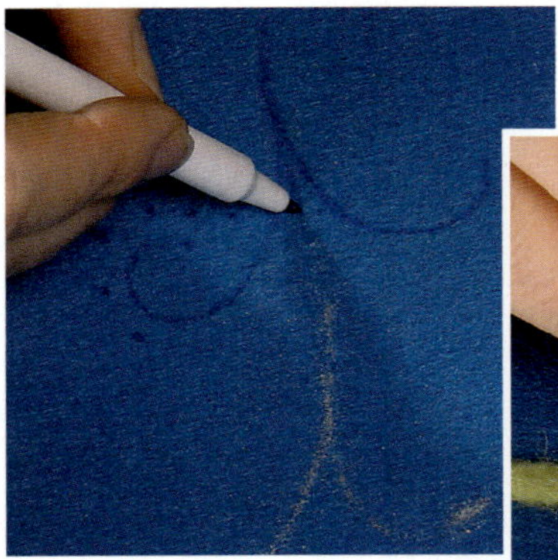

2 Für Ranken mehrere dünne Wollstränge leicht verdrehen und auf die vorgezeichneten Linien nadeln.

3 Für Punkte etwas Wolle in der Hand zu kleinen Kugeln formen und an der markierten Stelle aufnadeln.

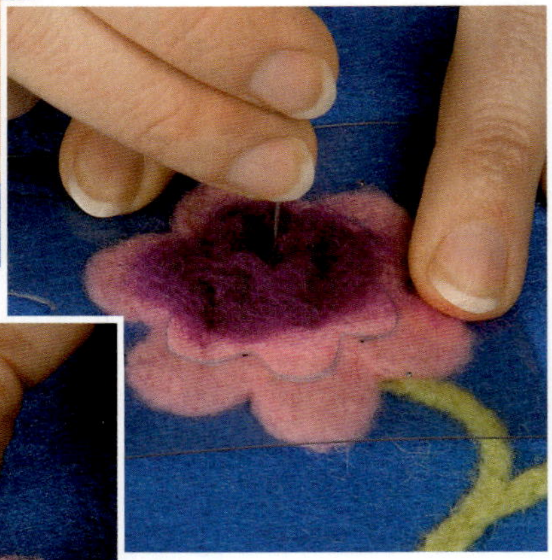

4 Für dreidimensionale Formen Schablonen aus Moosgummi oder fester Folie fertigen. Zuerst die Schablone für die größere Blüte mit rosafarbener Wolle auslegen. Am Rand beginnend nadeln und ggf. etwas Wolle nachlegen. Die kleinere Blüte in gleicher Weise mittig auf die größere Blüte applizieren.

5 Für die Blütenmitte etwas Wolle zu einer Kugel formen und entlang des äußeren Randes so aufnadeln, dass eine Halbkugel entsteht.

Hinweis: Bei schwierigen Mustern wie z. B. auf Kugeln können Sie die Wolle mit Stecknadeln fixieren und schrittweise mit der Filznadel auffilzen.

TRAUMHAFTE FILZ-EIER

MATERIAL
GELBES EI
- Styroporei, 7 cm hoch
- Märchenwolle, 1 g in Gelb, 0,5 g in Hellgrün, 0,3 g in Lachs und Rosé
- 6 Wachsperlen in Weiß, ø 0,3 mm

GRÜNES EI
- Styroporei, 7 cm hoch
- Märchenwolle, 1 g in Hellgrün, 0,7 g in Weiß, 0,2 g in Rosé, 0,1 g in Braun und Dunkelgrün
- 5 Wachsperlen in Pink, ø 3 mm

VORLAGE SEITE 229

1 Die Styroporeier wie auf Seite 190 beschrieben mit Wolle umfilzen. Beim gelben Ei aus der Hälfte der grünen Wolle zwei Ranken (ø 5 mm, 11 cm und 8 cm lang) auf der Unterlage vorfilzen und auf dem Ei in Bögen applizieren. Dabei jeweils eines der Enden ca. 3,5 cm frei hängen lassen. Die Blumen ebenso zuerst vorfilzen und dann auffilzen. Die Perlen annähen. Aus dem grünen Wollrest 22 Blätter vorfilzen und auf dem Ei verteilen.

2 Beim grünen Ei fünf Blüten vorfilzen. Für den Ast die braune Wolle in Form drehen und ziehen und direkt auf das Ei applizieren. Etwas dunkelgrüne Wolle aufnadeln. Die Blumen um den Ast verteilen und auffilzen. Die Perlen aufnähen.

PANTOFFELN MIT SCHNEEFLOCKEN

MATERIAL
- Wollvlies in Natur, ca. 5 g
- Pantoffeln in Hellblau

VORLAGE SEITE 228

1 Aus Moosgummi eine Schablone für die Eiskristallform und für die sechseckige Innenfläche herstellen.

2 Einen Pantoffel von innen mit etwas Schaumstoff füttern und die Eiskristall-Schablone feststecken. Die Schablone für die Innenfläche entweder aufstecken oder nachzeichnen. Das Motiv schön gleichmäßig nadeln. Die Schablonen entfernen und die Zacken etwas nacharbeiten. Den zweiten Pantoffel auf dieselbe Weise verzieren.

HERZSCHLAG

FADENGRAFIK

MATERIAL
- Fotokarton in Creme, 9 cm x 11,5 cm und 18 cm x 4 cm
- Fotokarton in Rot, 10 cm x 12,5 cm und 19 cm x 5 cm
- Faden in Rot
- Nadel

VORLAGE SEITE 228

1 Die Ecken abrunden. Die Löcher mithilfe der Vorlage einstechen. Bei der Herzkarte die Nadel von hinten durch Punkt 1 stechen und nach rechts durch Punkt 2 nach hinten, durch 3 wieder nach vorne, durch 4 nach hinten etc. ziehen. Die linke Herzhälfte ebenso arbeiten.

2 Nun den Faden von hinten durch Punkt A nach vorne, durch B nach hinten, durch C wieder nach vorne etc. ziehen. Die linke Herzhälfte ebenso arbeiten. Den Faden von hinten durch Punkt a nach vorne, durch b nach hinten, durch a wieder nach vorne, durch c nach hinten etc. ziehen.

3 Beim Lesezeichen den Faden von hinten durch die Herzspitze Punkt a nach vorne ziehen, durch b nach hinten, durch a wieder nach vorne, durch c nach hinten, durch a nach vorne, durch d nach hinten etc. Abschließend den oberen Herzrand durch Auf- und Abfädeln konturieren. Die weißen Karten auf roten Fotokarton kleben.

FUNKELNDE WINDLICHTER

MAKRAMEE

MATERIAL
- 3 Windlichtgläser, ø 6,5 cm, ø 8 cm und ø 5,5 cm
- Baumwollgarn in Türkis, Nadelstärke 2,5-3, 4 x 30 cm und 4 x 1,4 m lang
- Baumwollgarn in Fuchsia, Nadelstärke 2,5-3, 3 x 35 cm und 3 x 1,6 m lang
- Baumwollgarn in Rosa, Nadelstärke 2,5-3, 2 x 35 cm und 2 x 1,6 m lang
- Baumwollgarn in Mittelblau, Nadelstärke 2,5-3, 5 x 25 cm und 5 x 1,1 m lang
- Rocailles mit Silbereinzug in Transparent und Topas, ø 4 mm, und in Gold, ø 2,6 mm

1 Für die Zierbänder jeweils einen kurzen und einen langen Faden miteinander verknoten und auf der Unterlage fixieren. Die Bänder bestehen aus abwechselnd sieben Schlingenknoten und einer auf den Einlagefaden (kurzer Faden) aufgezogenen Rocaille.

2 Für das hohe Windlicht müssen die Bänder 21,5 cm lang sein, für das mittlere 26 cm und für das kleine 17,5 cm. Das zum Windlicht gehörende Band fest um das Glas legen und die Bandenden verknoten. Damit die Bänder nicht verrutschen, können sie mit einem Tupfer Alleskleber fixiert werden.

MEDITERRANER TRAUMFÄNGER

TRAUMFÄNGER

MATERIAL

- Metallring, ø 30 cm
- Juteband in Creme, 8 cm breit, 1,5 m lang
- Jute- oder Viskosegarn in Creme, ø 4,5 mm
- Perlgarn in Creme
- Dschungelgras in Blau
- Muscheln, Seestern und Schnecken
- 8 Marabufedern in Blau
- 3 Glasoliven in Weiß, 2 cm lang

1 Den Metallring mit Juteband umschlingen. Mit Jute- oder Viskosegarn das Netz mit 15 Knotenpunkten knüpfen. Nach ca. sieben Reihen das Ende anknoten und eine Glasolive anhängen. Zusätzlich zwei weitere Oliven einhängen.

2 Ring und Netz mit Dschungelgras, Muscheln, Seestern und Schnecken bekleben. An der linken Seite und in der Mitte zwei Federn mit Perlgarn zusammenknoten und ankleben. Die Klebestelle jeweils mit einer Muschel kaschieren.

3 Mit dem einem Stück Perlgarn eine Aufhängung anbringen.

LUSTIGE RABEN

POMPONS

MATERIAL

- Wolle in Hellblau bzw. Blau
- Bastelfilzrest in Gelb, 2 mm bis 3 mm stark
- 2 Wackelaugen, ø 1 cm
- 2 Pomponschablonen, ø 5,5 cm (außen) und ø 2 cm (innen)
- Lochzange

VORLAGE SEITE 232

1 Pro Rabe einen Pompon anfertigen und die Wollfäden ringsum um ca. 1 cm stutzen.

2 Schnabel und Füße gemäß Vorlage ausschneiden. Den Schnabel ankleben. Direkt über dem Schnabel die beiden Wackelaugen so ankleben, dass der untere Augenrand den Schnabel berührt.

3 Die Filzfüße mit der Lochzange lochen. Drei ca. 40 cm lange Wollfäden zu einem Beinfaden flechten. Dazu die drei Wollfäden an einem Ende mit einem Knoten zusammenfassen, einen 20 cm langen Strang flechten und verknoten. Die Beine durch das Loch in den Füßen ziehen und am Pompon annähen.

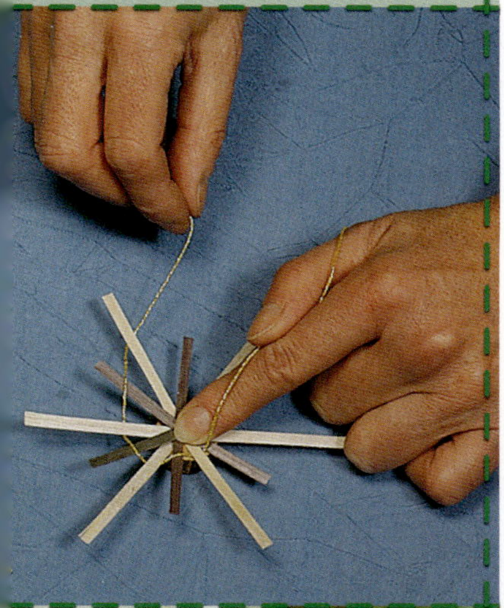

- Kränze binden
- Heufiguren
- Strohsterne
- Kürbisse beschnitzen

Arbeiten mit Naturmaterial

Naturmaterialien gibt es das ganze Jahr über in Hülle und Fülle: Äste, Zweige, Heu, Stroh, Tannenzapfen und allerlei sonstige Früchte. Besonders im Herbst und im Winter aber sind Dekorationen aus Naturmaterialien gefragt. Dann werden Kürbisgeister geschnitzt, Adventskränze gebunden und Strohhalme zu Sternen zusammengefügt. So vielfältig wie die Natur sind auch die Techniken, mit denen die Schätze der Natur verarbeitet werden können.

Kränze binden

Ob an der Haustür oder auf dem Tisch, aus Tannenzweigen oder aus robustem Immergrün, mit Kerzen oder ohne: Kränze sind das ganze Jahr über eine schmückende Dekoration. Am schönsten gelingen sie, wenn die Zweige dicht an dicht auf einem gut vorbereiteten Rohling gearbeitet werden.

1 Als Grundlage für den Kranz einen Rohling binden. Dazu Bindedraht an einem Metallring andrahten. Mit der linken Hand Heu anlegen und mit dem Bindedraht überbinden. So fortfahren, bis nichts mehr vom Metallring zu sehen ist. Den Bindedraht abschneiden und das Ende in den Kranz zurückstecken.

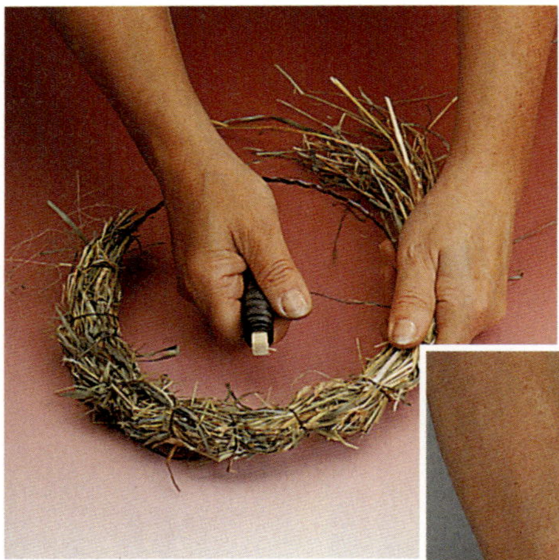

2 Bei Kränzen aus Nadelgehölz kann der Metallring auch mit den Resten des Reisigs umwickelt werden. Dazu zunächst die schönen Spitzen der Tannenzweige für das Binden des Kranzes abschneiden (ca. 10 cm lang). Den Rest in kurze Stücke schneiden, rings um den Metallring anlegen und mit Bindedraht umwickeln (siehe Schritt 1).

3 Nun einige Tannenzweige an den fertigen Rohling anlegen (die Unterseite frei lassen) und mit der linken Hand fixieren. Mit der rechten Hand den Bindedraht von außen nach innen um die Enden der Zweige führen und festdrahten. Die nächste Reihe Zweige anlegen und wieder mit dem Bindedraht umwickeln. So lange fortfahren, bis der Kranz fast geschlossen ist.

4 Die Zweige bis dicht unter den Anfang binden. Dazu den Anfang mit der Hand hochschieben und die Enden der letzten Reihe gut unter die Zweige der ersten Reihe schieben. Die Enden mit Draht umwickeln und das Ende des Drahtes in den Kranz zurück stecken, sodass der Abschluss gesichert ist.

ADVENTSKRANZ

MATERIAL

- Metallring, ø 25 cm
- Zweige von Buchsbaum, Thuja und Scheinzypresse
- 4 Stumpenkerzen in Rot, ø 7 cm, 7 cm hoch
- Dekoband in Rot mit Sternen, 4 cm breit
- Zimtstangen
- Lorbeerblätter in Gold
- Kiefernzapfen
- Golddraht
- Kerzendraht, ø 1,8 mm
- Steckdraht, 0,9 mm

1 Mit den Zweigen von Buchsbaum, Thuja und Scheinzypresse wie auf Seite 200 beschrieben einen Kranz binden.

2 Die Stumpenkerzen andrahten und gleichmäßig auf dem Kranz anbringen. Das Dekoband in vier gleichlange Stücke teilen und mit Steckdraht zur Schleife binden (siehe Abbildung unten). Die Schleifen außen am Kranz unterhalb der Kerzen anbringen.

3 Die Zimtstangen mit Golddraht umwickeln und mit der Heißklebepistole die Lorbeerblätter an ihnen befestigen. Die Zimtstangen und die Kiefernzapfen andrahten und zwischen den Kerzen in den Kranz einstecken.

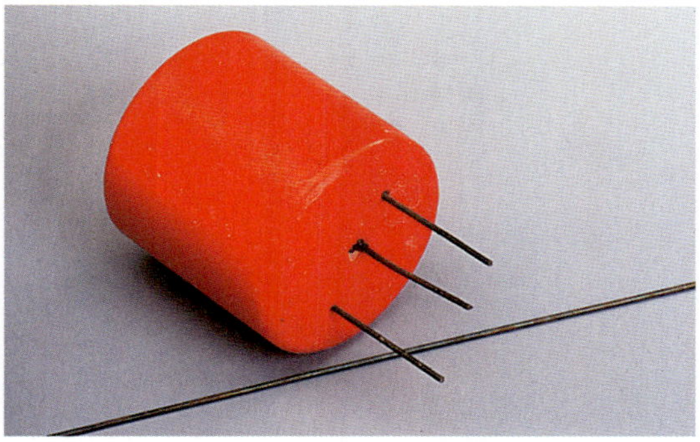

Kerzen andrahten

Um Kerzen auf dem Kranz zu befestigen, müssen diese angedrahtet werden. Dazu einen ca. 2 mm starken Kerzendraht in drei Stücke teilen (Länge je nach Größe der Kerzen und des Kranzes). Die drei Drahtstücke über einer brennenden Kerze erhitzen und dicht nebeneinander in die Unterseite der Kerze drücken. Die Kerze nach dem Erkalten auf dem Kranz befestigen.

Andrahten von Dekorationen

Kleine Dekorationen können mit Steckdraht (ø 0,7 mm oder 0,9 mm) am Kranz befestigt werden. Dieser wird z. B. an Ösen angedrahtet, um das untere Drittel von Tannenzapfen gewickelt, durch das Fruchtfleisch von getrockneten Früchten gezogen, mit der Heißklebepistole in kleine Öffnungen von Nüssen geklebt oder aber zur Verlängerung um bereits vorhandene Drahtenden von Deko-Materialien gewunden.

Heufiguren

Das Schöne an Heu ist nicht nur seine rustikale Ausstrahlung, sondern auch, dass es das ganze Jahr über erhältlich ist. Von Januar bis Dezember können so schöne und dekorative Figuren daraus geformt werden – egal ob filigraner Storch, freche Gans oder süßer Teddy.

1 Für größere Formen eine Handvoll Heu nehmen, grob in Form bringen und fest mit Draht umwickeln. Die Form durch weiteres Auflegen von Heu nach und nach vergrößern, bis die angestrebte Größe und Gestalt erzielt ist. Für lange Formen (z. B. Gliedmaßen) einen Heustang nehmen, der ca. doppelt so lang und halb so dick ist wie das fertige Teil. Den Strang in der Mitte abbinden, zur Hälfte falten und fest mit Draht umwickeln.

2 Für kleine Formen wie Ohren zuerst eine Pappschablone anfertigen und diese dann auf beiden Seiten mit Heu bekleben (am besten mit der Heißklebepistole). Das überstehende Heu abschneiden und die fertige Form mit Draht umwickeln.

3 Einzelne Körperteile werden mit Draht verbunden. Dabei den Draht so fest anziehen, dass keine Übergänge mehr zu sehen sind, ggf. auf den Nahtstellen nochmals etwas Heu auflegen und anbinden.

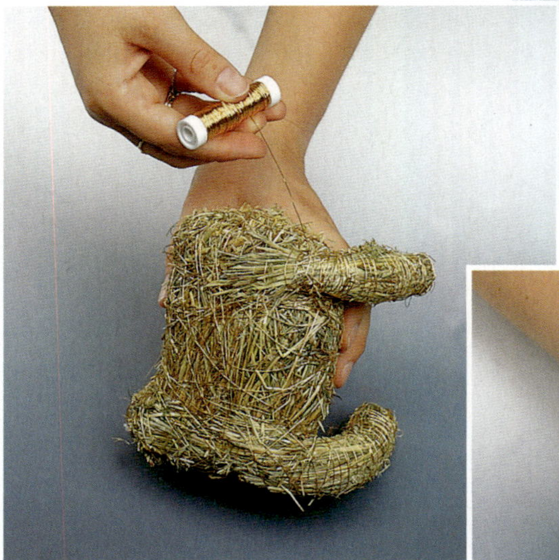

4 Kleinere Teile können mit der Heißklebepistole (Schnauze des Teddys) oder mit Holzleim (Ohren des Teddys) angeklebt werden. Große Teile werden am besten zusätzlich durch einen Stock fixiert, der in beide Teile gesteckt und festgeleimt wird.

SÜSSER TEDDY

MATERIAL

- Heu
- Bindedraht, Blumensteckdraht
- 2 Teddyaugen, ø 2 cm
- Tiernase, 1,5 cm x 2 cm
- Samtfaden in Schwarz und Rot, ø 2 mm
- 2 Herzen in Rot, 1,5 cm
- 2 Knöpfe
- Stoffrest, 20 cm breit, 50 cm lang

VORLAGE SEITE 229

1 Den Körper binden: 19 cm hoch, 16 cm breit, 48 cm im Umfang. Den Kopf (16 cm breit, 14 cm hoch, 7 cm dick), die Ohren (8 cm breit, 4 cm lang, 1 cm dick) und die Schnauze (6 cm breit, 4 cm hoch, 1,5 cm dick) fertigen. Die Arme 15 cm lang und 5 cm dick arbeiten, die Beine 20 cm lang und 6 cm dick.

2 Die einzelnen Teile mit Steckdraht und Heißkleber zusammenfügen. Die Weste nach Vorlage zuschneiden. Die Ränder 5 mm umlegen und mit Holzleim fixieren. Den roten Samtfaden mit Steppstichen am Halsausschnitt durch den Stoff ziehen. Herzen und Knöpfe anbringen und die Weste dem Teddy anziehen. Schleife, Augen, Mund und Nase ergänzen.

HEUGANS

MATERIAL

- Heu
- Myrthendraht in Grün
- Figurendraht, ø 6 mm, 40 cm lang
- 2 Halbperlen in Schwarz, ø 1 cm
- Seidenmalfarbe in Orange
- Karodrahtband in Dunkelorange-Gelb, 4 cm breit, 25 cm lang
- verzinkte Blechwanne, ø 27 cm, 11,5 cm hoch
- Moos
- 2 Gänseeier

1 Den Körper aus Heu binden, bis er 22 cm lang und 16 cm breit ist und einen Umfang von 54 cm hat. Dabei den Schwanz spitz auslaufen lassen.

2 Für den Hals den Figurendraht mit Heißkleber 5 cm tief in den Körper kleben und mit Heu umwickeln, bis er unten am Körper einen Durchmesser von 6 cm und am Kopf einen Durchmesser von 4,5 cm hat. Den Kopf 6 cm lang und mit 19 cm Umfang weiterarbeiten, den Schnabel 7,5 cm lang. Er ist am Kopf 4,5 cm breit, an der Schnabelspitze 2,5 cm.

3 Den Schnabel mit Seidenmalfarbe einfärben. Die Augen aufkleben. Die Blechwanne mit Moos auslegen, die Gans hineinsetzen und die Eier davor dekorieren. Eine Schleife binden und mit Heißkleber befestigen.

Strohsterne

Strohhalme können entweder naturbelassen oder gefärbt, als ganze Halme oder als aufgeschlitzte und gebügelte Halme verarbeitet werden. Besonders schön wirkt es, wenn beide Halmvarianten in einem Modell kombiniert werden, gebügelte Halme sehen aber auch allein sehr schön aus.

1 Die Halme so lange in warmem Wasser einweichen, bis sie weich sind (ca. 20 bis 30 Minuten). Gefärbtes Stroh farblich getrennt in kaltem Wasser einweichen. Die weichen Halme mit dem Messer oder der Schere aufschlitzen.

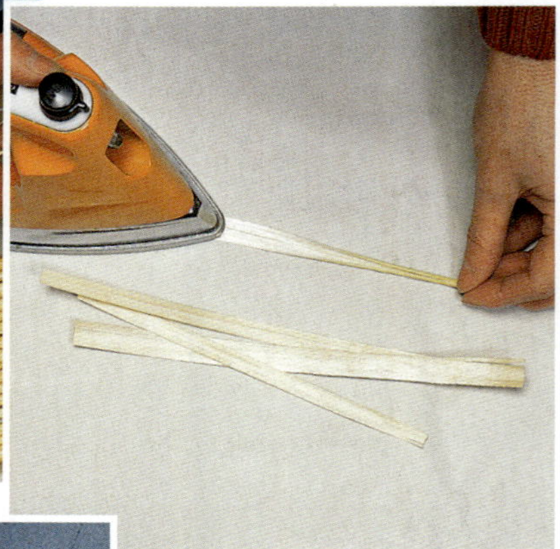

2 Die Halme einzeln auf einem alten Bügeltuch oder einem Stapel Zeitungen auf der Halmrückseite vorsichtig bügeln. Darauf achten, dass die Halme keine Knicke oder Druckstellen bekommen.

3 Die Halme auf die entsprechende Länge zuschneiden und zu Sternen legen. Zum Binden die Sterne auf die Rückseite legen und eventuell mit einer Nadel auf einem Stück Kork oder Styropor fixieren. Nun den Faden unter den Zeigefinger der linken Hand legen und mit der rechten Hand den Faden abwechselnd unter und über den Strohhalmen entlang führen. Die Enden verknoten.

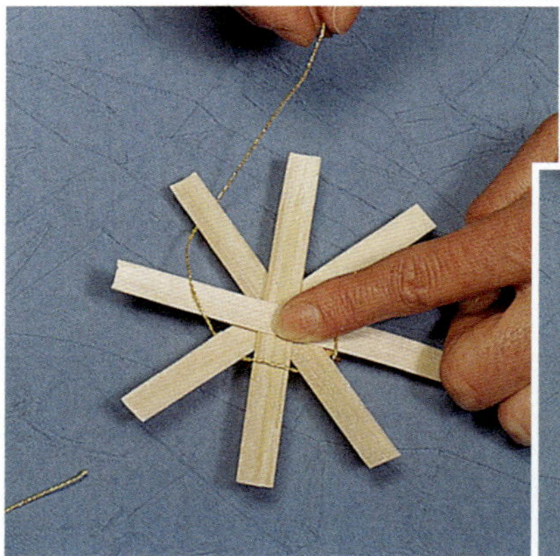

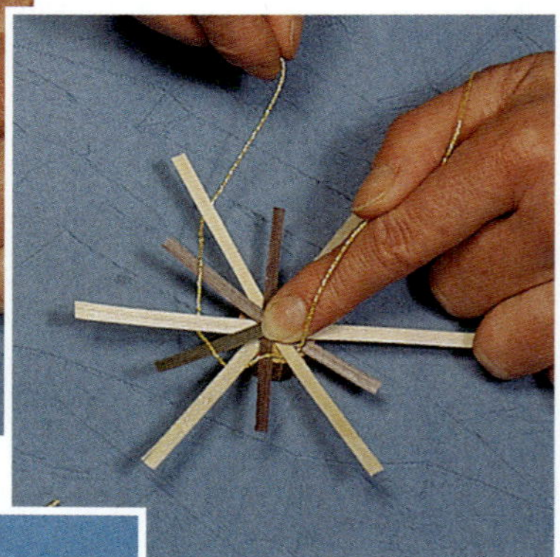

4 Zum Verbinden zweier Sterne die Sterne versetzt – Lücke auf Lücke – aufeinander legen und mit einem Faden zusammenbinden. Dazu wird wie in Schritt 3 beschrieben der Faden mit dem Zeigefinger fixiert und mit der anderen Hand um die Halme gewebt.

5 Die Spitzen erst nach dem Binden schneiden, aber unbedingt solange die Halme noch feucht sind. Bei leicht brüchigem Stroh oder bei aufwändigen Einschnitten unbedingt die Spitzen der Halme vor dem Schneiden auf der Rückseite mit Klebestreifen fixieren.

Hinweis: Beim Binden von ungebügeltem Stroh darauf achten, dass das Stroh beim Trocknen noch etwas schrumpfen kann und sich einzelne Halme etwas lockern können. Den Faden aber nicht zu fest anziehen, da sonst die Halme abgedrückt werden. Damit die Halme in Form bleiben, den Stern beim Trocknen mit einem flachen Gegenstand etwas beschweren.

KOMET

MATERIAL

- 7 ganze, gebügelte Halme, 5 mm breit, 22 cm lang (Schweif)
- 35 gebügelte Strohstreifen, 3 mm breit, 3,5 cm lang (Ministerne)
- je 8 gebügelte Strohstreifen, 6 mm und 3 mm breit, 16 cm lang (großer Stern)
- 6 gebügelte Strohstreifen, 4 mm breit, 4 cm lang (kleiner Stern)
- Goldfaden
- Kartonrest

1 Aus den 16 cm langen Halmen jeweils einen Achterstern binden, aus den 4 cm langen Halmen einen Sechserstern. Die beiden großen Sterne versetzt aufeinander legen und miteinander verweben. In der Mitte den kleinen Stern aufkleben. Die Spitzen wie abgebildet einschneiden.

2 Für die kleinen Sterne am Schweif je ein langes Halmende mit fünf 3,5 cm langen Halmen zu einem Sechserstern verweben. Die Sternspitzen einschneiden. Die Strohhalme leicht gespreizt zu einem Sternenschweif auf einen Kartonrest kleben und auf der Rückseite des Sterns befestigen.

Grundformen

VIERERSTERN

Der Viererstern besteht aus vier Strohhalmen. Zwei Halme kreuzförmig übereinander legen und die beiden anderen Halme auf Lücke so auflegen, dass alle entstandenen Winkel gleich groß sind.

SECHSERSTERN

Der Sechserstern besteht aus zweimal drei Strohhalmen. Drei Halme so legen, dass die Abstände von einem zum anderen Halm gleich groß sind (gleichschenkelige Dreiecke). Auf Lücke die restlichen drei Halme legen.

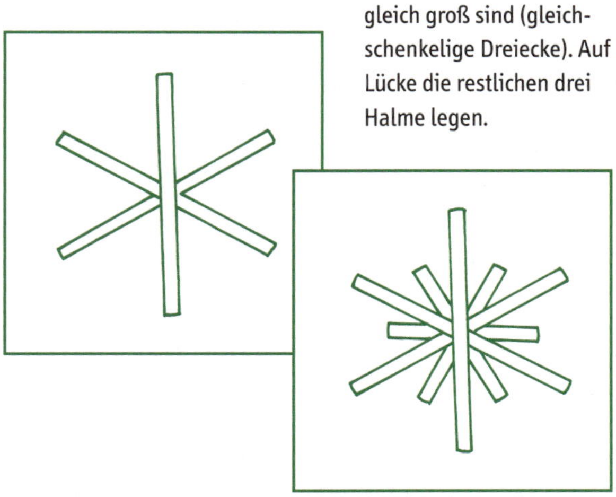

ACHTERSTERN

Der Achterstern besteht aus zweimal vier Strohhalmen bzw. zwei Vierersternen. Entweder zwei Vierersterne versetzt aufeinander legen und miteinander verweben, oder auf einen ungebunden Viererstern Lücke auf Lücke weitere vier Halme legen und den Achterstern in einem Arbeitsgang binden.

Kürbisse beschnitzen

Jedes Jahr zu Halloween haben sie Hochsaison: Kürbisgeister sind mit ihren mal witzigen, mal gruseligen Gesichtern und Fratzen nicht mehr aus der Herbstzeit wegzudenken. Aber auch mit filigranen und dekorativen Verzierungen lassen sich die beliebten Herbstfrüchte herausputzen.

1 Die Vorlage auf die passende Größe kopieren und mithilfe von Kohlepapier auf den Kürbis übertragen.

Hinweis: Halten Sie den Kürbis möglichst kühl und setzen Sie ihn nicht dem Frost oder dem direkten Regen aus – dann kann er einige Wochen halten, ohne zu schimmeln, faulen oder matschig zu werden.

2 Den Kürbisdeckel mit einem großen, scharfen Messer abschneiden. Mit einem Löffel den Kürbis aushöhlen und die Kerne und Fasern entfernen.

3 Die Konturen mit einem scharfen Küchen- oder Gemüsemesser entlang der übertragenen Linien ausschneiden. Rundungen können mit einem Kartoffelschäler oder einem Apfelentkerner geschnitten werden.

4 Die Oberfläche der Kürbisse kann ebenfalls bearbeitet werden, z. B. um schöne durchscheinende Muster zu erhalten. Dazu mit einem Cutter Ornamente in die Außenhaut ritzen.

FRECHER KÜRBISGEIST

MATERIAL

- Kürbis in Orange, ø ca. 15 cm, 20 cm hoch
- Teelicht

VORLAGE SEITE 219

1 Mithilfe der Vorlage das Gesicht auf den Kürbis übertragen. Den Kürbisdeckel mit einem großen scharfen Messer abschneiden.

2 Den Kürbisinhalt mit einem Esslöffel aushöhlen. Einen etwa 2 cm dicken Rand stehen lassen.

3 Mit einem kleinen, scharfen Messer das Gesicht entlang der Linien ausschneiden und das Teelicht einsetzen.

ZACKEN-KÜRBIS

MATERIAL

- Kürbis, ø ca. 20 cm
- Cutter
- wasserfester Filzstift

VORLAGE SEITE 230

1 Den Deckel des Kürbisses mit einem scharfen Messer abschneiden und den Kürbis vorsichtig aushöhlen. Mit dem Cutter das Zickzack-Muster in den Rand schneiden.

2 Mit einem wasserfesten Filzstift die Linien und Muster auf die Oberfläche des Kürbisses aufzeichnen. Mit dem Cutter die Konturen nachziehen und die Zwischenräume vorsichtig herauslösen. Darauf achten, dass die Außenwand nicht durchstoßen wird.

3 Den Kürbis aufstellen und ein Teelicht in der Mitte platzieren, damit das filigrane Muster leuchtet.

STORCH IM NEST

HEUTIERE

MATERIAL
- Heu
- Bindedraht
- Clematisranken
- 10 Haselreiser, ø 1 cm, 8 cm lang
- 2 Rundstäbe, ø 8 mm, 40 cm lang
- Holzscheibe, ø 20 cm, 1,9 cm stark
- Acrylfarbe in Rot und Braun
- Stoffrest in Rot, 4 cm x 40 cm
- Band in Rot, 1 cm breit, 50 cm lang
- 2 Halbperlen in Schwarz, ø 1 cm

VORLAGE SEITE 249

1 Den Körper arbeiten (27 cm lang, 10 cm dick). Den Schwanz in zwei 1 cm dicke und 6 cm lange Stränge auslaufen lassen. Den Hals (20 cm lang, unten 7 cm dick, oben 5 cm dick), den Kopf (7 cm lang) und den Schnabel (10 cm lang) ansetzen. Den Schnabel bemalen, die Augen aufkleben.

2 Die Flügel aus Pappe ausschneiden, 1 cm dick mit Stroh umwickeln und mit Heißkleber auf dem Körper fixieren. Die Rundstäbe rot, die Holzscheibe braun anmalen. Zwei Löcher (ø 8 mm) in die Scheibe bohren. Die Stäbe mit Heißkleber am Körper und in der Bodenplatte fixieren. Die Bodenplatte mit Clematisranken, Haselreiser und Heu dekorieren. Die Schleife umbinden.

SCHÖN-SCHAURIGE KÜRBISDEKO

KÜRBISSE BESCHNITZEN

MATERIAL
- verschiedene Kürbisse
- Cutter, Küchenmesser, Löffel
- Acrylfarbe in Weiß und Rot
- wasserfester Filzstift in Schwarz

VORLAGE SEITE 239

1 Für den Kürbis mit Ornamenten mit einem wasserfesten Filzstift das Muster auf die Außenhaut zeichnen mit dem Cutter vorsichtig die Ornamente einschneiden.

2 Bei den bemalten Kürbissen die Gesichter auf die Oberfläche übertragen und mit Acrylfarbe aufmalen. Die Farbe gut trocknen lassen. Mit wasserfestem Filzstift die Pupillen sowie den schlangenlinienförmigen Mund aufmalen. Mit weißer Acrylfarbe kleine Lichtreflexe in die Augen setzen.

STROHSTERN MIT STERNANIS

STROHSTERNE

MATERIAL

- 16 eingeweichte, ganze Strohhalme, 21 cm lang
- 8 Mini-Vierersterne aus gebügelten, mittleren Halmen, 3 cm lang
- Sternanis
- 8 Gewürznelken
- Goldfaden, ø 0,4 mm
- starker Zwirn in Hellbeige
- Klebstoff

1 Die langen Halme nebeneinander legen, in der Mitte zusammendrücken und mit Zwirn abbinden. Jeweils vier Halme nach 1 cm wieder fest zusammenbinden. Die Halme dürfen auf keinen Fall übereinander rutschen.

2 Nun nach 3 cm versetzt wieder je vier Halme zusammenbinden. Für die Spitzen aus zwei nebeneinander liegenden Büscheln jeweils den inneren Halm nehmen und diese zwei Halme nach 3,5 cm fest zusammenbinden. Die Halme nach 5 mm schneiden.

3 Für die äußere Spitze die beiden daneben liegenden Halme nach 5,5 cm zusammenbinden und die Halmenden wieder nach 5 mm abschneiden. Die Gewürze und die Ministerne wie abgebildet auf den Stern kleben.

APFELKRANZ

KRÄNZE BINDEN

MATERIAL

- Metallring, ø 20 cm
- Buchsbaumzweige
- Heu
- Deko-Äpfel in verschiedenen Größen
- getrocknete Apfelscheiben
- Baumrinde
- Jutekordel in Natur
- Bindedraht
- Steckdraht
- Heißklebepistole

1 Wie auf Seite 200 beschrieben einen Rohling für den Kranz arbeiten. Den Buchs in 12 cm lange Stücke schneiden. Die Buchsbaumzweige und das Heu auf den Rohling binden.

2 Den fertig gebundenen Kranz an der Jutekordel aufhängen. Die Deko-Äpfel, die getrockneten Apfelscheiben und die Baumrinde mit Steckdraht und Heißklebepistole am Kranz befestigen (siehe Seite 201).

HINWEIS

Manche Vorlagen im Buch sind verkleinert abgebildet. Diese Vorlagen bitte mit dem angegebenen Vergrößerungsfaktor kopieren und dann diese Kopien wie normale Vorlagen verwenden.

Weihnachtsmann

SEITE 9

bitte auf 400 % vergrößern

Weihnachtskarte

SEITE 33

Spanner-raupen

SEITE 13

bitte auf 125 % vergrößern

Häschen auf der Leiter

SEITE 9

bitte auf 400 % vergrößern

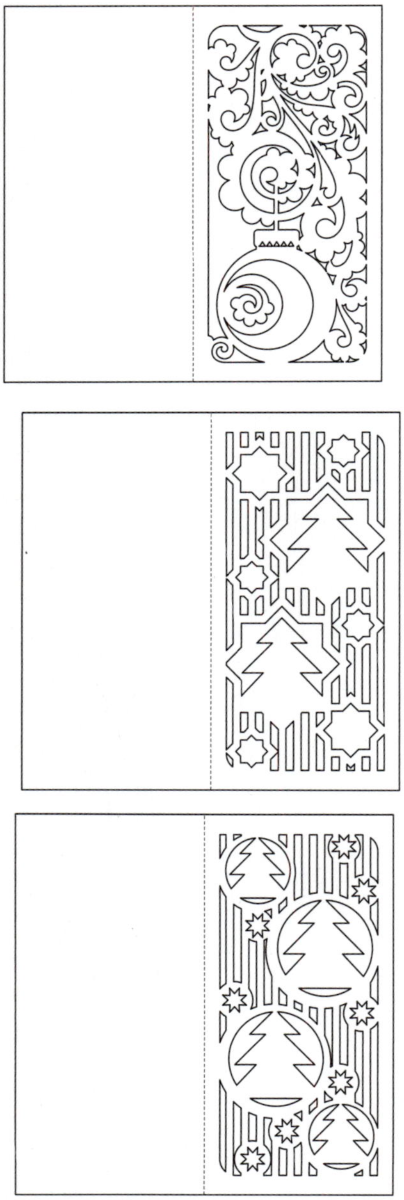

Weihnachtskarten

SEITE 11

bitte auf 400 % vergrößern

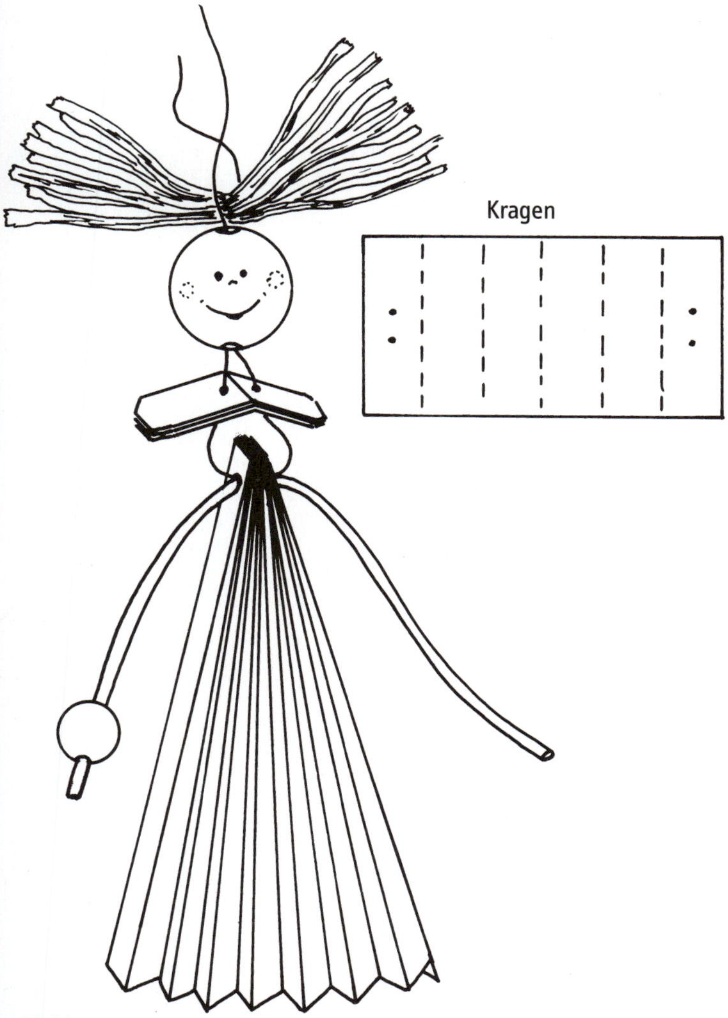

Kragen

Kleid

Bunte Drachen

SEITE 17

bitte auf 150 % vergrößern

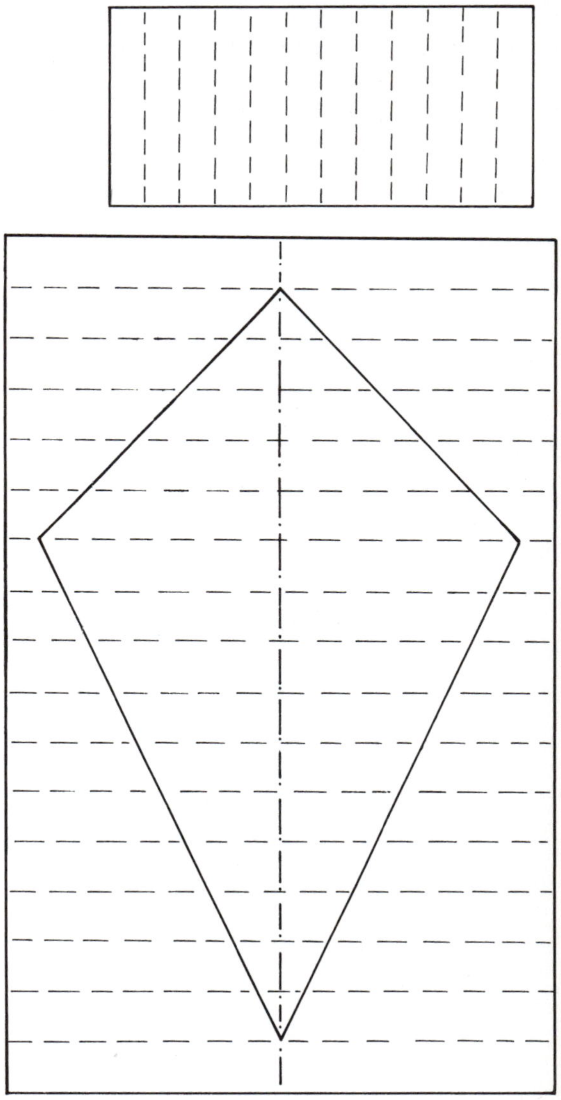

Drei Weihnachtsengel

SEITE 17

bitte auf 125 % vergrößern

Raben-quartett

SEITE 13

bitte auf 125 % vergrößern

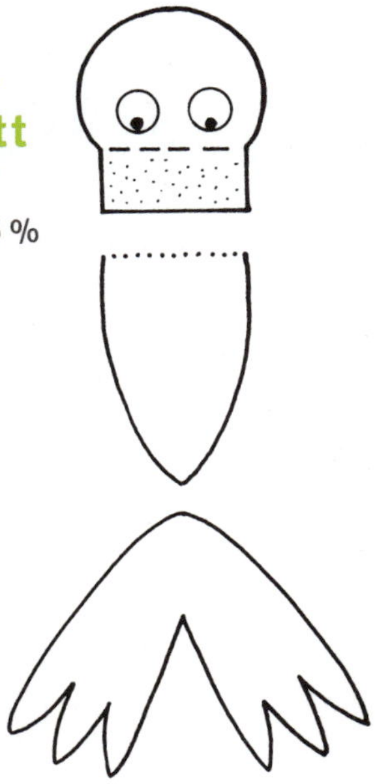

Bunte Drachen

SEITE 27

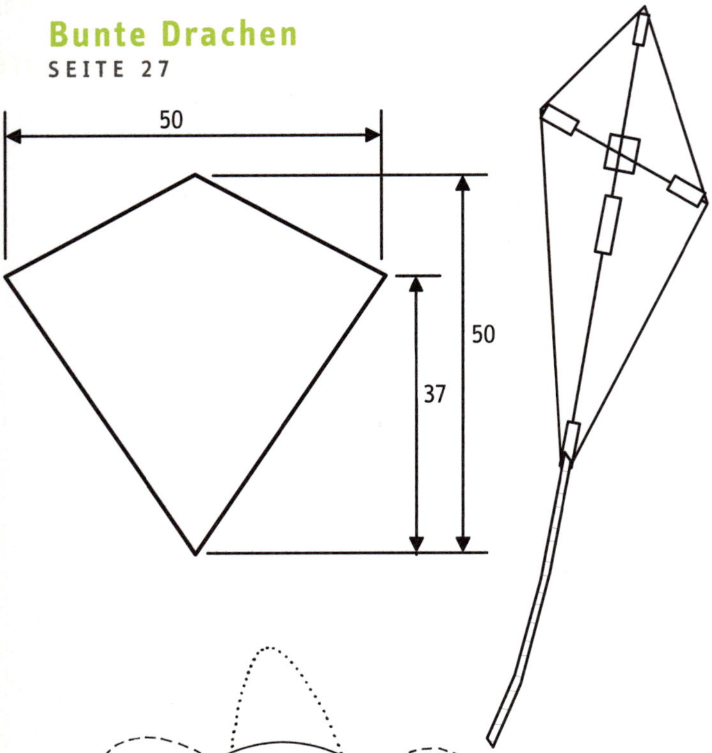

Laterneneule

SEITE 29

bitte auf 200 % vergrößern

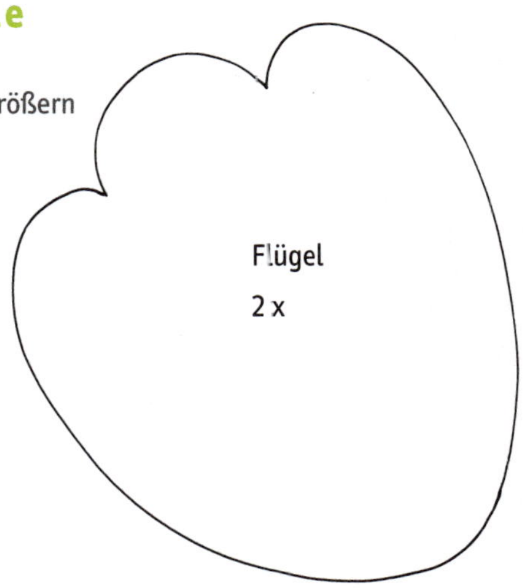

Pappmaché-Nester

SEITE 31

bitte auf 200 % vergrößern

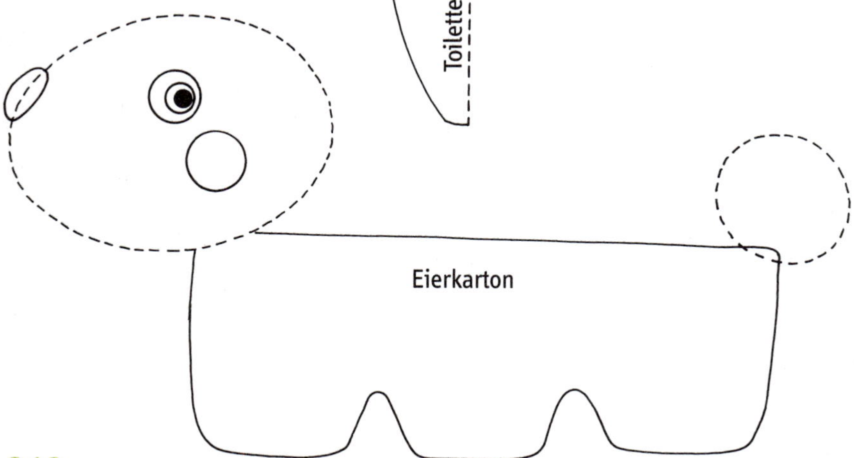

Transparente Blumen

SEITE 33

bitte auf 200 % vergrößern

Teekanne

SEITE 36

bitte auf 200 % vergrößern

Faltanleitung Teebeutel

Papiergröße 14,8 cm x 10,5 cm => ¼ DIN A4-Blatt

1. Rand 0,5 cm einknicken und kleben

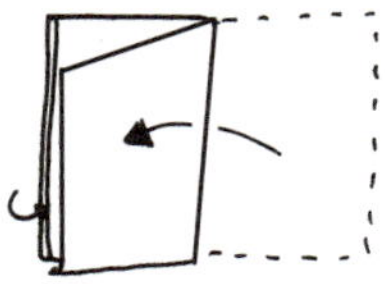

2. Ränder falten, Seiten eindrücken

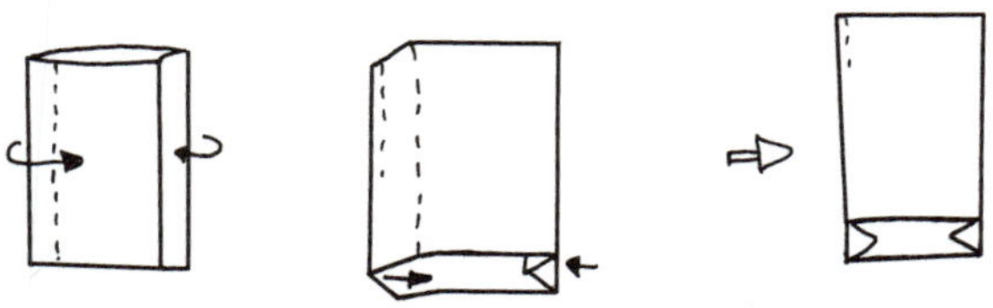

3. Seiten wieder auffalten und die beiden unteren Ecken zur Mitte falten

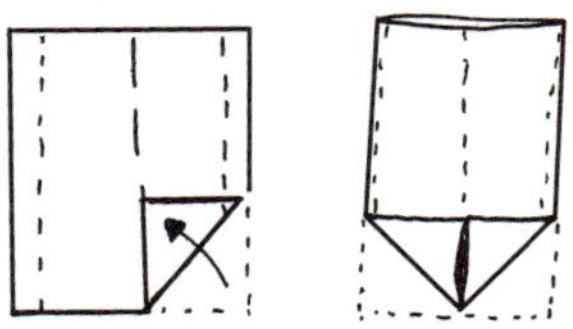

4. Ecken öffnen und nach oben und unten glattstreichen

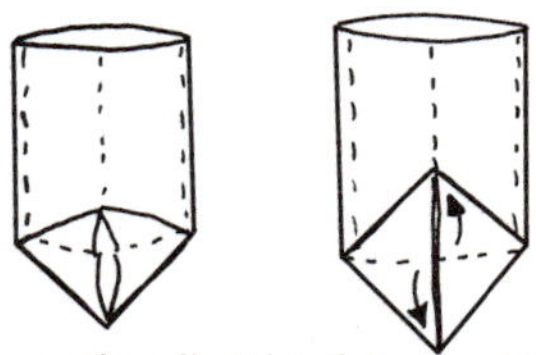

5. Etwas über die Mitte falten und kleben

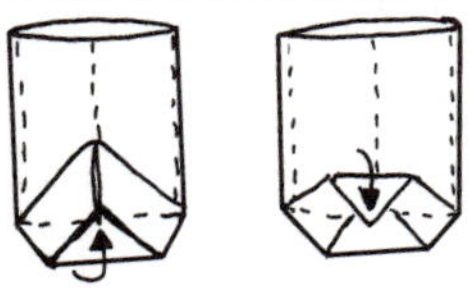

6. Seiten wieder eindrücken, fertig!

Knuffige Schultüte

SEITE 36

bitte auf 400 % vergrößern

Leuchtender Stern

SEITE 37

bitte auf 150 % vergrößern

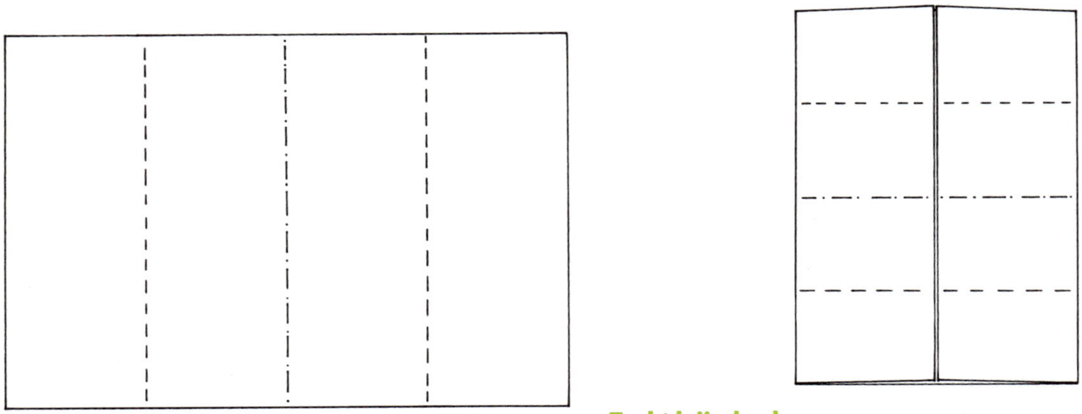

Faltkörbchen

SEITE 38

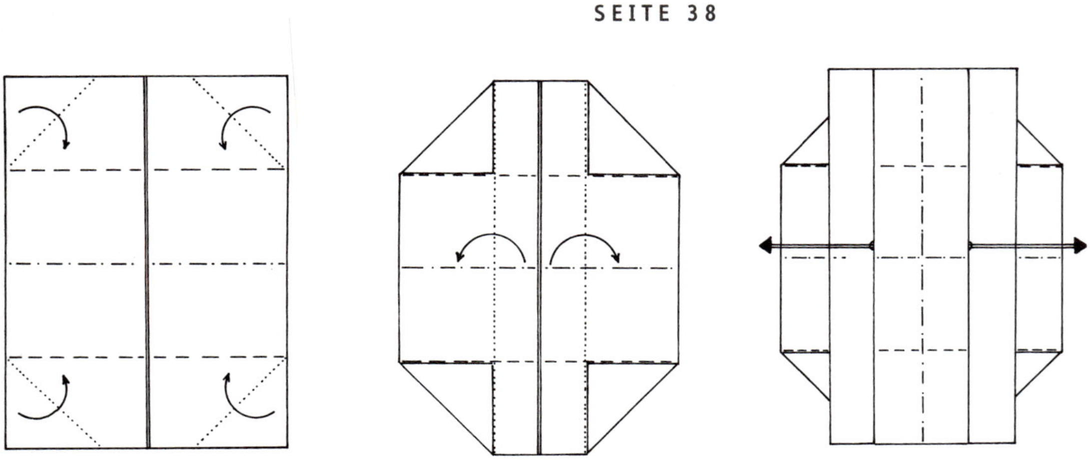

Summerfeeling

SEITE 38

bitte auf 300 % vergrößern

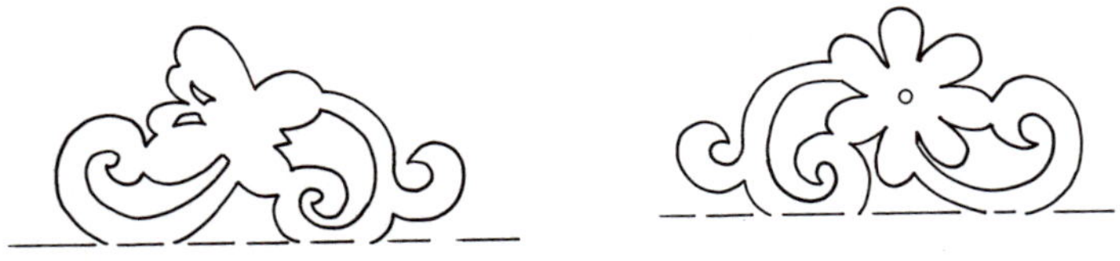

Gespenster-Laterne

SEITE 39

bitte auf 250 % vergrößern

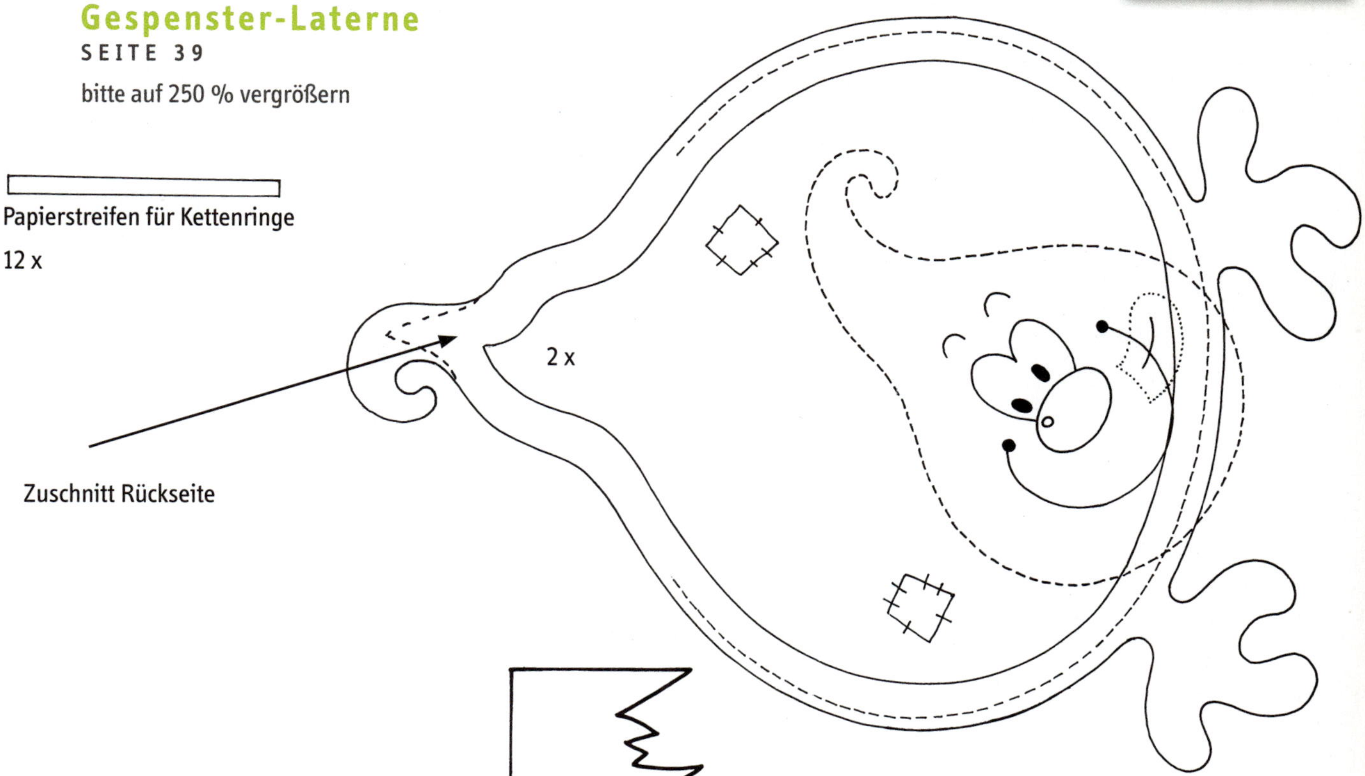

Schreib doch mal wieder!

SEITE 49

bitte auf 125 % vergrößern

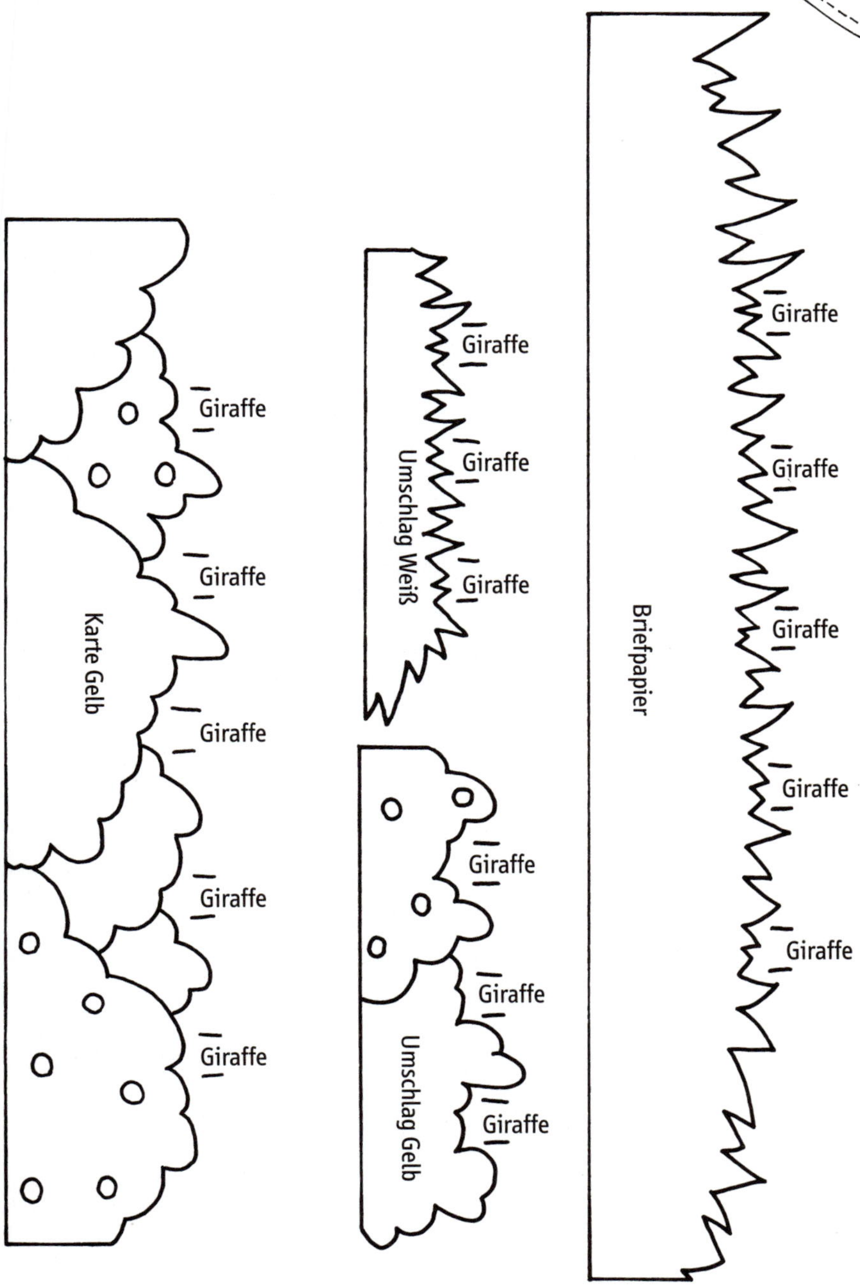

Bunte Bilderrahmen

SEITE 51

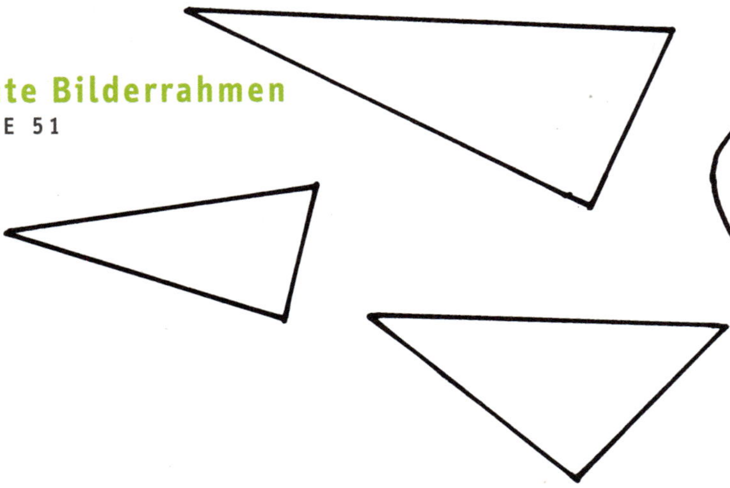

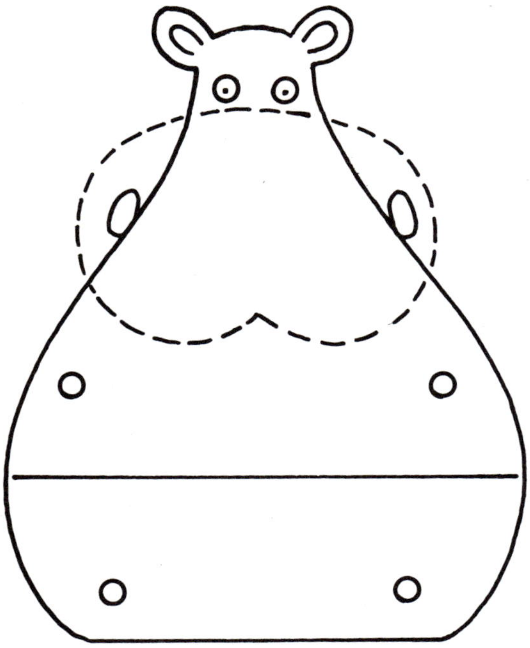

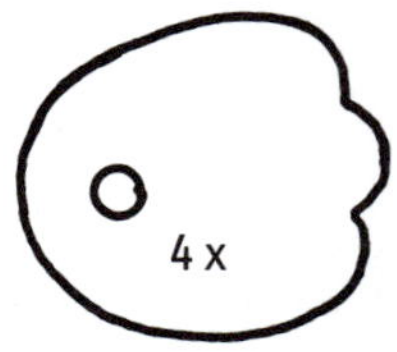

Nilpferd Nobbi

SEITE 67

Fröhliche Servietten

SEITE 58

Kleines Engelchen
SEITE 63

Sterne im Stern
SEITE 63

bitte auf 200 % vergrößern

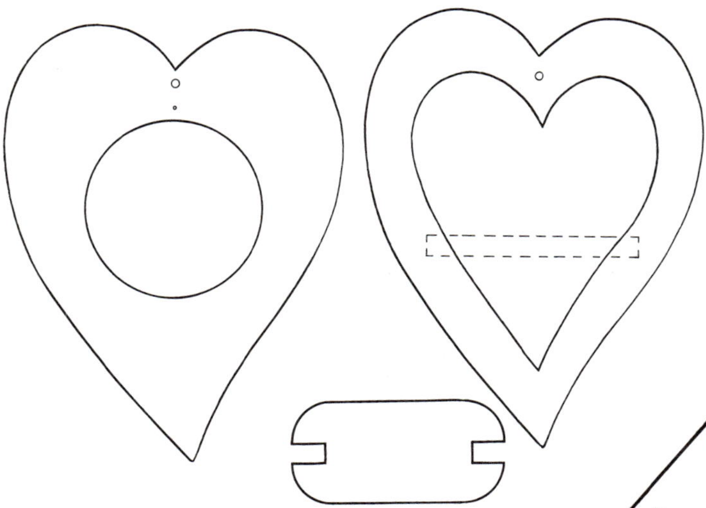

Herzen
SEITE 67

bitte auf 300 % vergrößern

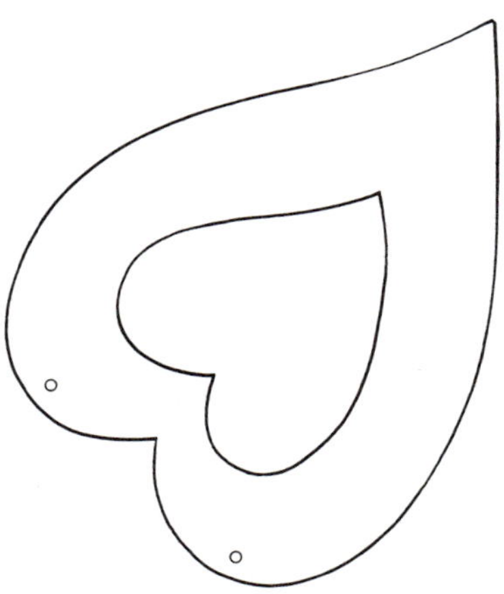

Dekoratives WC-Schild
SEITE 65

bitte auf 150 % vergrößern

Hahn und Huhn
SEITE 70

bitte auf 400 % vergrößern

Türschild fürs Kinderzimmer
SEITE 71

bitte auf 150 % vergrößern

Lustige Pflanzenstecker
SEITE 71

bitte auf 150 % vergrößern

Frecher Kürbisgeist

SEITE 207

bitte auf 150 % vergrößern

Lebkuchen

SEITE 89

bitte auf 200 % vergrößern

It's springtime

SEITE 89

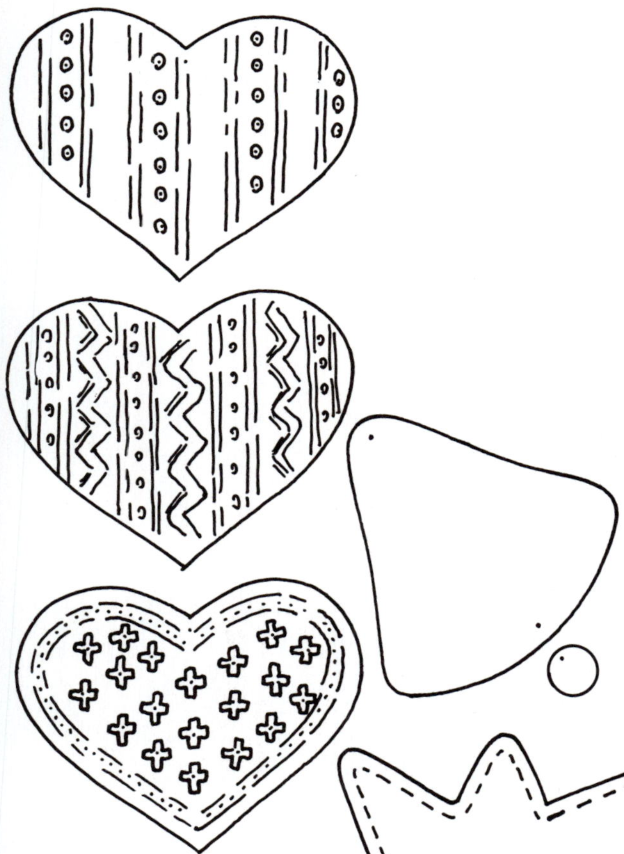

Weihnachts-anhänger

SEITE 91

bitte auf 125 % vergrößern

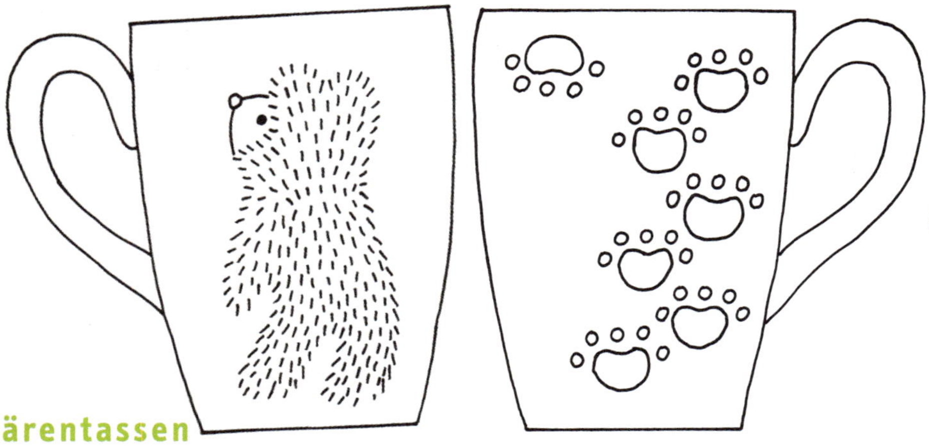

Bärentassen

SEITE 97

bitte auf 200 % vergrößern

Lustige Schalen

SEITE 97

Vogelornament mit Blumen

SEITE 109

bitte auf 200 % vergrößern

Marmeladen-deckel

SEITE 107

Fensterschmuck mit Fuchsie
SEITE 112

Für Verliebte
SEITE 125

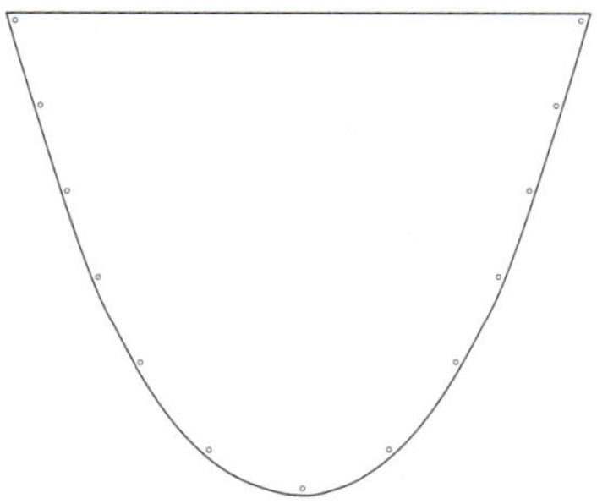

Garden Collector
SEITE 111
bitte auf 300 % vergrößern

Häschen

SEITE 145

bitte auf 150 % vergrößern

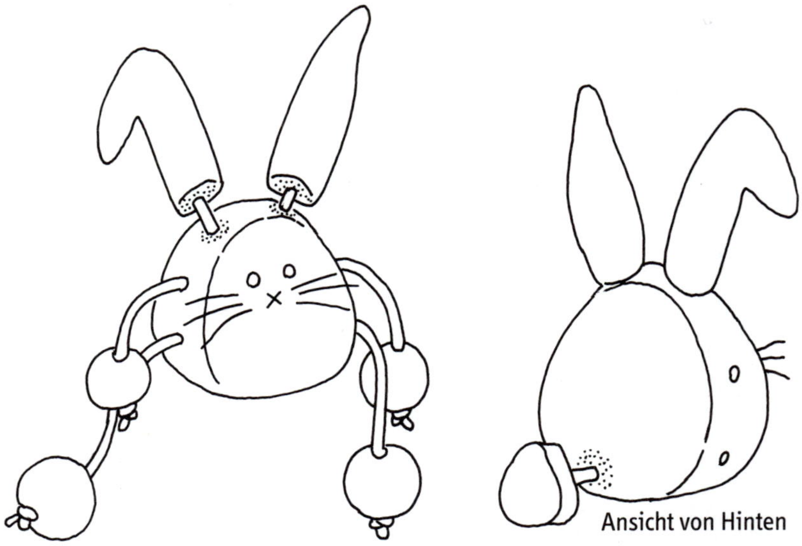

Katz und Maus

SEITE 144

bitte auf 200 % vergrößern

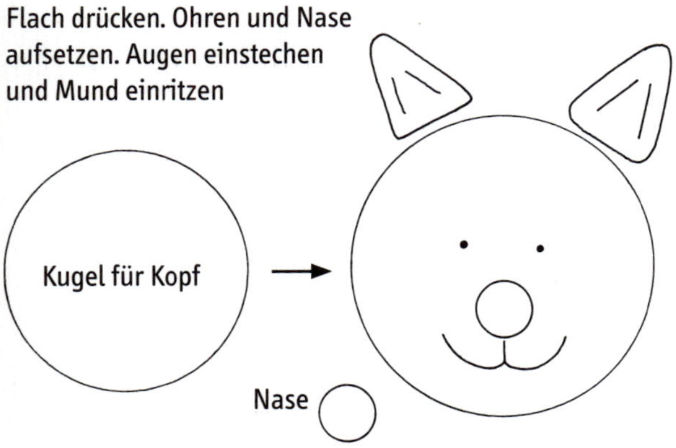

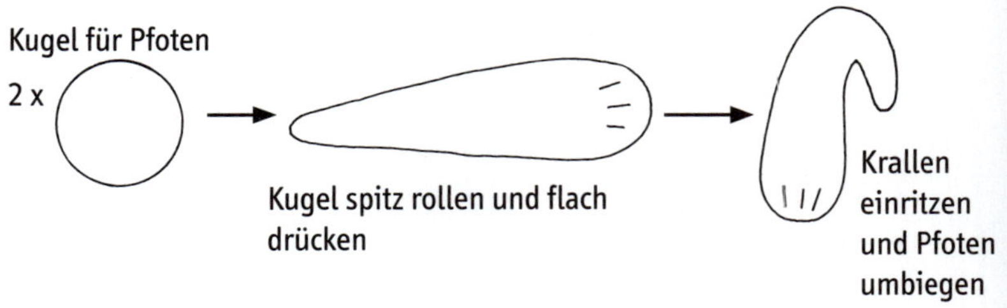

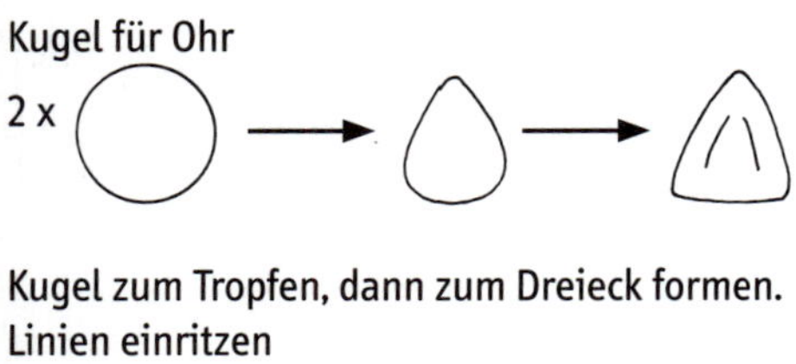

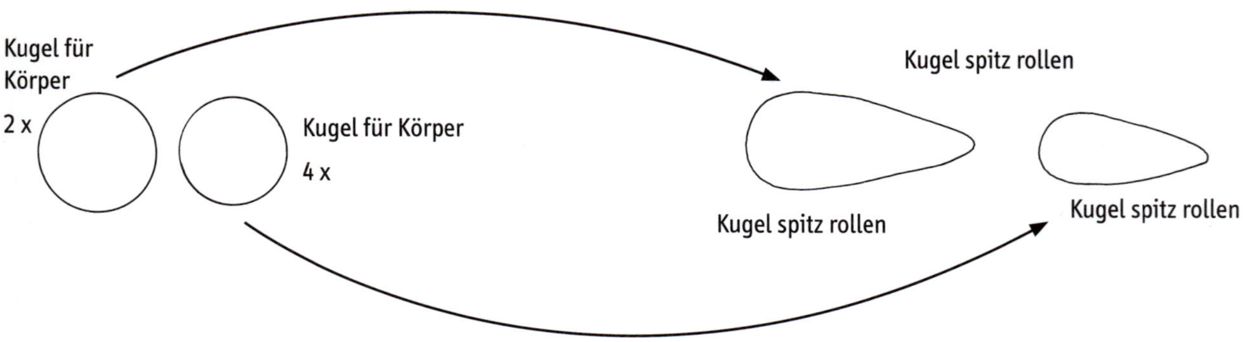

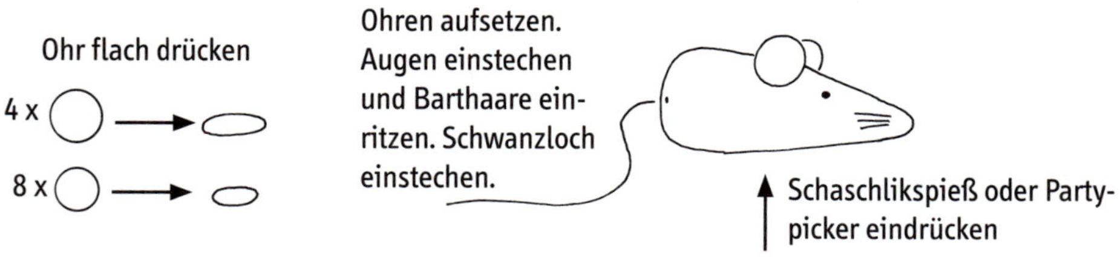

Drachenmädchen

SEITE 144

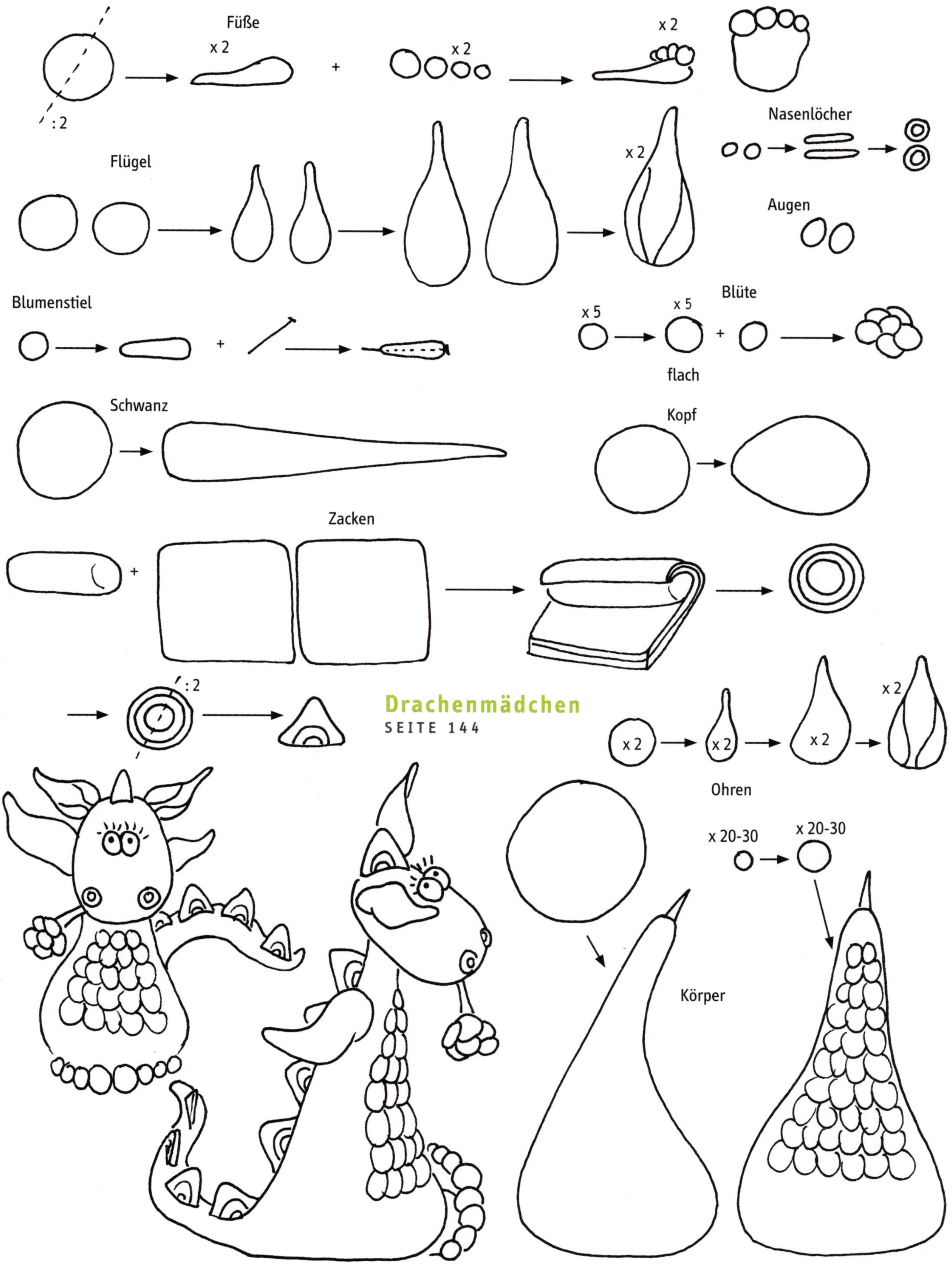

Orca
SEITE 149

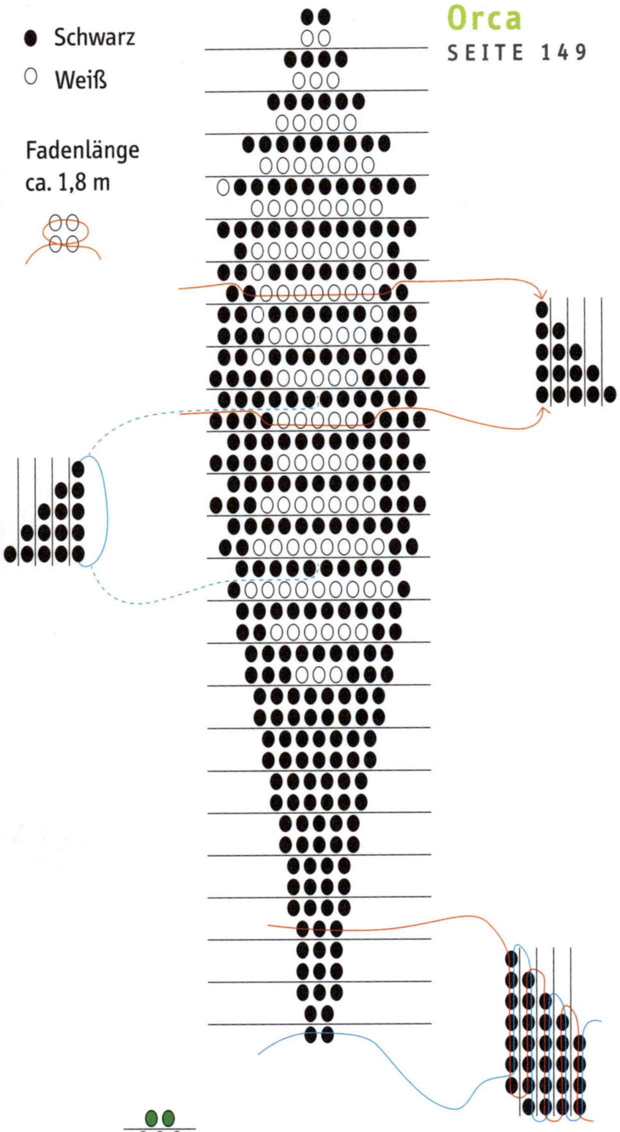

Blumentöpfe
SEITE 145

bitte auf 400 % vergrößern

Kette und Armband in Pastell
SEITE 163

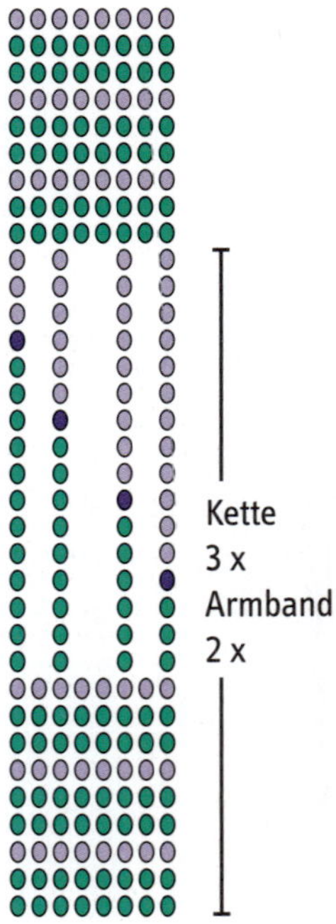

Muntere Kükenschar
SEITE 169

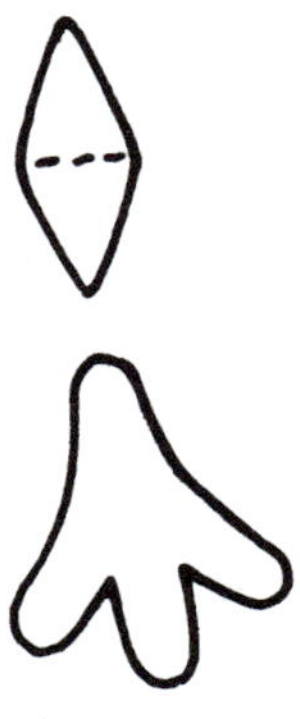

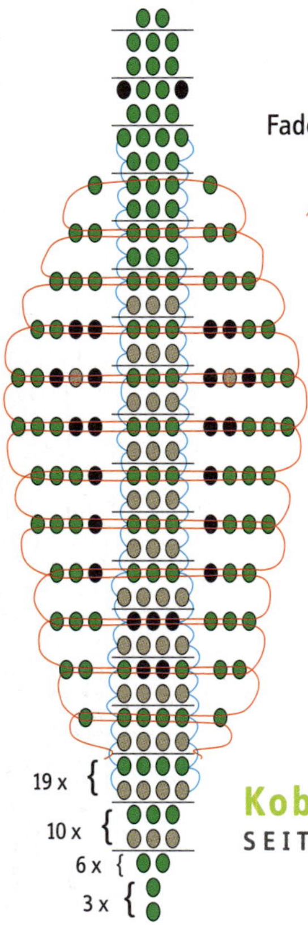

Fadenlänge ca. 2,0 m

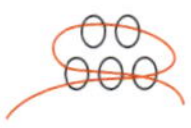

- Schwarz
- Beige
- Grün

Kobra
SEITE 149

Kette und Armband in Silber-Blau
SEITE 157

Kette

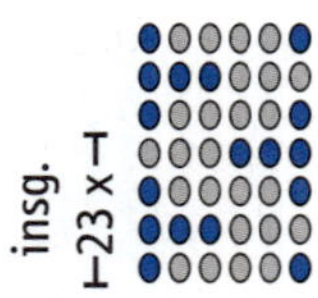

Armband

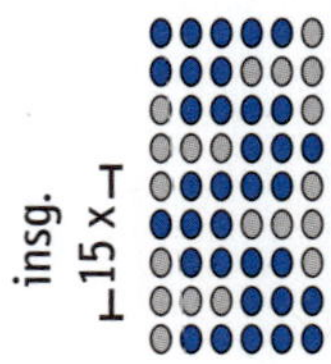

Storch und Frösche

SEITE 151

Fadenlänge
ca. 1,8 m

● Schwarz
○ Weiß
● Rot

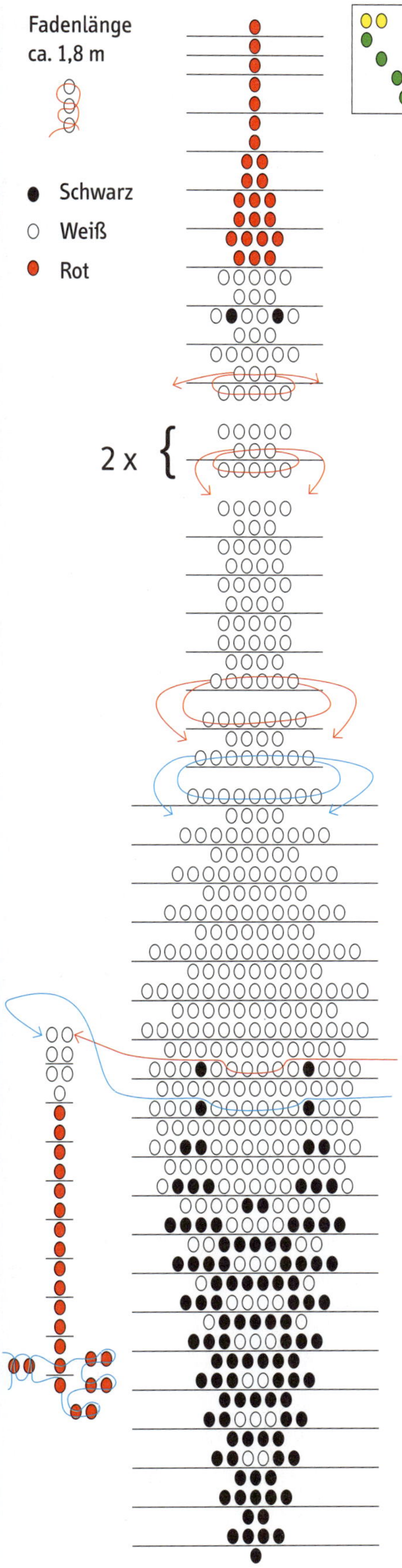

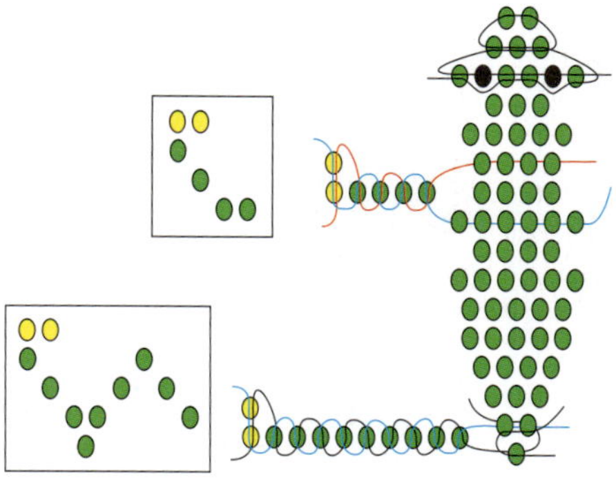

Fadenlänge
ca. 1,0 m

● Hellgrün bzw. Grau
● Schwarz
● Grün

Serviettenring

SEITE 159

1. Zuerst eine kleine Perle, dann die große Mittelperle aufnehmen. Sechs kleine Perlen auffädeln. Nochmals durch die erste Perle, fünf weitere Perlen auffädeln, nochmals durch eine kleine Perle und die Zacken arbeiten.

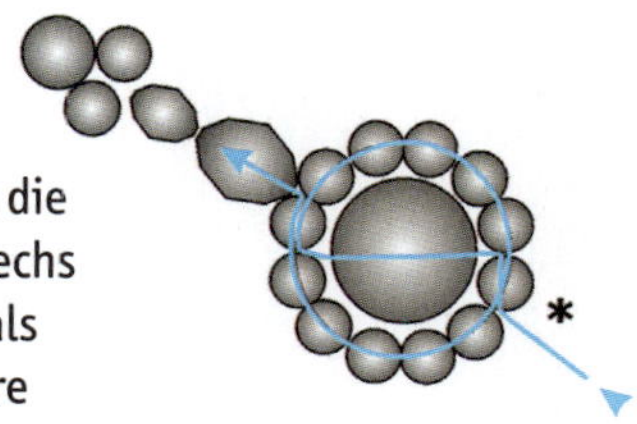

2. Nach drei Zacken zurück durch die Mittelperle.

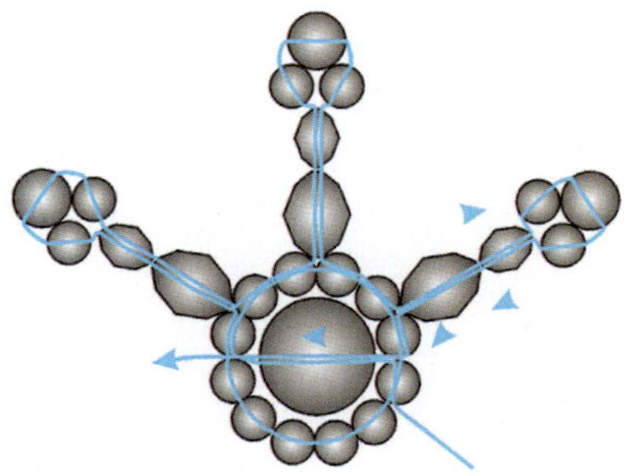

3. Die nächsten drei Zacken mit der zweiten Drahthälfte arbeiten.

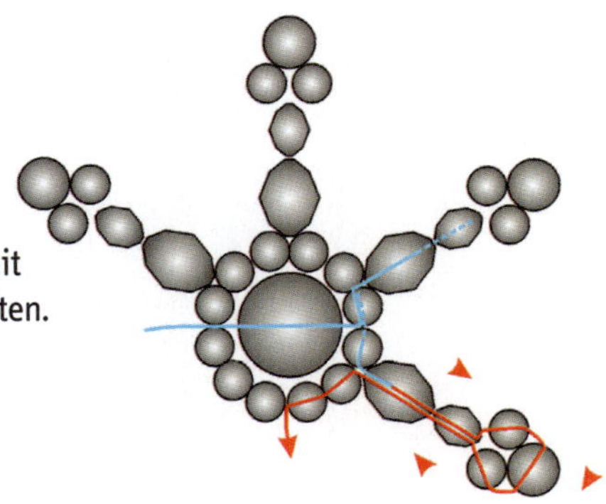

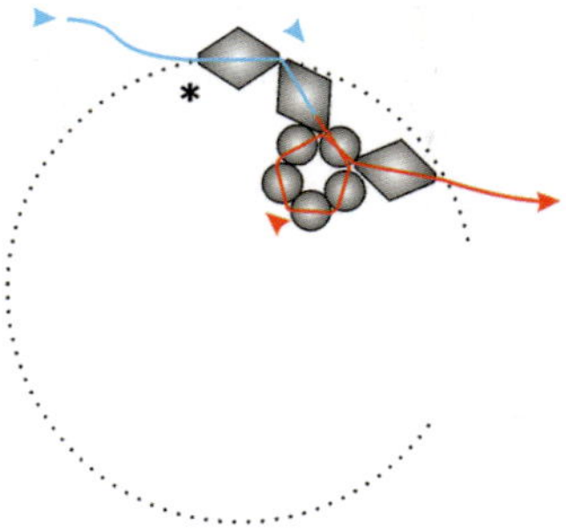

1. Ab Drahtmitte: Zwei Swarovski®-Perlen aufnehmen, dabei den Draht anwinkeln, dann den Ring mit den kleinen weißen Perlen fädeln.

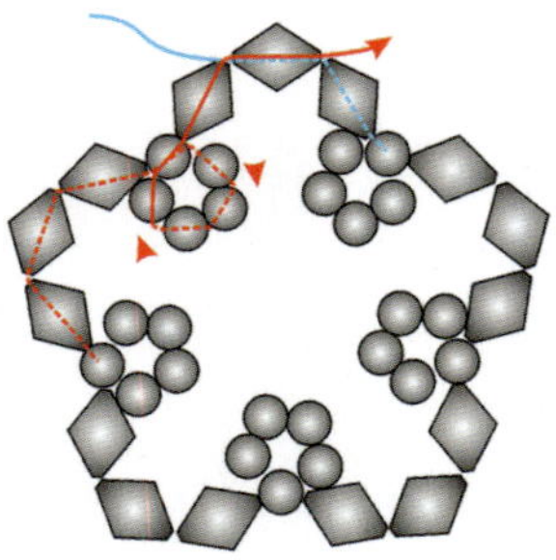

2. Die Enden des Drahts kreuzen sich in einer Perle.

Eleganz in Amethyst und Weiß

SEITE 159

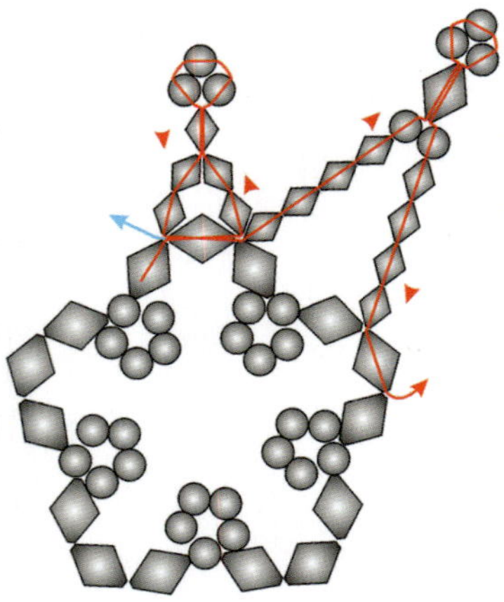

3. Nacheinander je fünf kleine und fünf große Zacken ansetzen.

Schöner schenken

SEITE 49

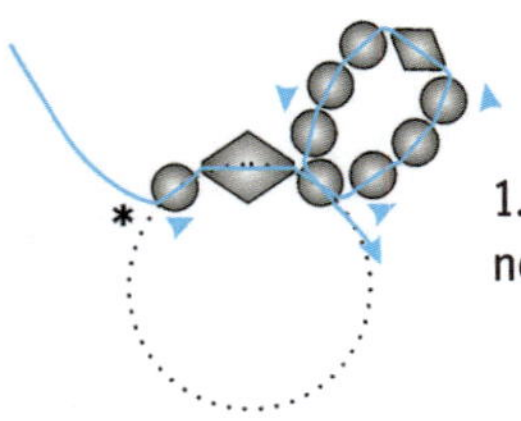

1. Innenring mit kleinen Bögen fädeln.

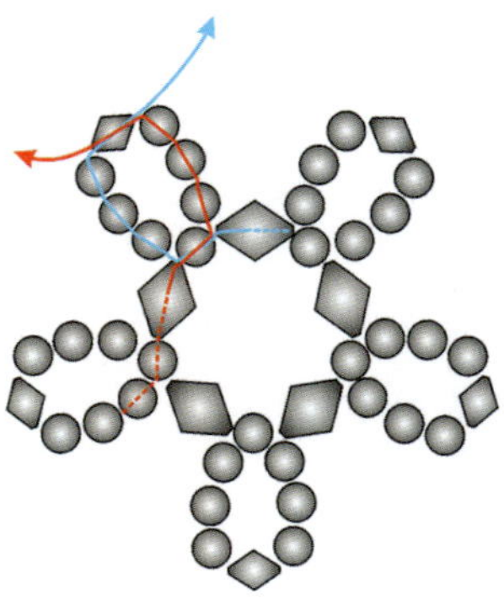

3. Die äußeren Spitzen arbeiten, am Schluss die beiden Drahtenden verdrehen.

Stern in Rot-Gold

SEITE 162

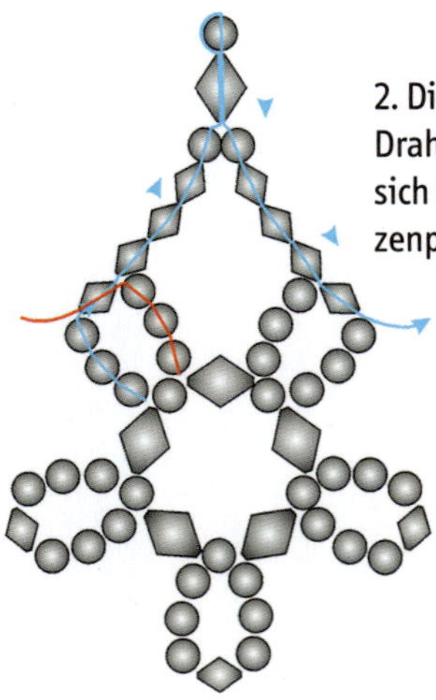

2. Die Enden des Drahts kreuzen sich in der Spitzenperle.

Fadenlänge ca. 1,6 m

Elch

SEITE 151

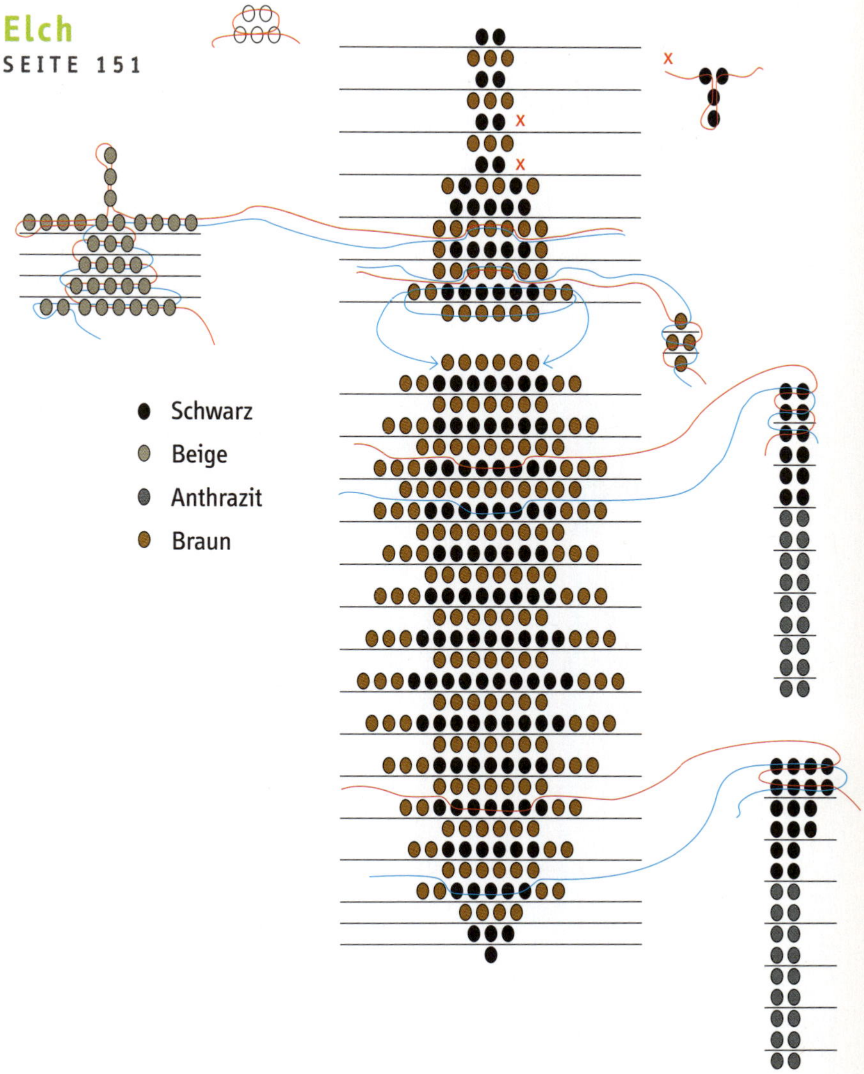

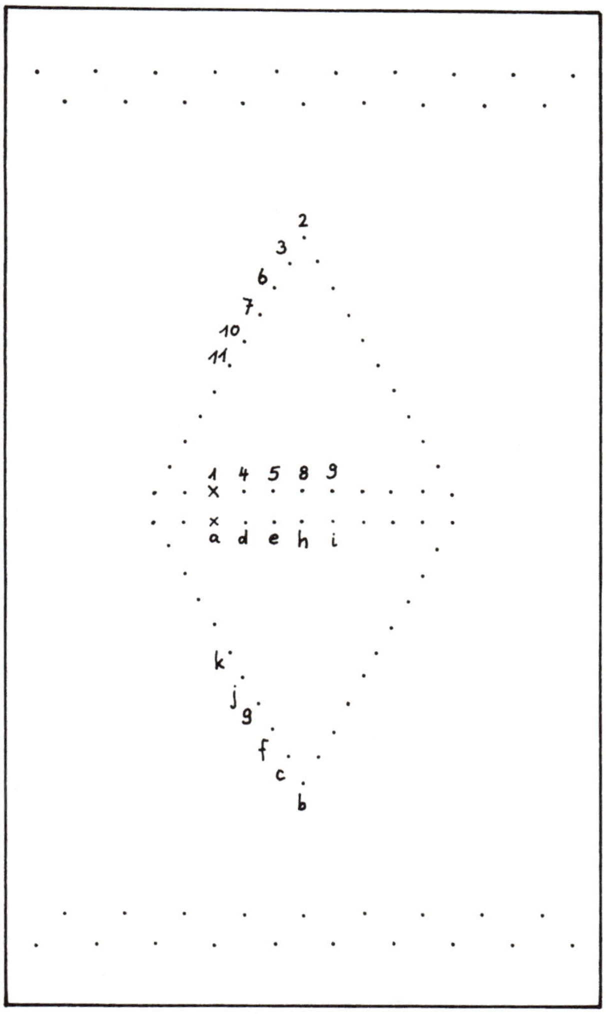

Dreiecke in Lila und Pink

SEITE 181

bitte auf 125 % vergrößern

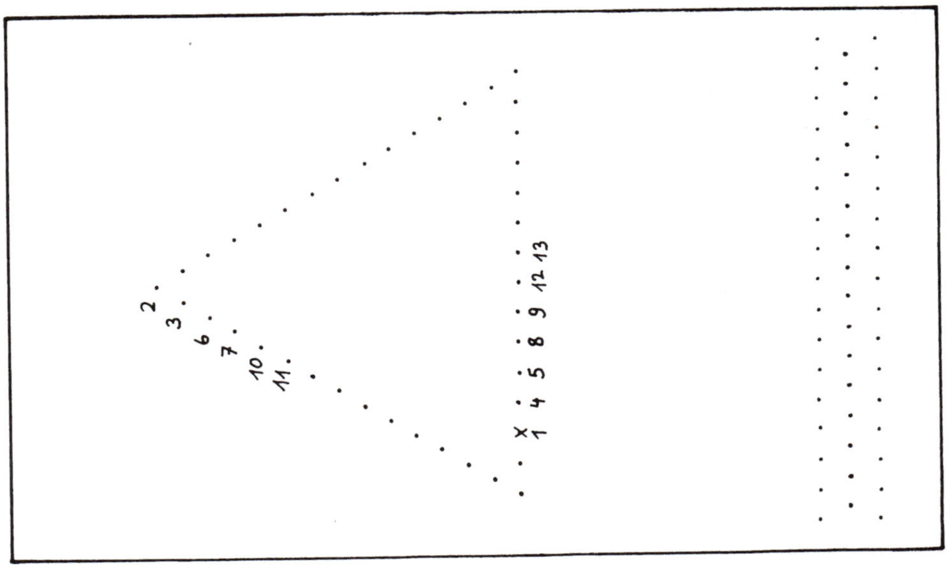

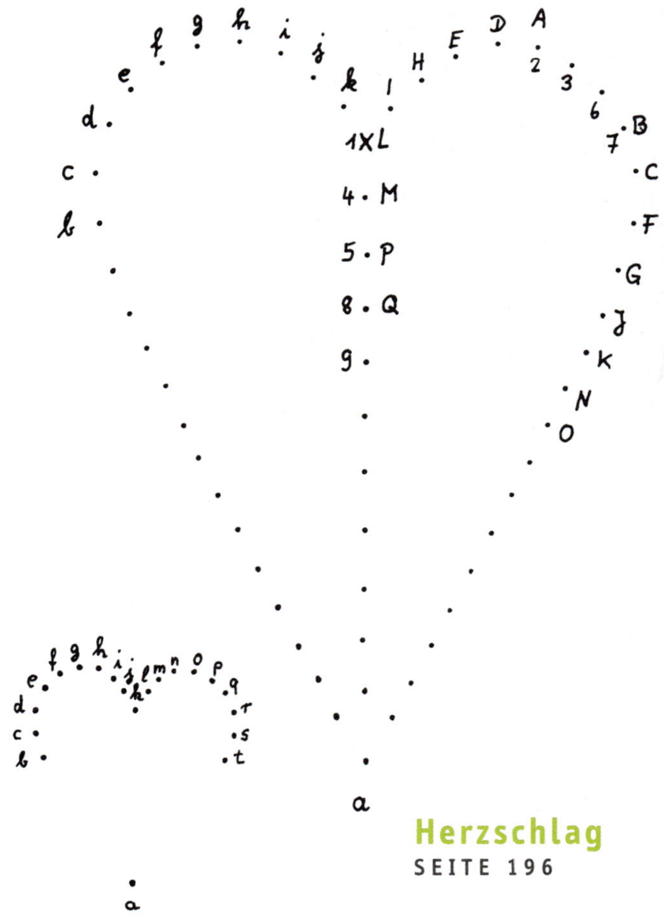

Herzschlag
SEITE 196

Schneemann
SEITE 191
bitte auf 150 % vergrößern

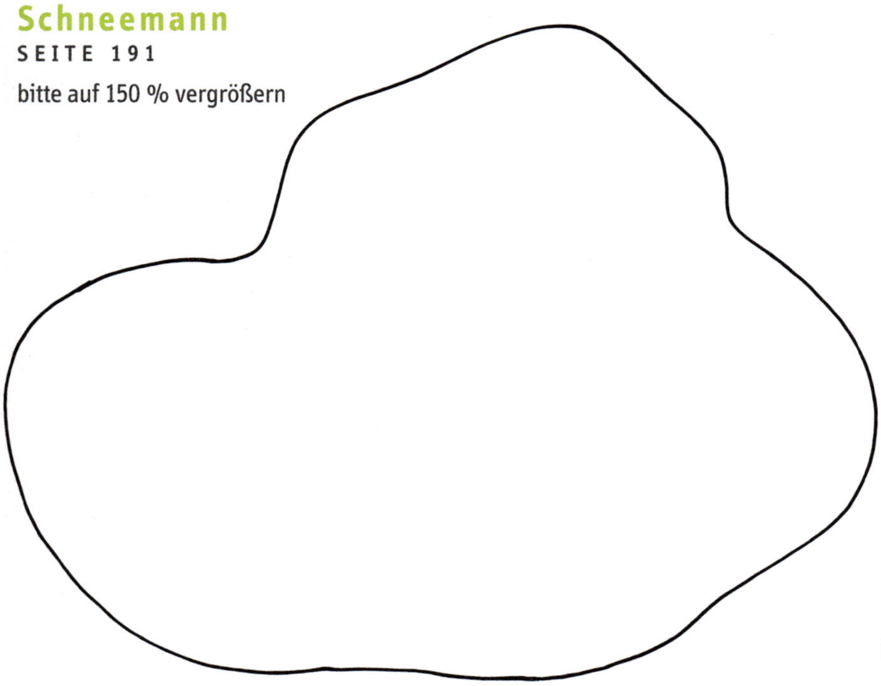

Pantoffeln mit Schneeflocken
SEITE 195

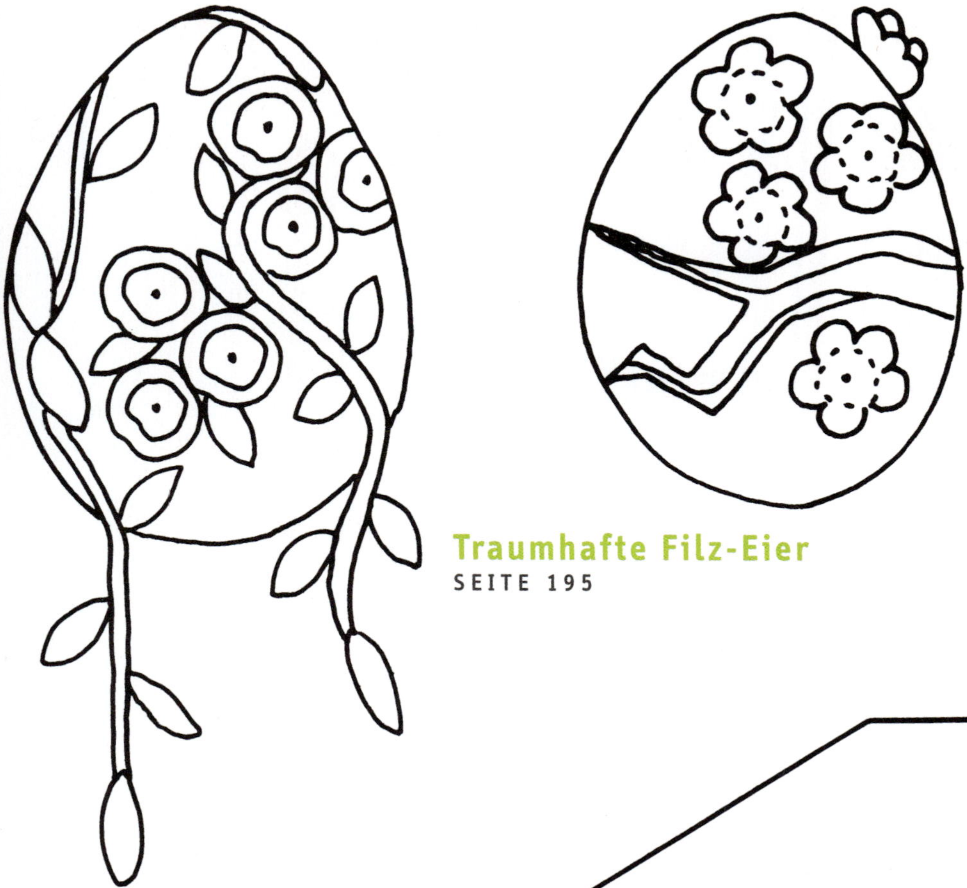

Traumhafte Filz-Eier
SEITE 195

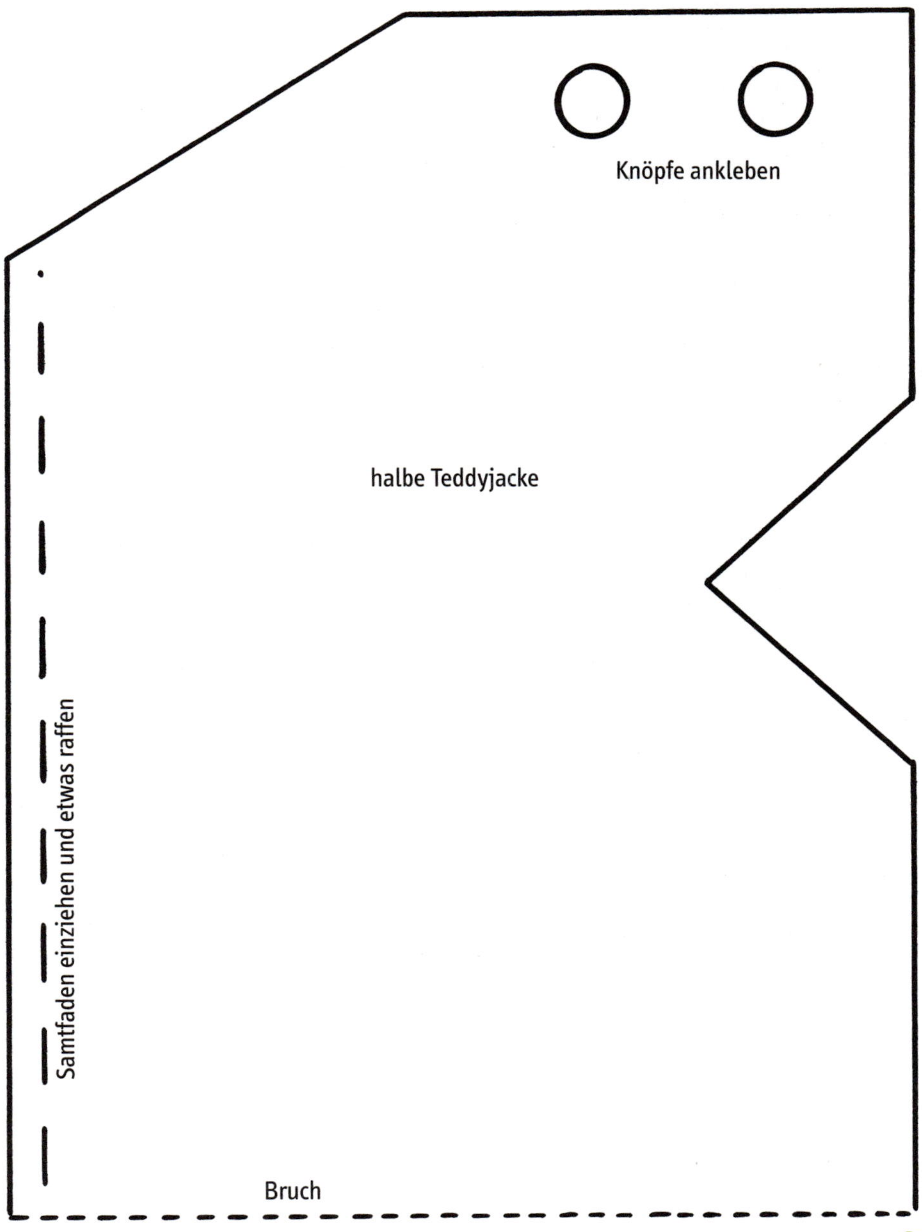

Süßer Teddy
SEITE 203

bitte auf 150 % vergrößern

Osterhasen
SEITE 105

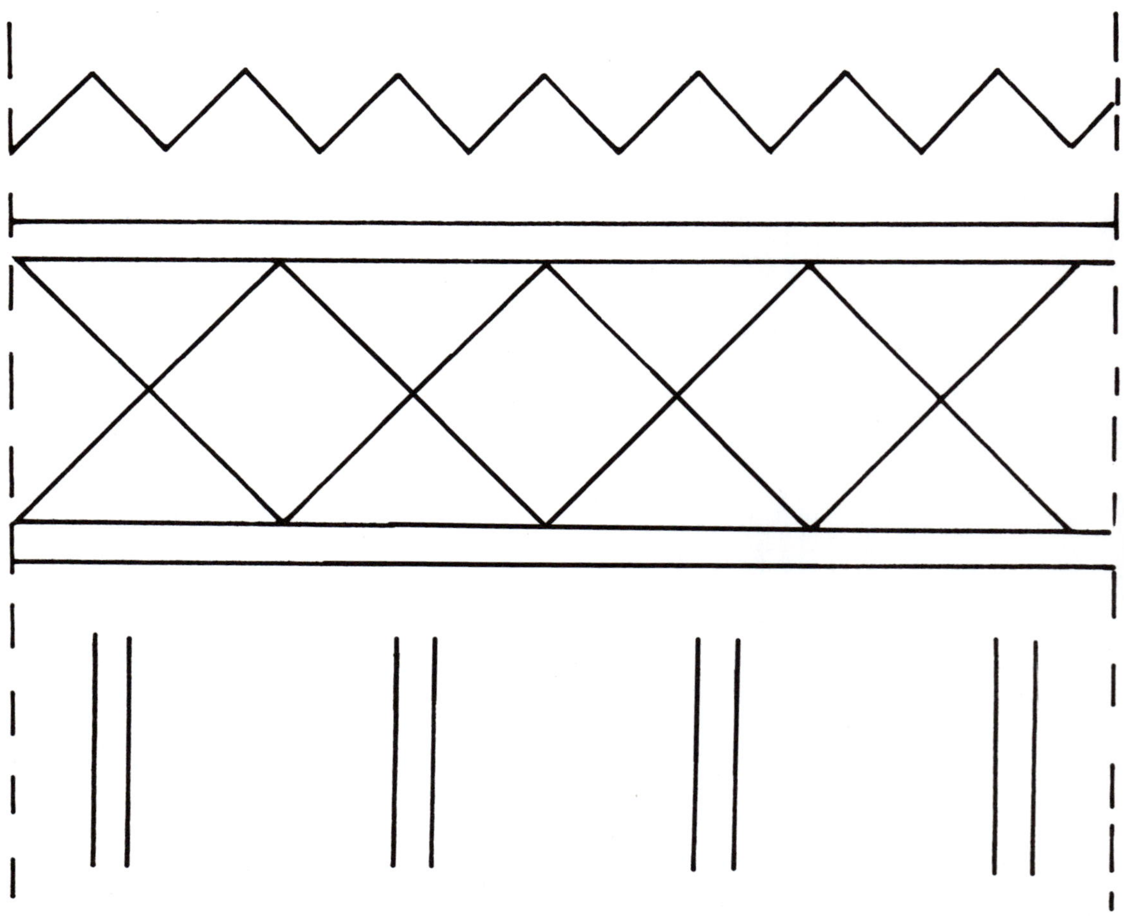

Zacken-Kürbis
SEITE 207

Spanschachtel mit Rosen

SEITE 110

Maritime Wohnraumdeko

SEITE 51

Lustige Raben
SEITE 197

Mond und Sterne
SEITE 124

Frösche
SEITE 73

bitte auf 250 % vergrößern

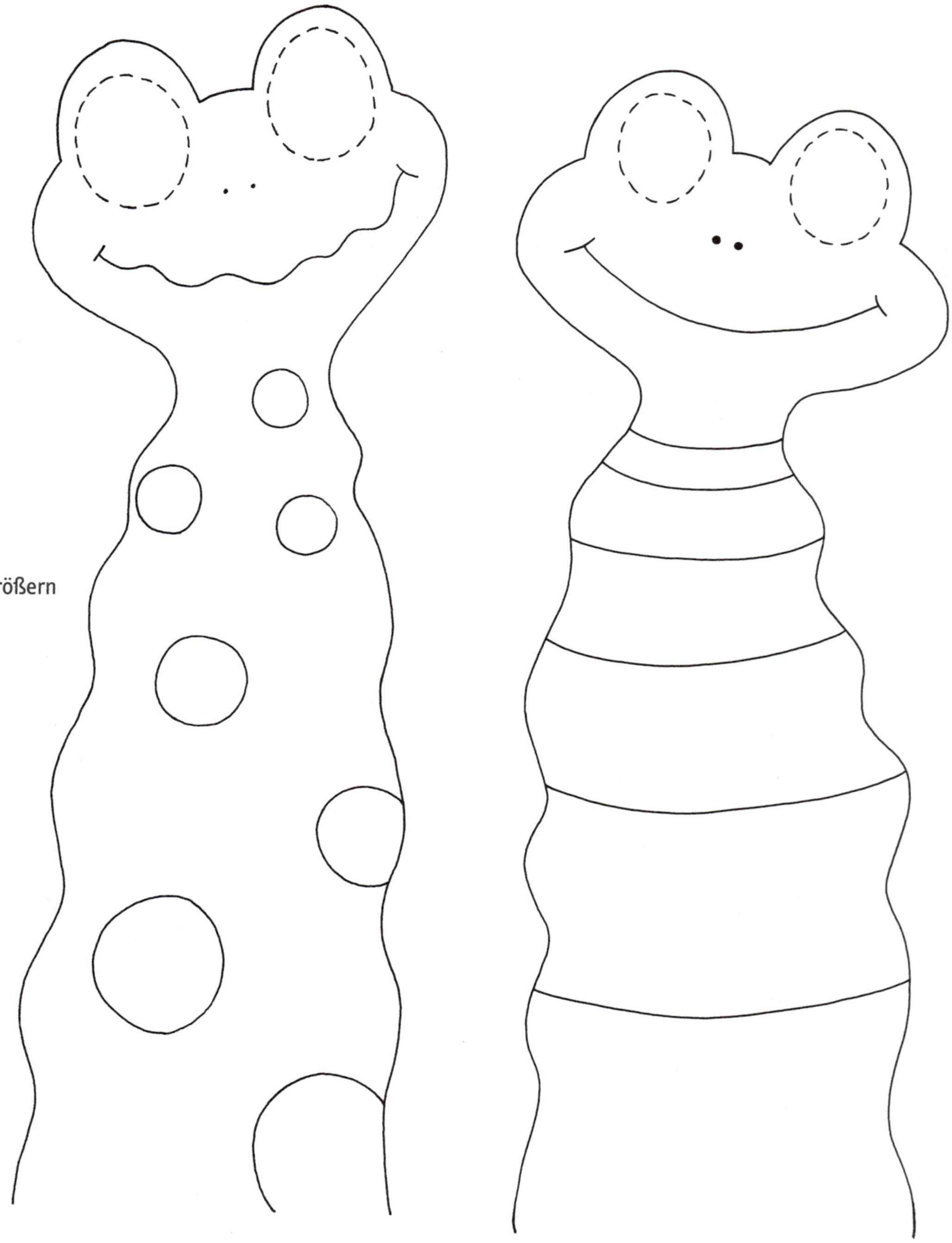

Vase oberer Randstreifen

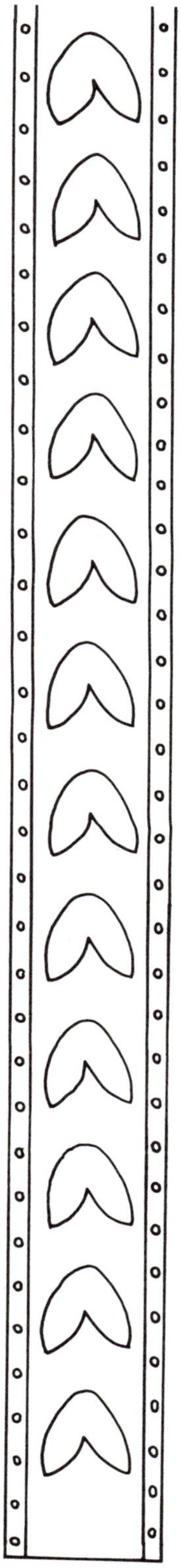

Vase unterer Randstreifen

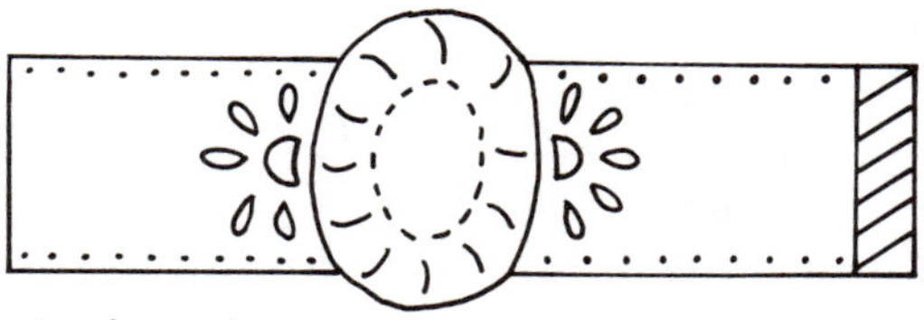

Serviettenring

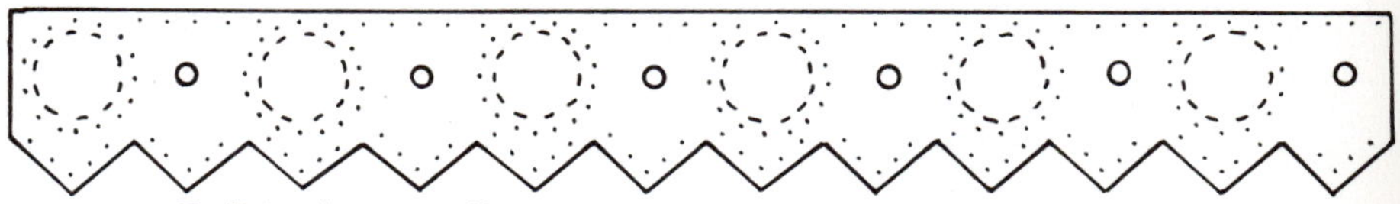

Teelicht oberer Streifen

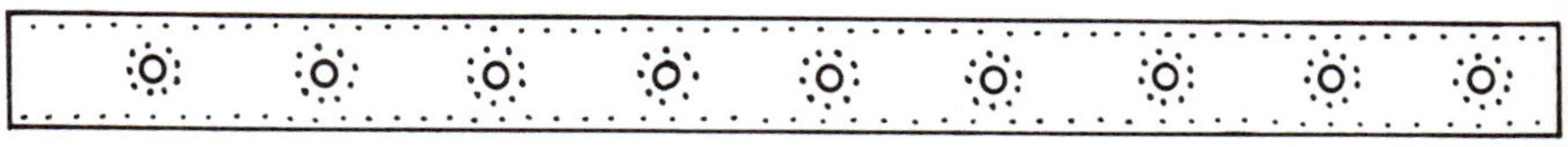

Teelicht unterer Streifen

Tischdeko

SEITE 57

bitte auf 200 % vergrößern

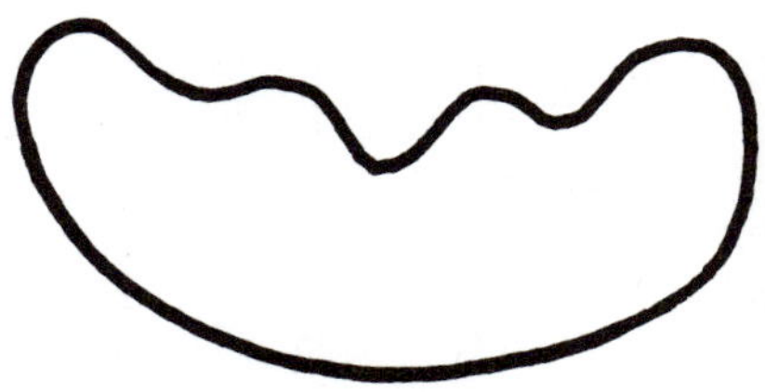

Elch und Schneemann

SEITE 137

Mittelalterliche Burg

SEITE 47

bitte auf 125 % vergrößern

Efeubäumchen
SEITE 85

Heute kocht Papa!
SEITE 101
bitte auf 150 % vergrößern

Nikolausanhänger

SEITE 193

Küchendeko

SEITE 85

Glitzerndes Hummelmädchen

SEITE 107

Kerzen mit Botschaft

SEITE 105

Frösche

SEITE 15

1

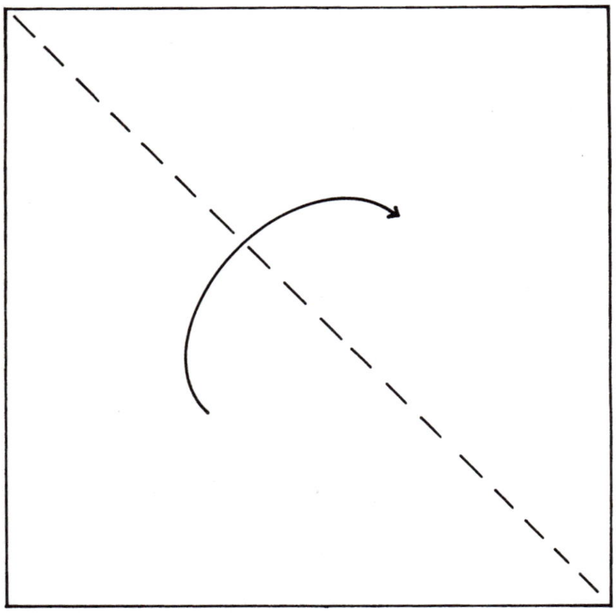

2

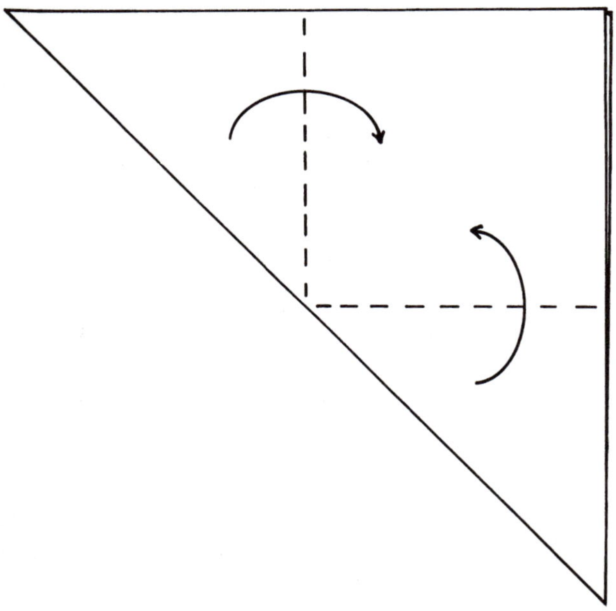

3

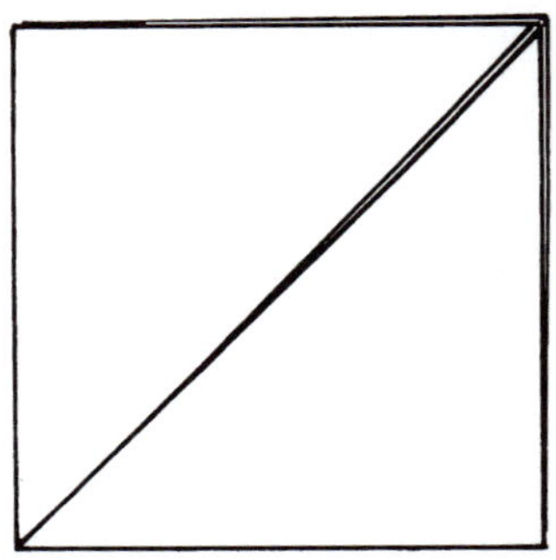

4

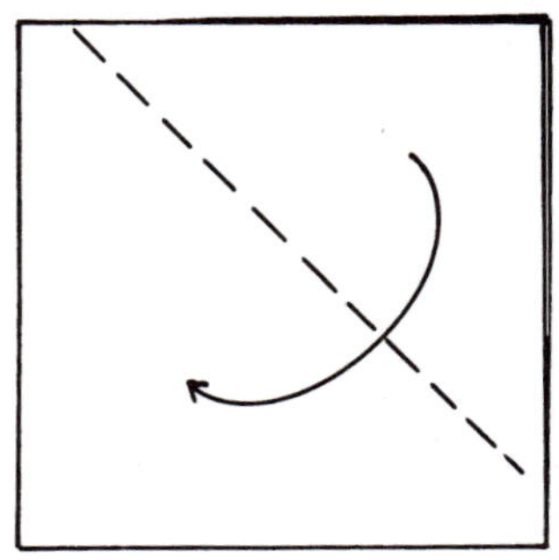

5

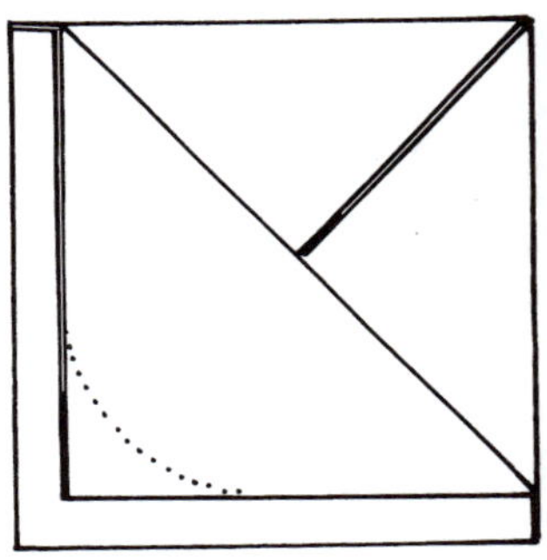

6

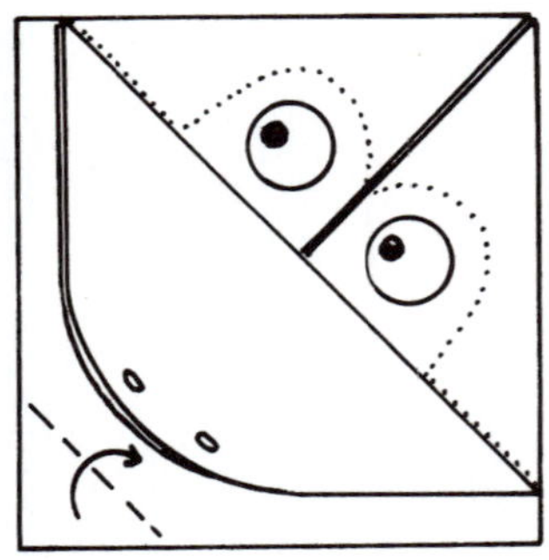

7

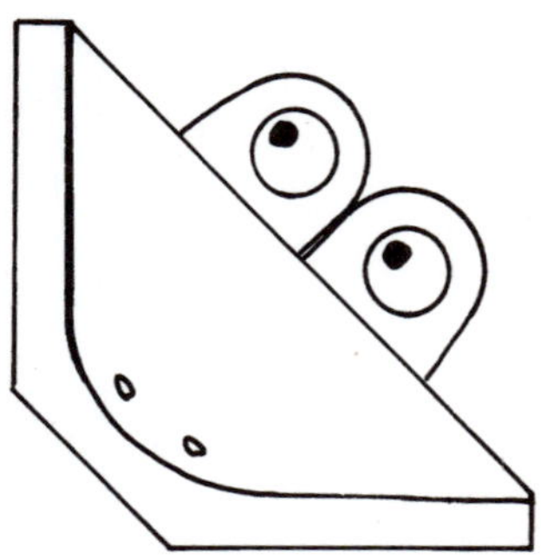

Schön-schaurige Kürbisdeko

SEITE 208

bitte auf 125 % vergrößern

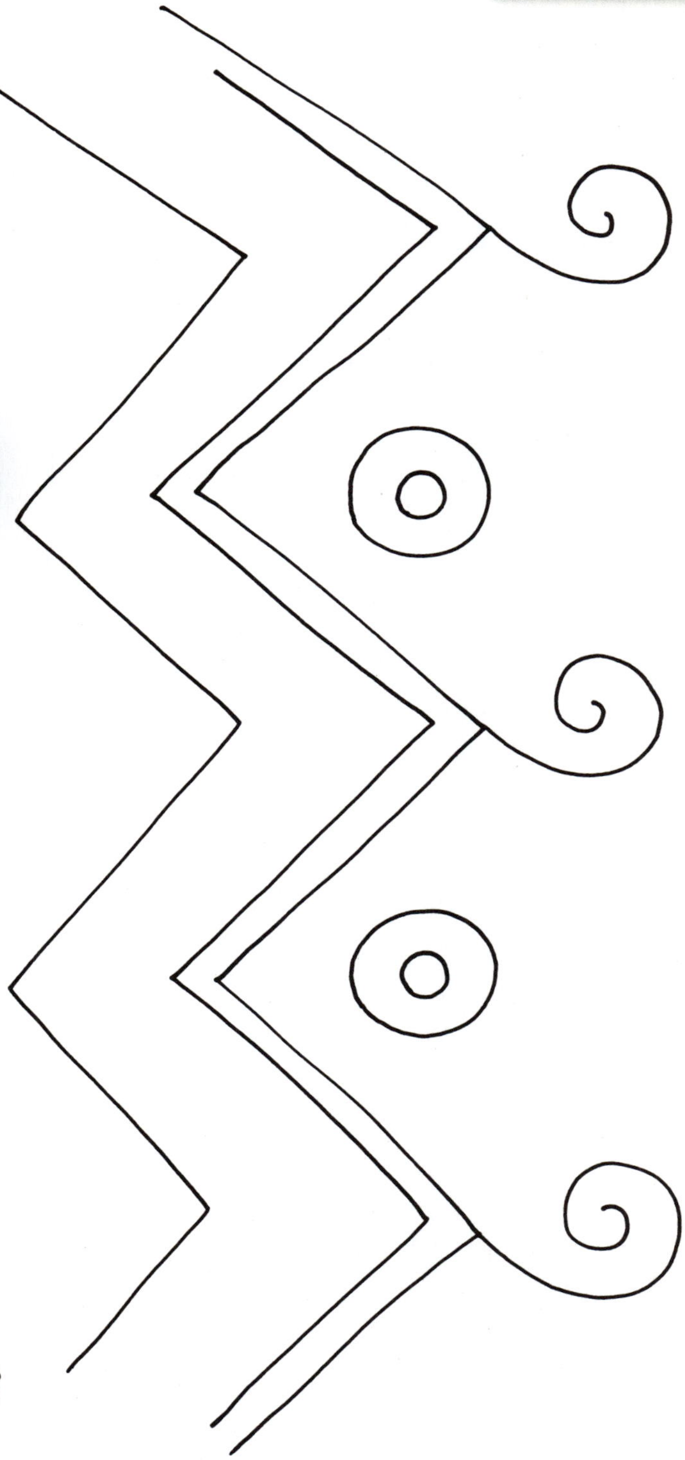

Rosen-Schal

SEITE 103

bitte auf 200 % vergrößern

Weihnachtsanhänger

SEITE 57

Weihnachtsanhänger
SEITE 57

Fisch
SEITE 47

Windräder in Blautönen
SEITE 25

Hübsch verpackte CD-Hüllen

SEITE 119

bitte auf 150 % vergrößern

Bunte Drachen

SEITE 171

Kleines Schäfchen

SEITE 70

Gewebte Eule

SEITE 173

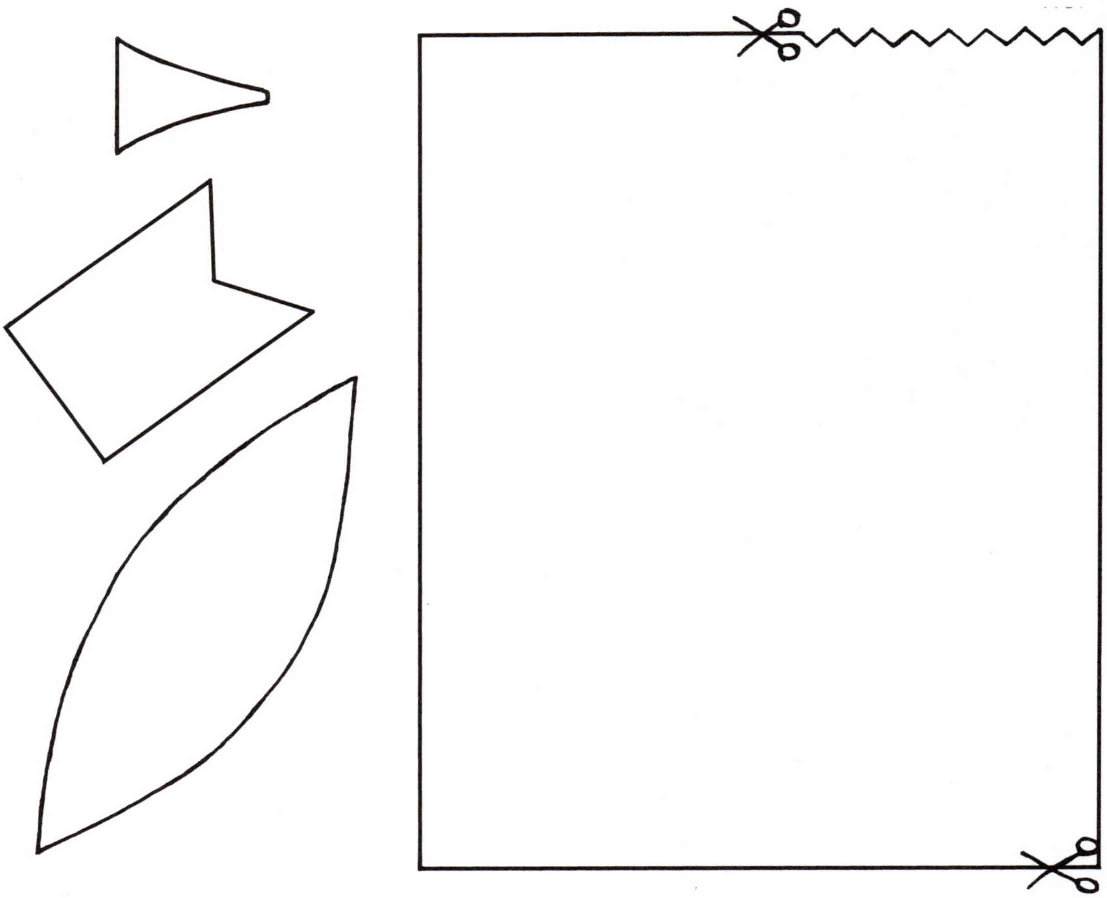

Dreifarbiger Apfel

SEITE 79

Marmeladendeckelchen

SEITE 103

Orientalische Anhänger

SEITE 58

Batik-Shirt

SEITE 79

bitte auf 125 % vergrößern

Windlicht mit Mandala

SEITE 109

bitte auf 125 % vergrößern

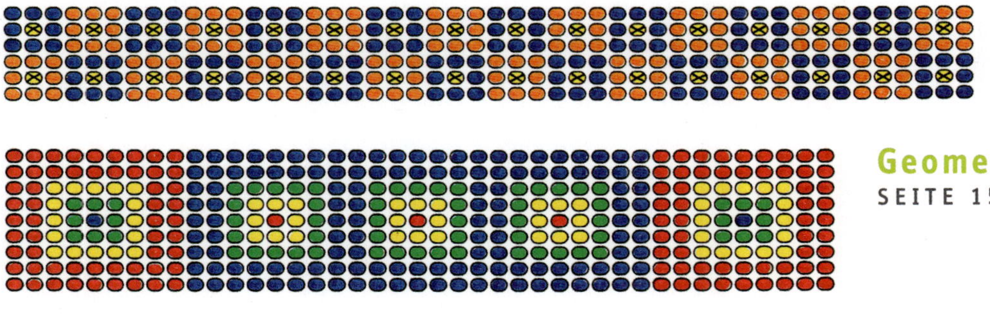

Geometrische Muster

SEITE 157

Filigrane Blüten auf Jeans

SEITE 101

bitte auf 150 % vergrößern

Frühlings-Baumschmuck

SEITE 72

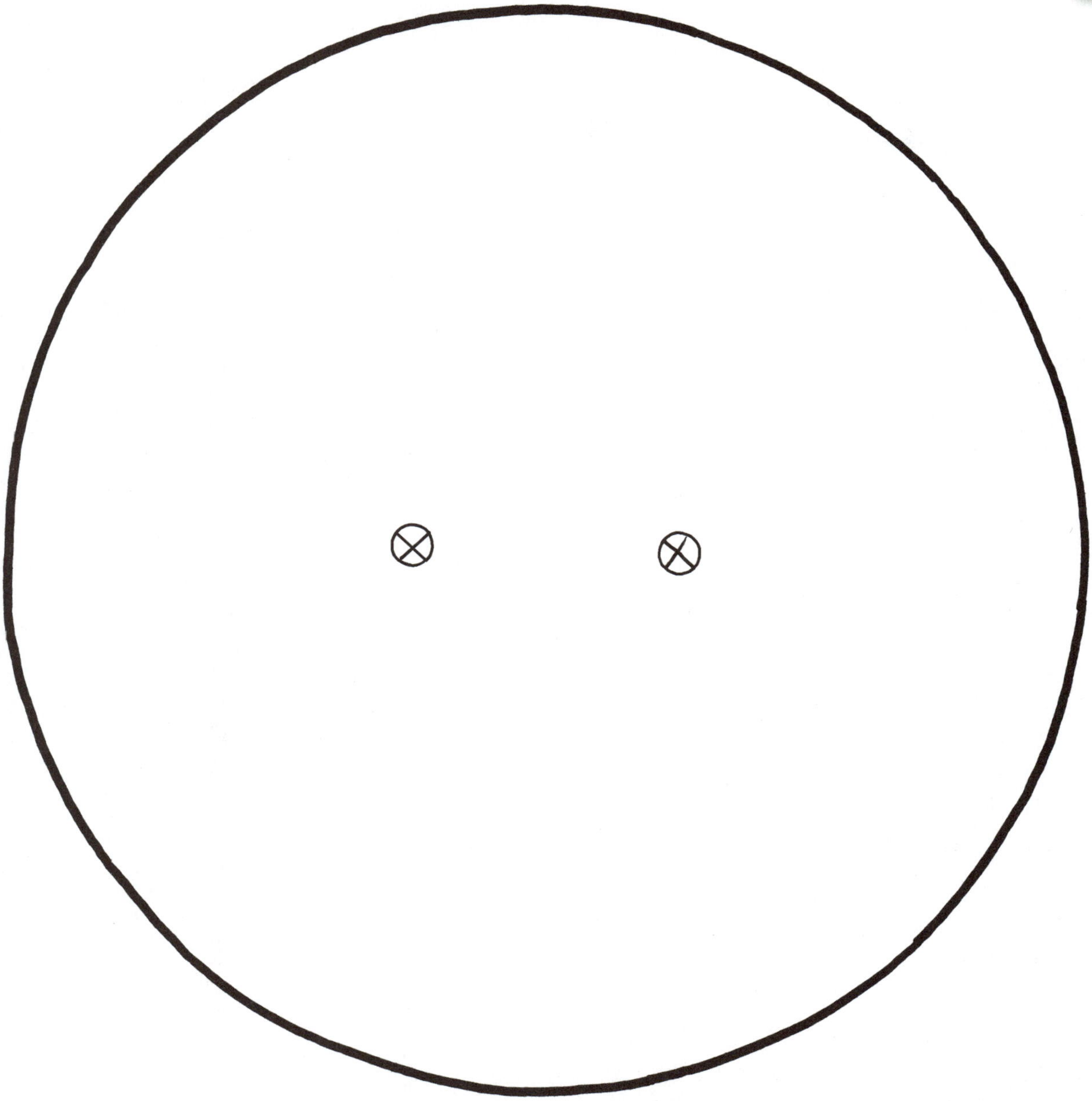

Storch im Nest

SEITE 208

bitte auf 125 % vergrößern

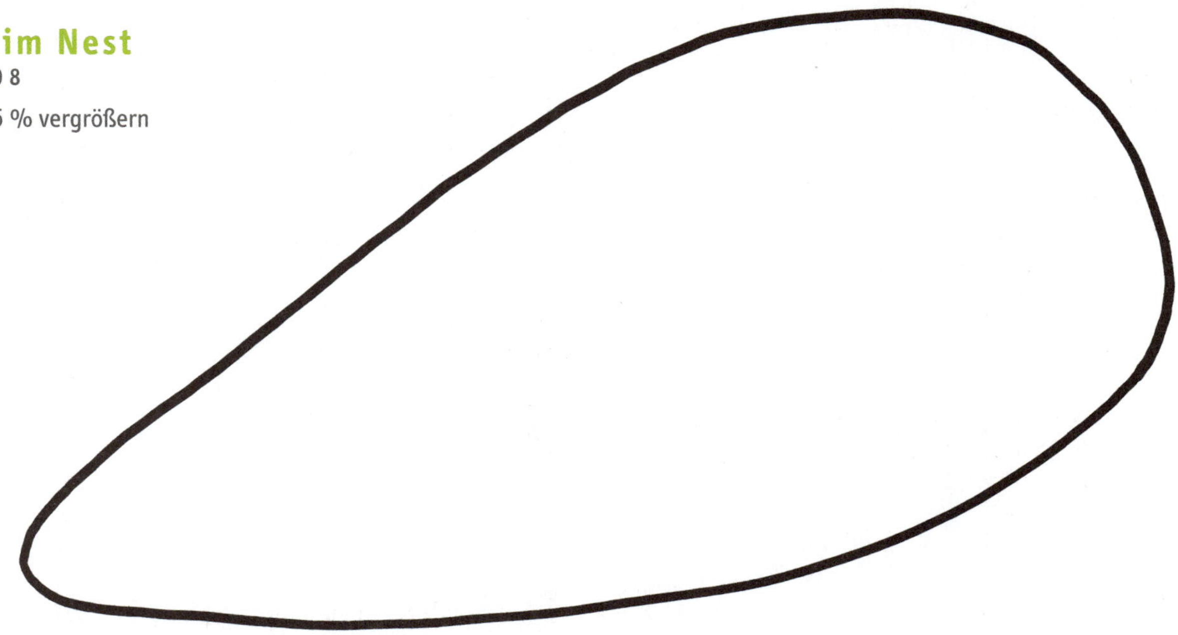

Krokodil

SEITE 69

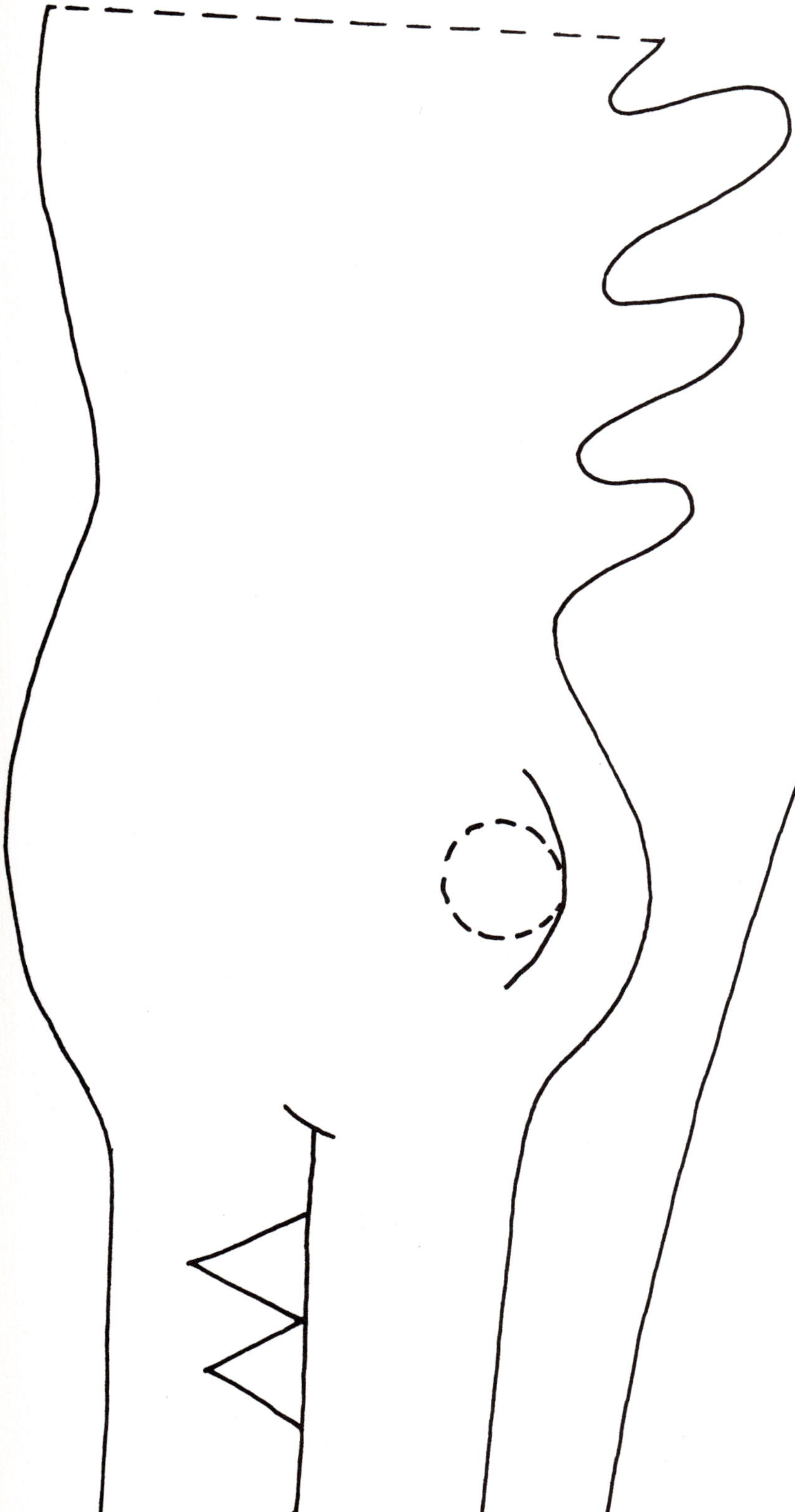

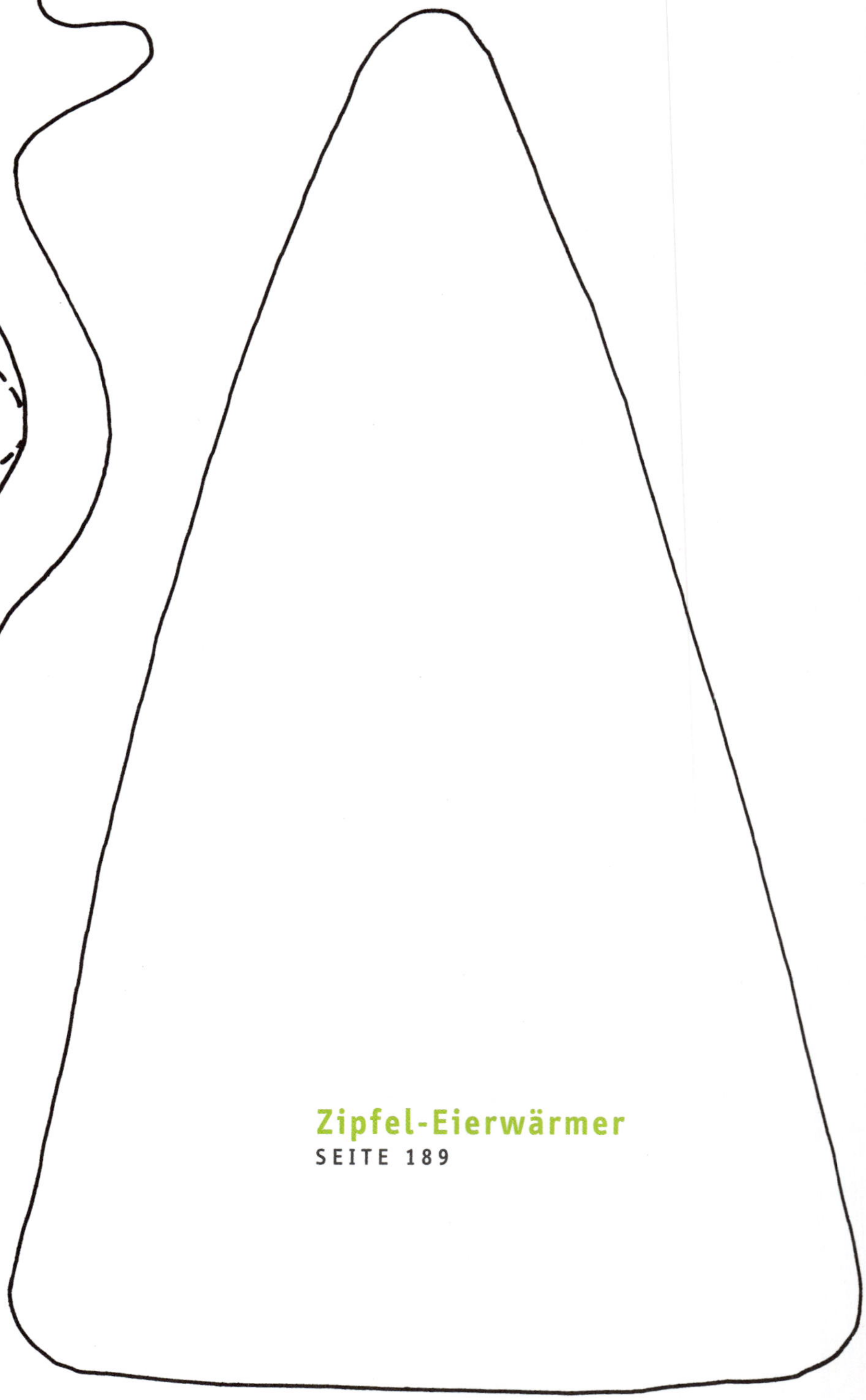

Zipfel-Eierwärmer

SEITE 189

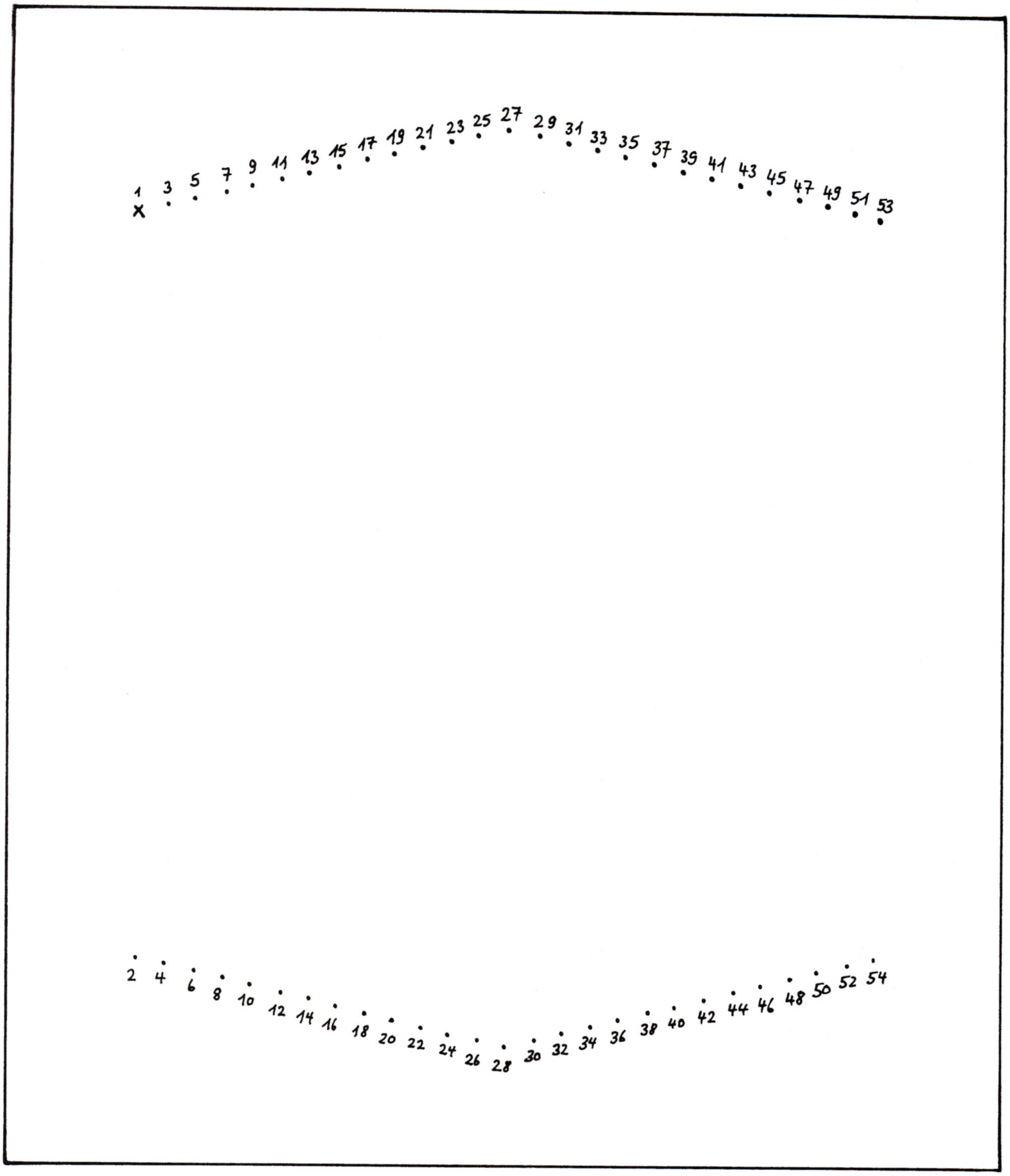

Sechseck in Blau

SEITE 183

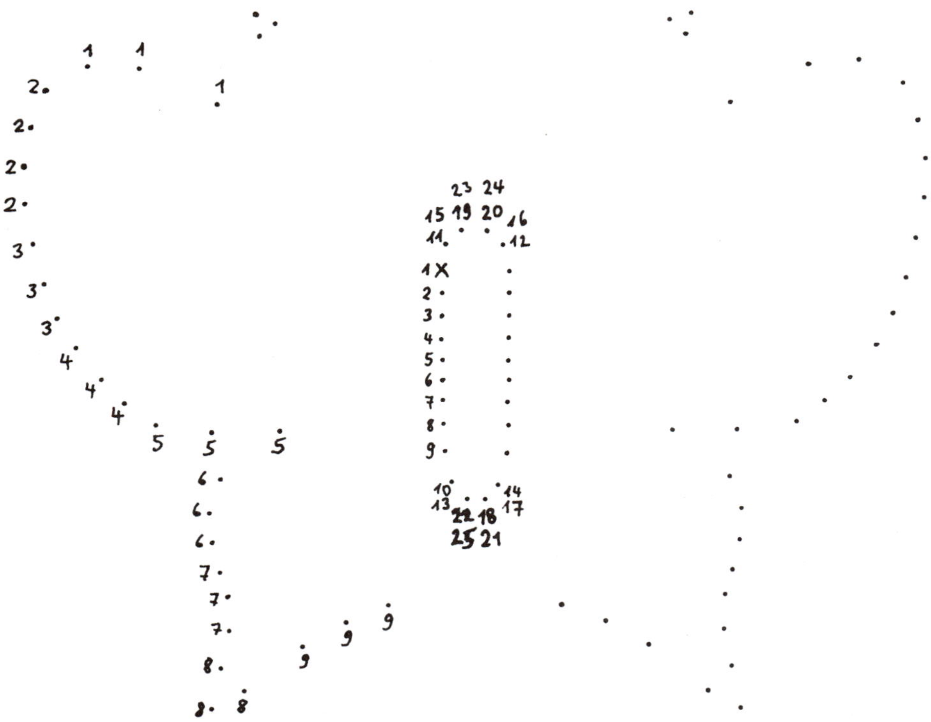

Schmetterling

SEITE 181

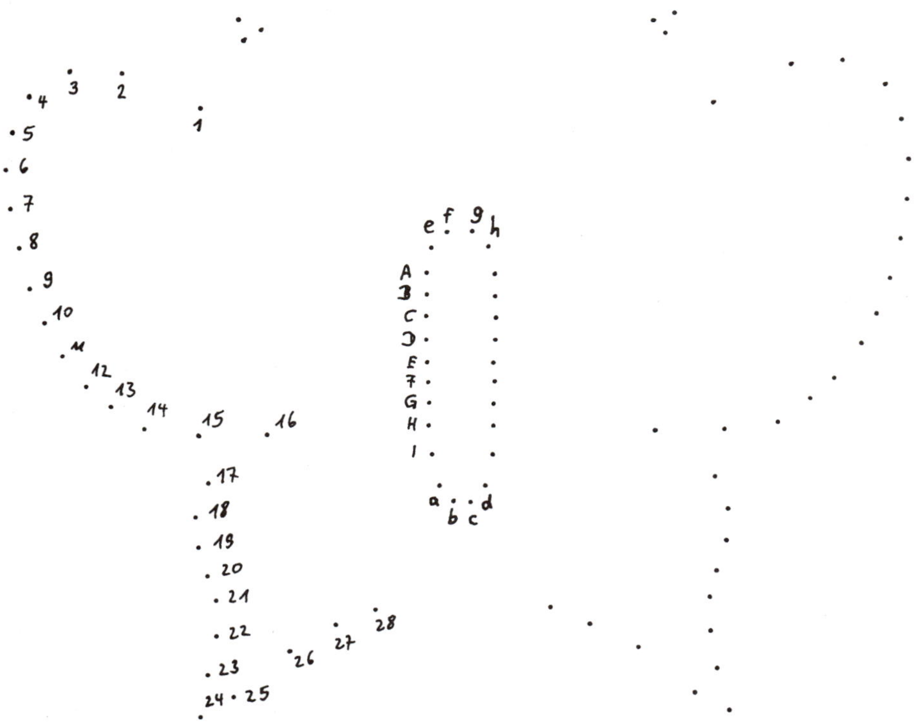

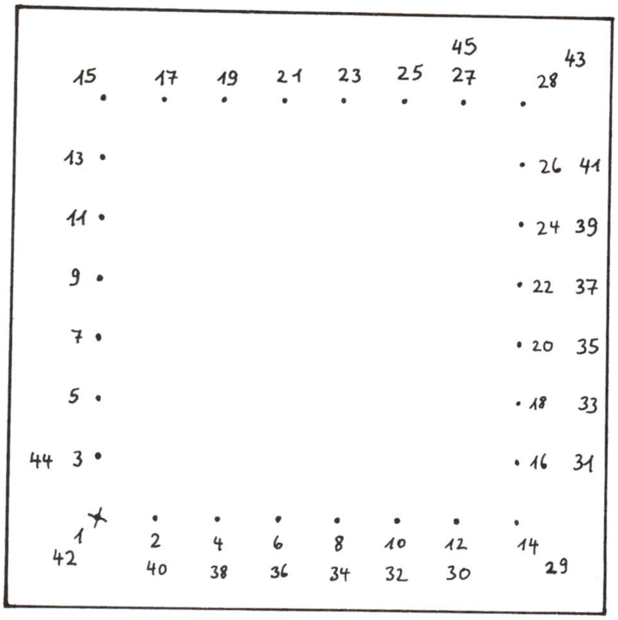

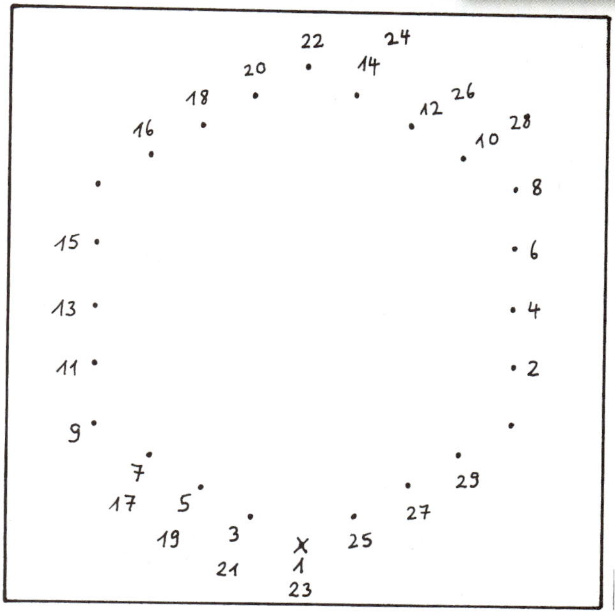

Quadratische Spannbilder

SEITE 183

bitte auf 125 % vergrößern

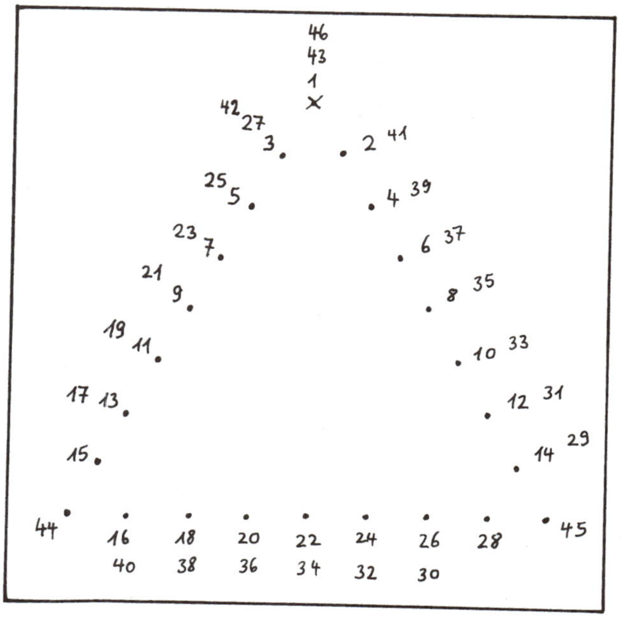

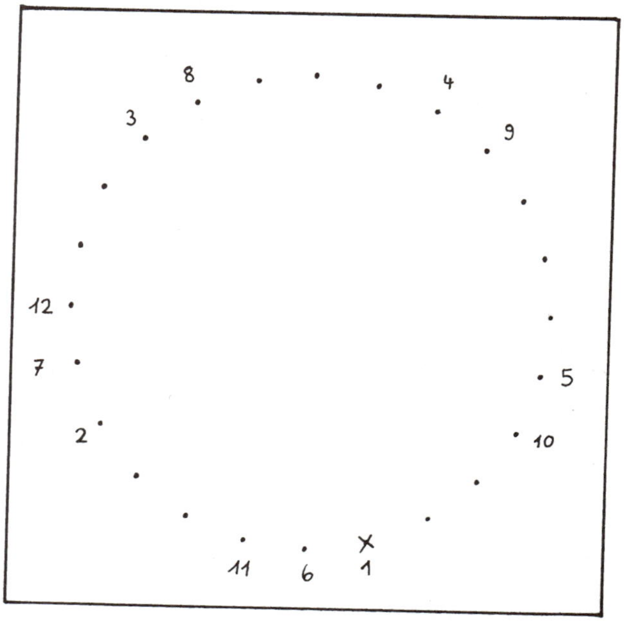

Abb. 1

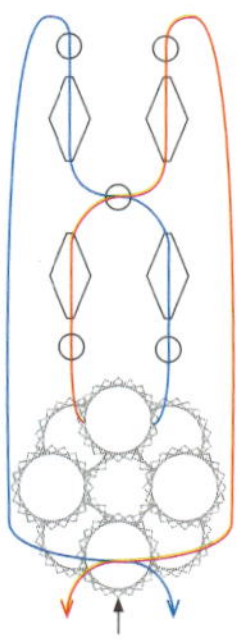

Abb. 2

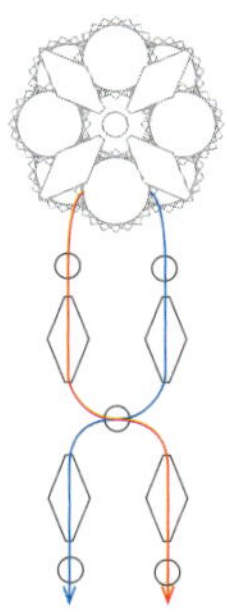

Abb. 3

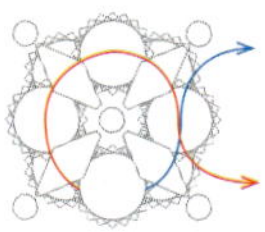

Modischer Anhänger

SEITE 153

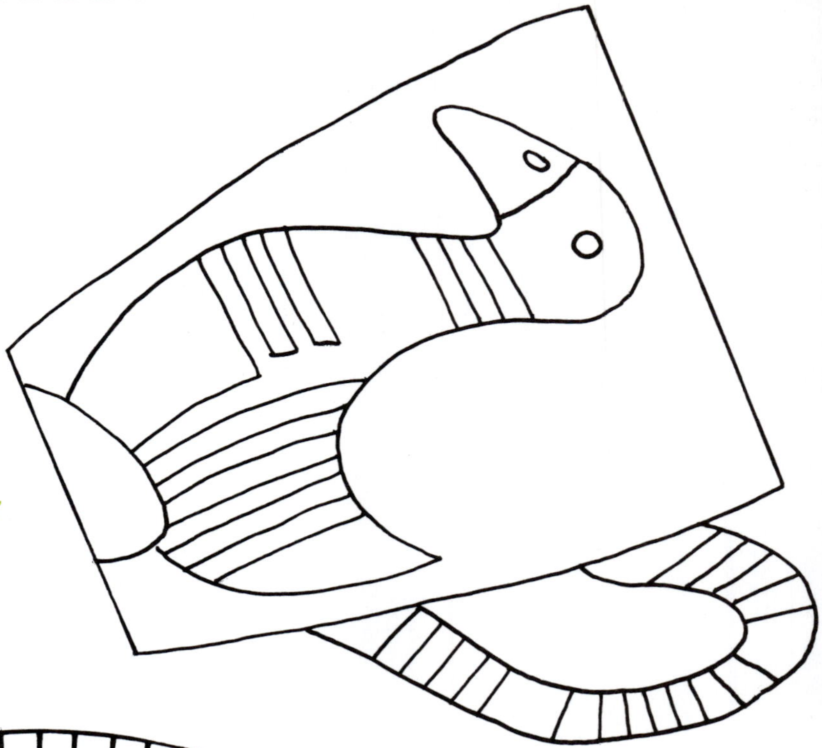

Frühstücksgeschirr

SEITE 110

bitte auf 125 % vergrößern

Schale mit Blüte

SEITE 139

bitte auf 200 % vergrößern

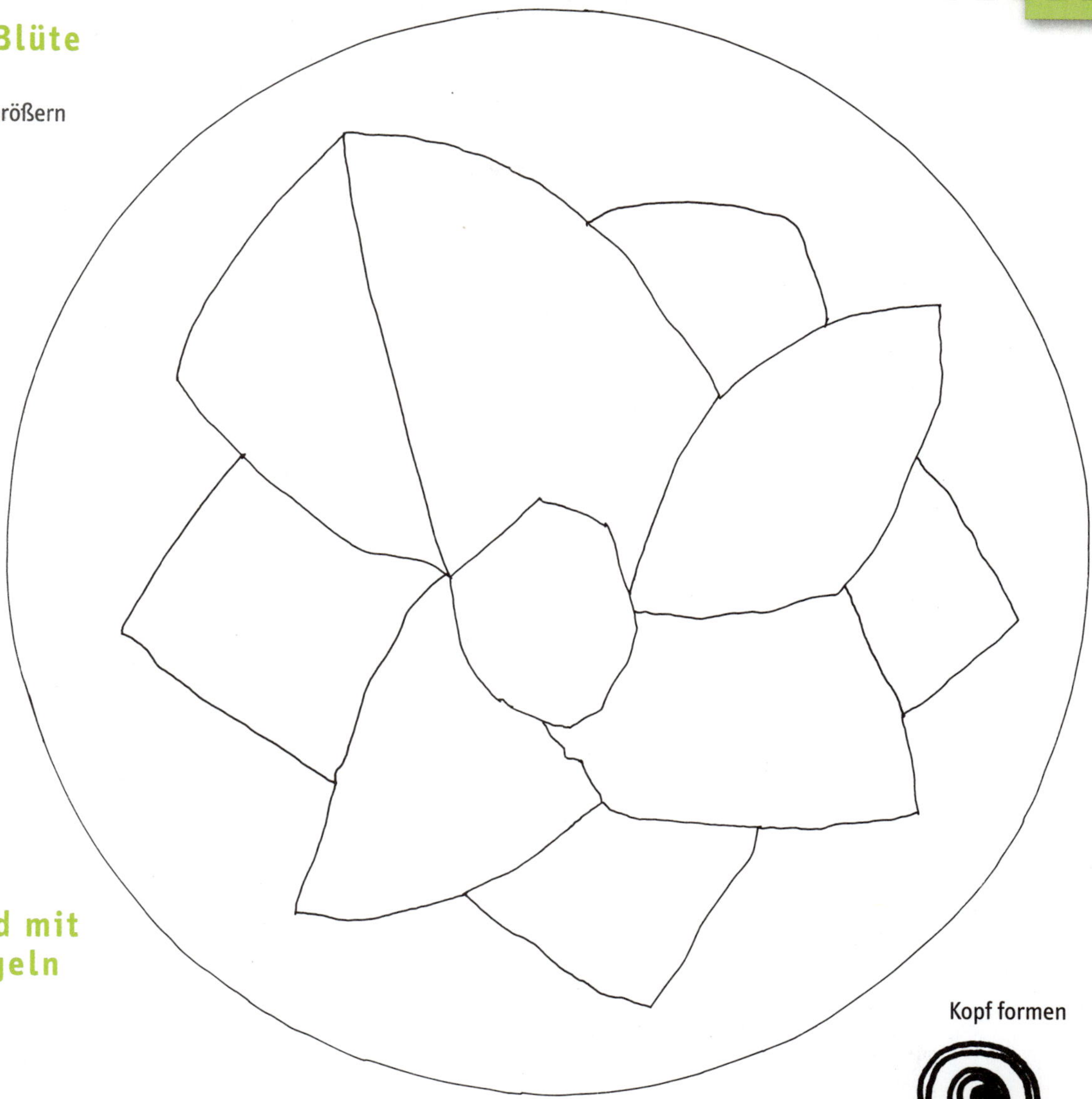

Lederband mit Perlenkugeln

SEITE 153

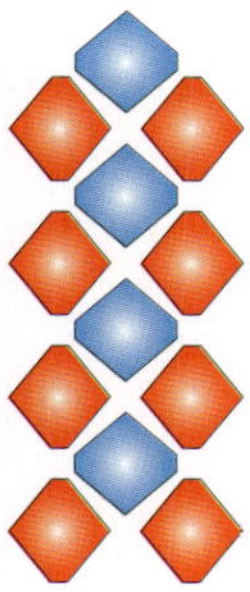

Farbskizze

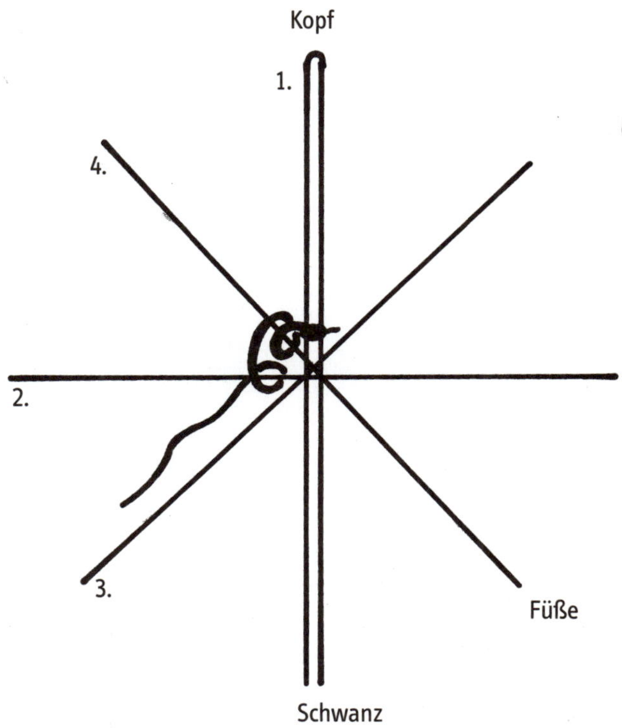

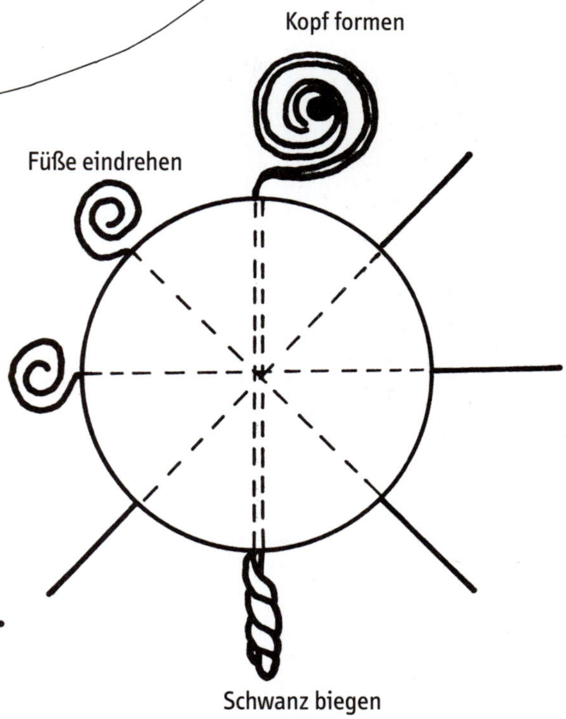

Schildkröte

SEITE 171

Ho, ho, ho

SEITE 73

bitte auf 150 % vergrößern

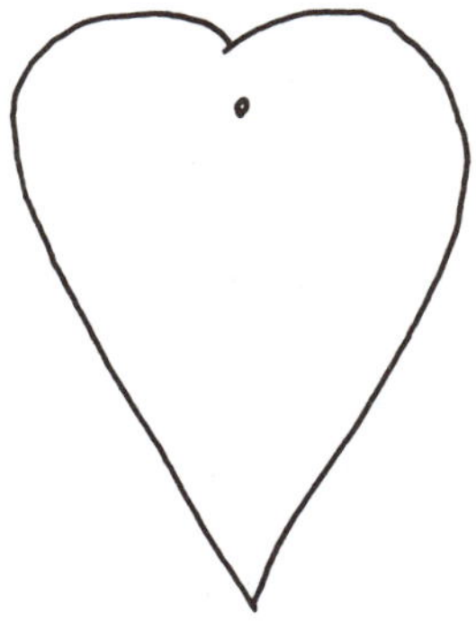

Home sweet home

SEITE 72

bitte auf 125 % vergrößern

Spiegel

SEITE 93

bitte auf 150 % vergrößern

Kürbisse

SEITE 65

bitte auf 200 % vergrößern

Frosch Eddi

SEITE 131

Sternring

SEITE 162

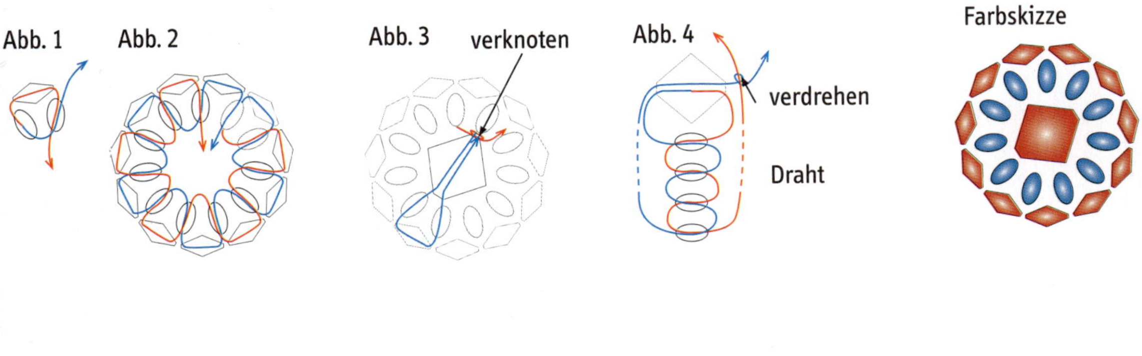

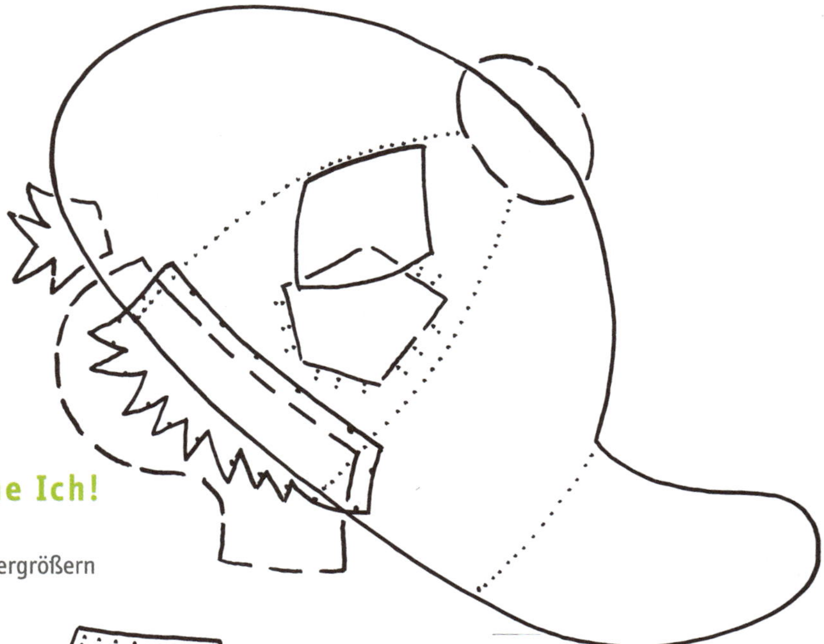

Hier wohne Ich!

SEITE 37

bitte auf 125 % vergrößern

Tischläufer

SEITE 43

bitte auf 150 % vergrößern

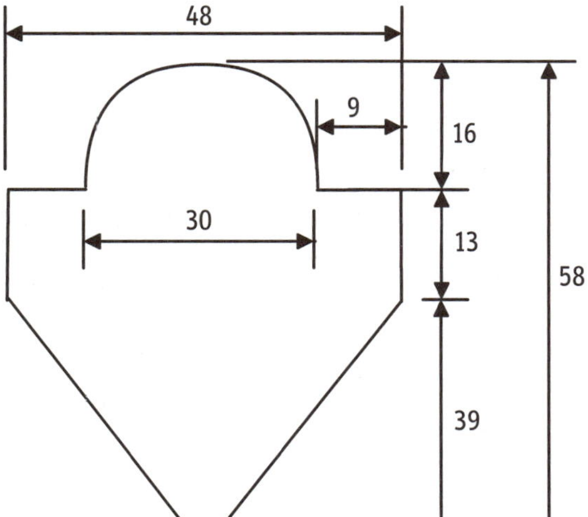

Fliegendes Gespenst

SEITE 27

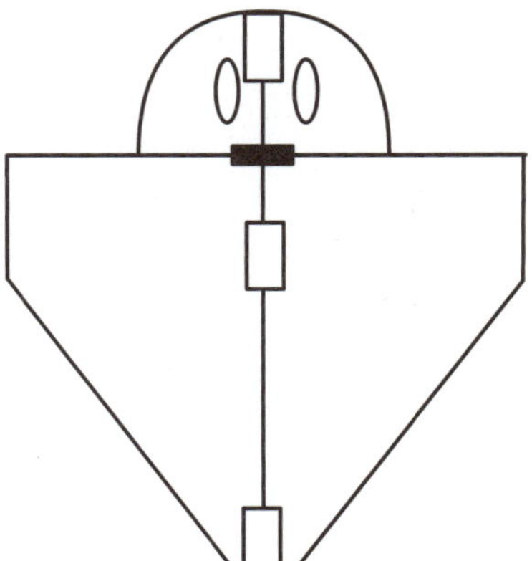

Zwei Vögelchen

SEITE 11

bitte auf 200 % vergrößern

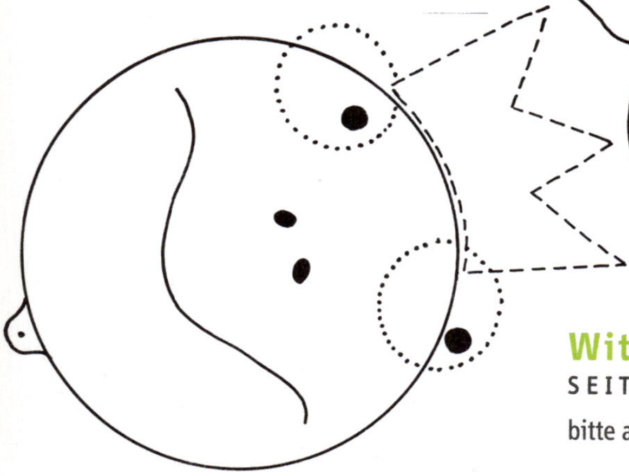

Witzige Raseln

SEITE 31

bitte auf 150 % vergrößern

Stolze Hähne

SEITE 69

bitte auf 200 % vergrößern

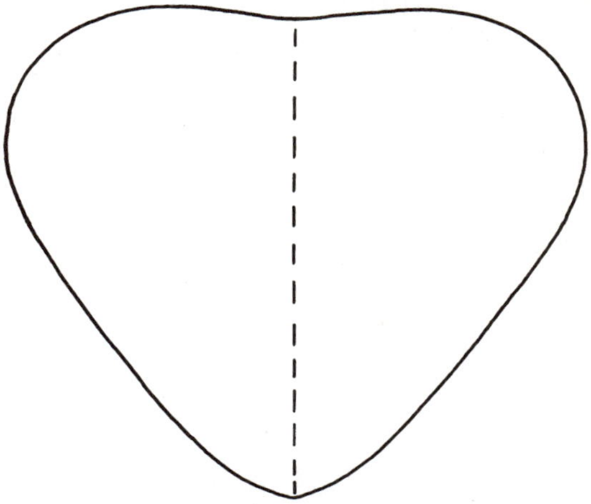

Nilpferdkarte

SEITE 15

bitte auf 150 % vergrößern

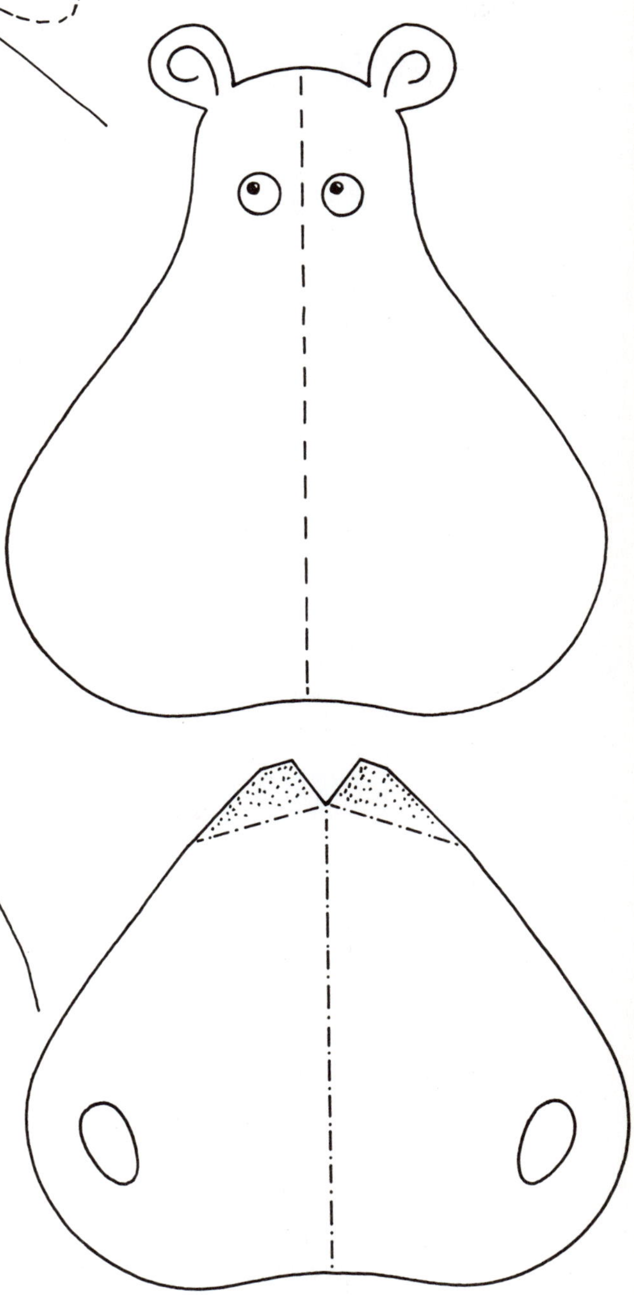

IMPRESSUM

AUTORINNEN UND AUTOREN: Katja Bayer (S. 184, 185 oben, 186, 187 unten), Torsten Becker (S. 148-151), Franziska Behounek (S. 122, 123 oben, 125 unten), Ursula Bieber (S. 103 unten), Annette Biemer (S. 133 oben), Sandra Blum (S. 109 unten), Susanne Böhnlein (S. 98, 99, 113 oben), Nelli Bolgert/ Ralph Krumbacher (S. 11 unten), Ruth Burgos/Lena Richter (S. 119 oben), Mariane Curkovic (S. 177 oben, 196 unten), Petra Dechêne (S. 80, 185 unten, 187 oben, 188, 189), Sylvia El Idrissi (S. 154/155, 163 unten), Tamara Franke (S. 96, 97 oben, 106, 107 oben), frechverlag (S. 132, 134/135), Eberhard Gaißer (S. 77 unten), Gudrun Gaißer (S. 76, 77 oben, 82/83), Monika Gänsler (S. 67 oben, 70 oben, 72 oben, 73 oben, 136, 137 oben), Simone Gieshoff (S. 88/89, 111 unten), Stephanie Göhr (S. 153 oben, 162 oben), Stephanie Göhr/Sieglinde Holl (S. 198 links unten), Erna Härtl (S. 90, 120 Schritt 3), Kordula Haug (S. 144 oben), Caren und Gisela Heim (S. 104/105), Gisela Heim (S. 92-95, 100, 101 unten, 108, 109 oben, 111 oben), Sigrid Heinzmann (S. 124 oben), Nicole und Monika Helbig (S. 84, 85 oben, 110 oben, 142/143, 202, 206 unten, 207 unten), Andrea Hochstrat (S. 62, 63 oben, 64/65, 71), Sieglinde Holl (S. 85 unten, 86, 87 oben, 112 oben, 123 unten, 200/201, 206, 207 oben, 209 unten), Claudia Horn (S. 29 oben), Ute Iparraguirre De las Casas/Gudrun Schmitt (S. 79 unten, 81, 112 unten), Susanne M. Jakubeit (S. 50, 51 unten, 87 unten), Gudrun Kaenders (S. 203, 208 oben), Barbara Kalk (S. 168, 169 unten), Birgit Karl (S. 36 oben), Angelika Kipp (S. 10, 11 oben, 37 unten, 38 oben, 101 oben), Maria Klausner/ Anita Pfeifer (S. 170-173), Lydia Klös (S. 190, 191 oben, 192, 193 oben, 194, 195 unten), Sabine Koch (S. 156/157, 163 oben), Lio Kulan/Ute Winkler (S. 119 unten), Annette Kunkel (S. 140, 141 oben), Karen Liebergesell (S. 125 oben), Helene Ludwig (S. 52, 53 oben), Catherine Massey/Shantirup Kosmin/Christine Pfahler (S. 138/139, 145 unten), Kornelia Milan (S. 42, 43 oben, 55 unten, 57 unten, 97 unten, 110 unten, 124 unten, 195 oben), Angelika Nowotny (S. 54, 55 oben), Pia Pedevilla (S. 8, 9 oben, 29 unten, 30/31, 36 unten, 39 oben, 56, 57 oben, 58 unten, 208 unten), Brigitte Pohle (S. 107 unten), Iris Reichmann/Isabell Scharfschwerdt (S. 68/69, 73 unten), Anja Ritterhoff (S. 144 unten), Alice Rögele (S. 72 unten), Heidrun und Hans H. Röhr (S. 117, 158-161, 162 unten), Heike Roland/Stefanie Thomas (S. 48/49, 58 oben, 128-131, 191 unten, 193 unten), Helma Rossow (S. 32/33), Angelika Ruh (S. 152, 153 unten), Kerstin Rupprecht (S. 133 unten), Gudrun Schmitt (S. 91 oben, 113 unten, 118, 120/121), Milla Schoen (S. 166/167), Klaus Scholl (S. 26/27), Elisabeth Schwinge (S. 102, 103 oben), Ankje Serke (S. 116, 178, 179 oben), Eva Sommer (S. 45 unten, 51 oben, 59 unten), Christiane Steffan (S. 28), Hannelore Süß (S. 53 unten, 59 oben), Armin Täubner (S. 9 unten, 12-15, 17, 24/25, 38 unten, 43 unten, 44, 45 oben, 46/47, 63 unten, 66, 67 unten, 70 unten, 71 oben, 91 unten, 169 oben, 197 unten), Armin Täubner/Inge Walz (S. 22/23, 37 oben), Julia Täubner (S. 145 oben), Margarete Vogelbacher (S. 16, 18-21, 34/35, 39 unten), Inge Walz (S. 174-176, 177 unten, 179 unten, 180-183, 196 oben, 197 oben, 204/205, 209 oben), Ute Wildschütte-Daniel (S. 78, 79 oben)

KONZEPT: Melanie Zimmermann

PROJEKT-MANAGEMENT UND LEKTORAT: Susanne Pypke

GESTALTUNG UMSCHLAG: DSP zeitgeist GmbH, Ettlingen

GESTALTUNG INHALT: Karoline Steidinger

FOTOS: frechverlag GmbH, 70499 Stuttgart; Frank Bay & Steff Rosenberger-Ochs Photographie (S. 149, 151 unten), Peter Eberts, Bamberg (S. 103 unten), frechverlag, Stuttgart (77 unten, 78, 79 oben, 82/83), Eberhard Gaißer (S. 76), Birgitt Gutermuth (S. 43 unten, 44, 45 oben, 77 oben), Kalk Fotodesign, Soltau (S. 168, 169 unten), Karen Liebergesell (S. 125 oben), Foto Rapid, Bruneck (S. 56), Florian Schwinge, Foto Design, Köln (S. 102, 103 oben), Fotostudio Täubner (S. 24/25, 46/47, 204), Fotostudio Ullrich & Co., Renningen (alle restlichen Fotos)

DRUCK UND BINDUNG: Delo Tiskarna d.d., Ljubljana

Auflage:	5.	4.	3.	2.	1.	
Jahr:	2011	2010	2009	2008	2007	[Letzte Zahlen maßgebend]

ISBN 978-3-7724-5151-5
Best.-Nr. 5151